DIAMOND
流通
選書

流通業のための MBA入門

リーダーに求められる 経営視点を学ぶ

青山学院大学大学院国際マネジメント研究科
青山ビジネススクール(ABS)
Kenshi Miyazoe　Toshiko Suda　Takamichi Hosoda　Naohiro Sawada
宮副謙司　須田敏子　細田高道　澤田直宏［著］

ダイヤモンド社

はじめに――「手本なき時代」の流通ビジネス

●何を手本に経営していくのか

いまや流通ビジネスは「手本なき時代」に突入している。

消費者の嗜好や買い方が大きく変化し、これまでの常識では肩すかしを食う。売れている競合店を真似しても自店（自社）ではヒットしない。従来の成功パターン、先人のやり方の継承だけでは立ち行かない。先行事例として学んできたつもりの米国など外資系小売業も、日本市場では苦戦している。いわば、成功事例、先行事例をコピーする「お手本模倣型経営」あるいは「ベンチマーク至上主義経営」が行き詰まっているのだ。

背景にあるのは、消費者の変化もさることながら、ビジネスの取引先、関連先が戦略や施策を変えてきていることだ。農業などの産地が大都市の消費者と直接の結びつきを増やしている。店舗が入る商業施設のデベロッパーが強い発言力・交渉力を持ってきている。広告やコミュニケーション媒体も大きく変化している。宅配便企業も、スマートフォン通信会社も、流通ビジネスを始めた。さらに、ＩＣＴ（情報通信技術）の活用可能性が飛躍的に高まり、時間・空間を超えた新サービス、新事業も登場してきた。まさに「異業種格闘技」の様相である。

●経営課題に立ち向かう指針

流通ビジネスの経営を左右する要素が増え、その変化も激しく、従来の勘と度胸で間に合ったキャパシティを確実に超えている。

目の前の商品を仕入れて売るだけの営業発想から、業界・顧客・競合などの外部環境と、ヒト・モノ・カネ・ＩＣＴシステムなど自社の経営資源をきちんと把握し、明確な戦略を立てて実行するリーダーシップ型の経営が求められている。

こうした時、流通ビジネスに携わる経営者をはじめ関係者は、何を手掛かりに、何を指針として経営に取り組んでいけばいいのか。

我々は、ＭＢＡ（経営学修士：Master of Business Administrationの略）、すなわち経営領域の大学院修士課程での「学び」こそ、ひとつの答えであると考えている。

それは単に経営学の本を読んで修得するものではない。具体的な課題に立ち向かい解決する発想法、取組み手順、手法などを体得し、最終的には自らのビジネススタイルとして実践することである。

こうしたＭＢＡでの学びは、ＭＢＡホルダーになるかどうかは別として、流通ビジネスに携わる多くの関係者にとって必ず役に立つものであると断言できる。

図０－１　店舗小売業の経営要素

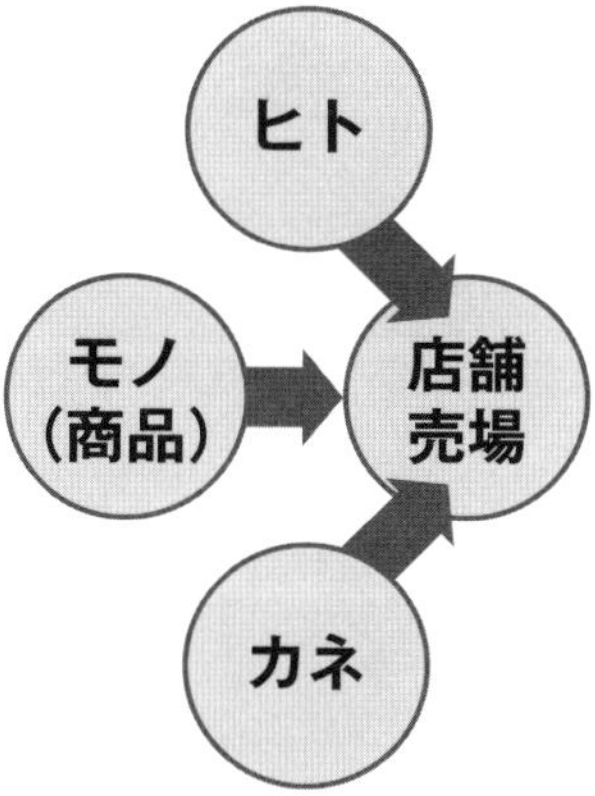

●ＭＢＡ的に見た流通ビジネス

ＭＢＡ的な観点から流通業を捉えるとどのように言えるのか、流通ビジネスの中でもイメージしやすい店舗小売業を例にとって考えてみることにしよう。

（1）経営要素

まず企業経営を成り立たせる要素としてよく「ヒト」「モノ」「カネ」と言われるが、これは店舗小売業においても変わらない。

ただ、店舗小売業においてはヒト・モノ・カネに加え、この3つが集約された「売場」が決定的に重要である。

ヒト（販売員・従業員）、モノ（商品）、カネ（資金）に「売場」（店舗）を加えた4つこそが、店舗小売業におけるもっとも基本的な経営要素ということができる（図０－１）。

図０－２　店舗小売業の経営戦略

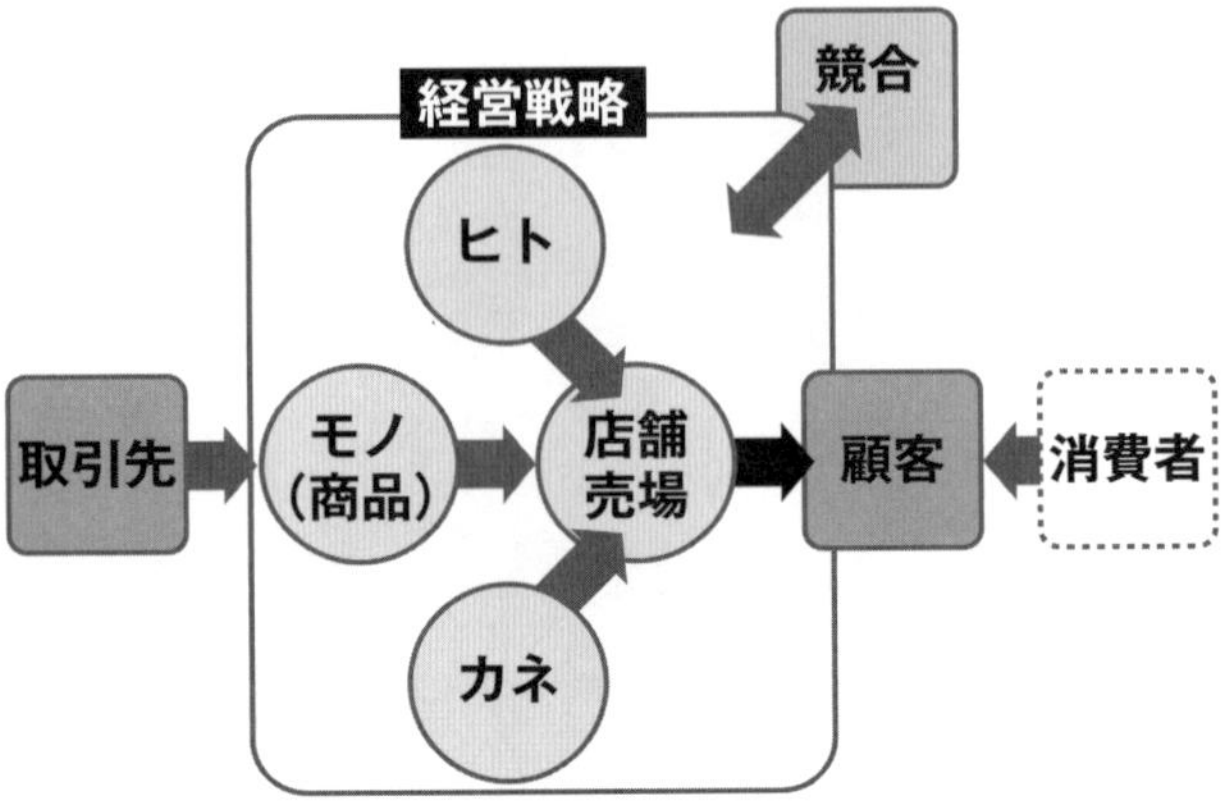

（2）経営戦略

企業は、利益を生み出さなければ存続しえない。利益は、顧客のニーズに適合した価値を提供し、競合との競争に打ち勝たない限り得られない。そのため企業経営の行動指針・考え方をしっかりと持つことが重要である。この行動指針・考え方が「経営戦略」だ（図０－２）。

しかし、企業は自社の都合に合わせて自由に経営戦略を策定し、それを推進することができる訳ではない。常に「顧客」や「競合」に代表される外部環境を勘案しなければならない。「顧客」に対して、「競合」他社とは差別化された価値を提供し続けるためには、自らのさまざまな経営資源を勘案する必要もある。

そこで経営戦略とは、「企業が組織目標を達成するため、外部環境および自社の経営資源を関連づけて描いた、将来にわたって一貫性のある行動指針」と定義される。

これを店舗小売業に当てはめれば、「外部環境」とは消費者や競合他社であり、「経営資源」とはヒト（販売員・従業員）、モノ（商品）、カネ（資金）であるが、このうち「モノ」については外部から仕入れることが多く、「取引先」という外部環境がもうひとつ加わり、重要な役割を果たす。

また店舗小売業の場合、企業（全社）としての経営のみならず、事業部としての経営、さらには店舗としての経営という複数の次元が存在し、それぞれの立場に「経営戦略」がある。

そのため、店長や事業責任者であれば、自分の担当領域での「経営」（店舗経営、事業経営）を行うとともに、全社の進むべき方向の中での自店（事業）の位置づけを明確にし、全社の経営目標達成のためにどのように貢献できるか考える必要がある。そのことがまた、自らの担当領域における経営をよりよい方向へ修正するきっかけになり、さまざまな経営要素をより深く理解、応用、展開していくことにつながるであろう。

こうした取り組みを重ねることは、まさに将来の経営人材の育成につながる。経営人材には常に、自分の・現在の・短期の戦略だけでなく、全社の・今後の・中長期のあるべき戦略を構想できるように備えることが求められるのである。

図０－３　店舗小売業のマーケティング戦略

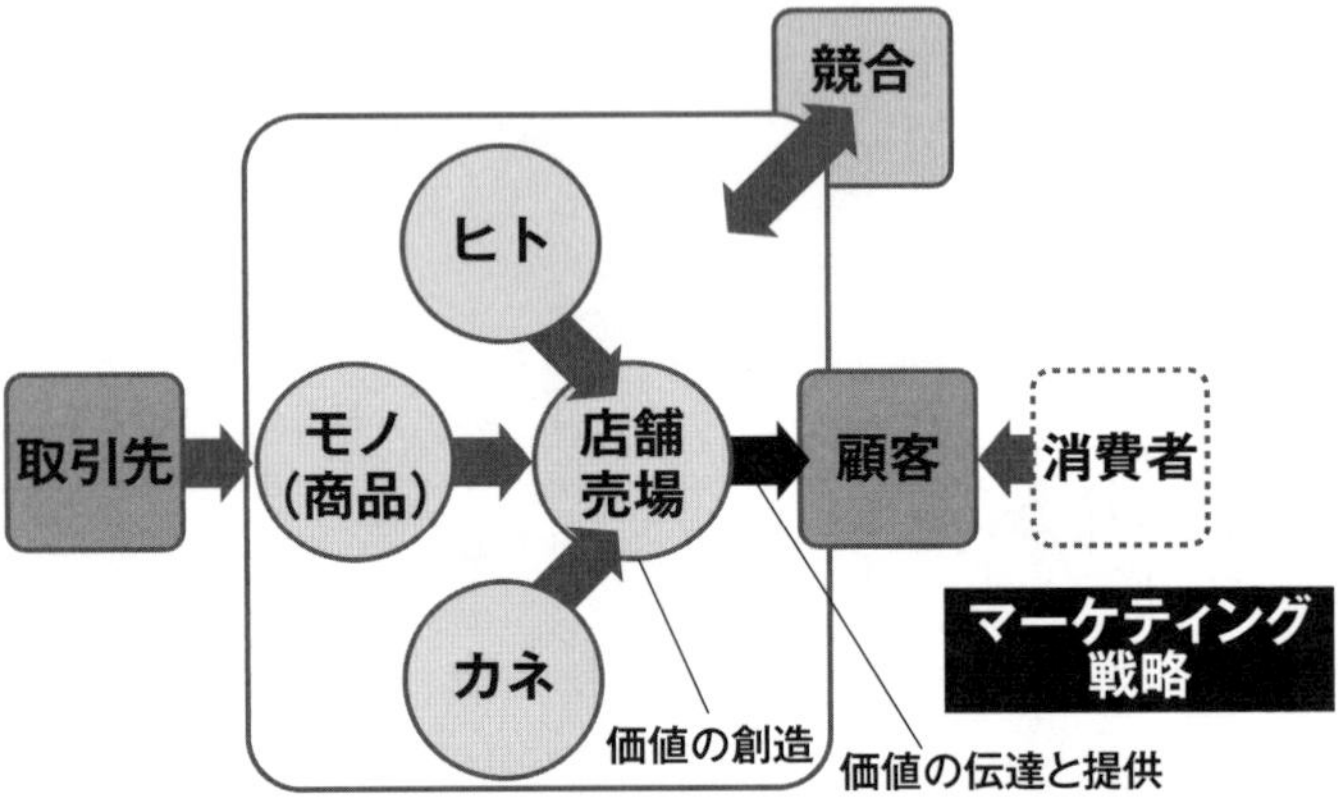

（3）マーケティング戦略

経営戦略を踏まえ、次に行うのは自社と市場の関係づくりである。この関係をうまく築くことで自社が選ばれ、売上げが上がる。さらにその関係が長期にわたって続く仕組みづくりこそが「マーケティング」である（図０－３）。

店舗小売業においては、顧客との接点である店舗において、ターゲットとする顧客層を設定し、それに相応しい商品を揃え、適切な人材（セルフ販売の場合は少ない人員、接客販売の場合は適切な能力を持つ人員など）を配置し、どのように販売するかが鍵を握る。

言い換えれば、小売業のマーケティングとは、品揃え（価値の創造）、顧客への宣伝（価値の伝達）、販売（価値の提供）の３つをいかに顧客のニーズに合わせ最適に展開していくかというこ

図０－４　店舗小売業のオペレーションズ・マネジメント

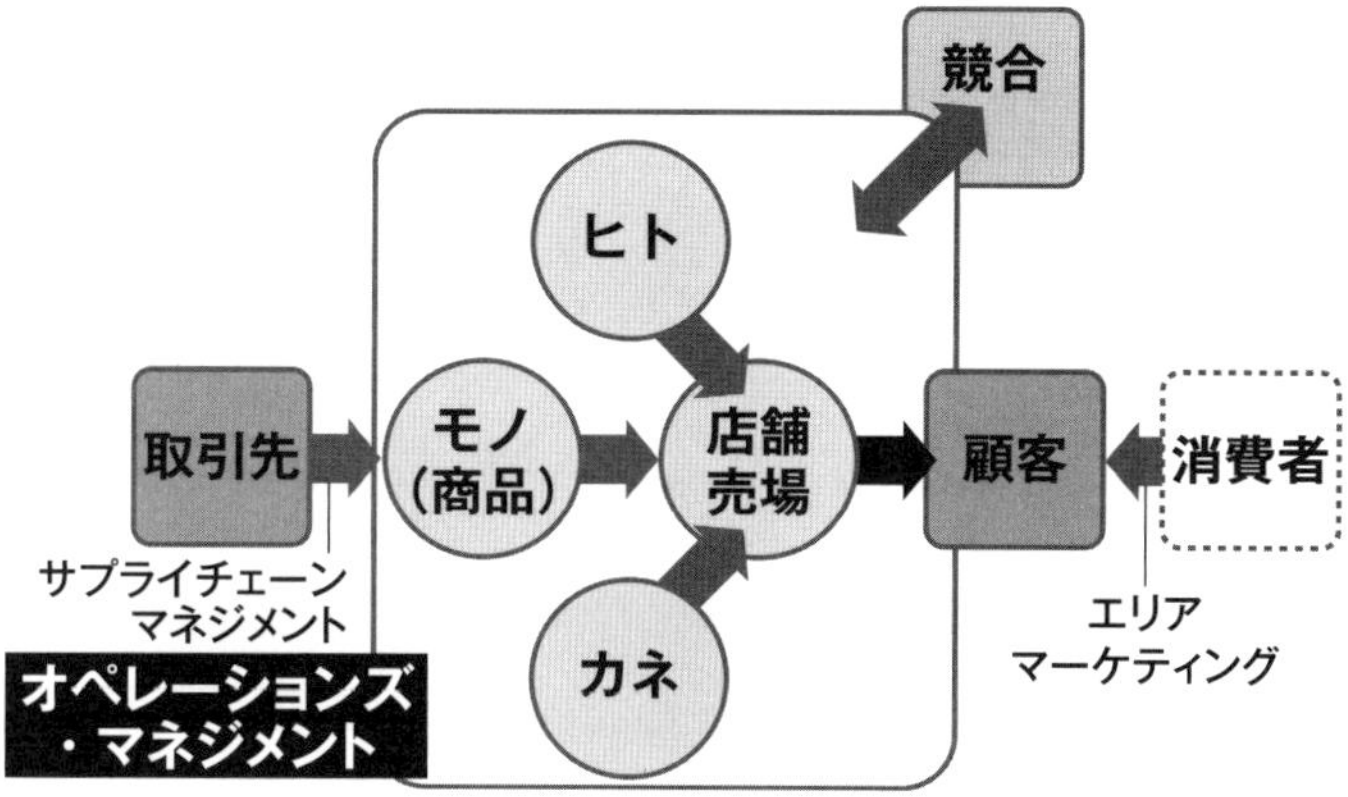

とである。

（４）オペレーションズ・マネジメント

企業から市場（外部）への働きかけがマーケティングであったとすると、その活動を展開する経営資源（内部）の選択、運用、管理が「マネジメント」である（図０－４）。

特に「オペレーションズ・マネジメント」は、企業の経営戦略をふまえ、マーケティングなど様々な機能領域における目標を、現場で実現するための企業活動と捉えられる。たとえば、需要と供給のミスマッチを小さくするためには、販売時情報システムや在庫管理といった機能を活用し、製品・サービスをどのように調達すればよいか考え、適切な手法によってコントロールするのである。

店舗小売業におけるオペレーションズ・マネ

図０－５　店舗小売業の人材マネジメント

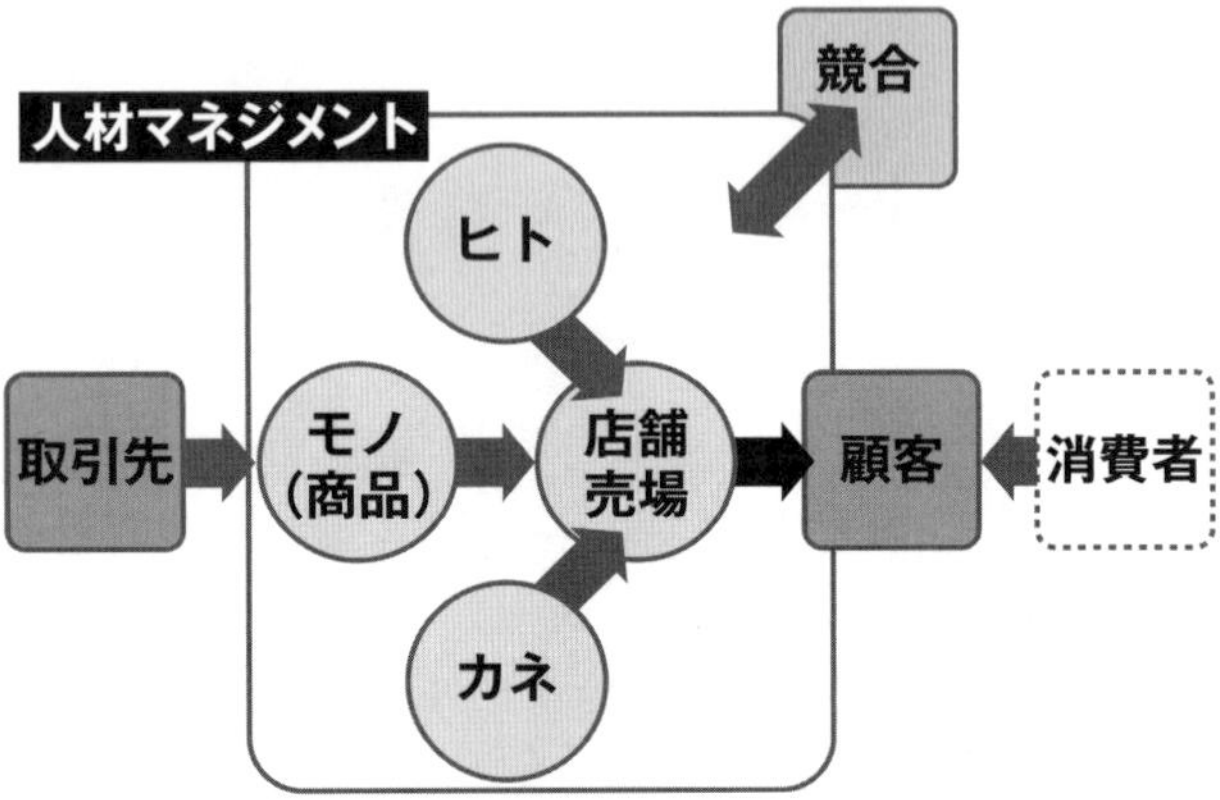

ジメントとしては、商品調達から店舗での品揃えの実現までの「サプライチェーン・マネジメント（ＳＣＭ）」や、店舗が立地する商圏を分析し、顧客の把握とその顧客の来店・購買行動を構想する「エリアマーケティング」などが代表例である。

（5）人材マネジメント

「人材マネジメント」の目的は、社員のパフォーマンス向上を通じて組織（全社・事業部など）のパフォーマンスの向上を目指すことにある（図０－５）。

小売業の店舗においては、正社員・パートタイマー・契約社員・派遣社員など様々な雇用形態の人材が存在する。その中から販売、仕入、企画、宣伝・販促、管理など様々な業務・機能に適した人材を見いだし（あるいは育成し）、最適に配置し、そのパフォーマンスを高めていかなければならない。

そのためには、雇用形態に応じたタイムスパンによるきめ細かな人材の動機付けや評価などが欠かせない。まさに高度な人材マネジメントが求められている。

●本書の目的と対象

本書は流通業についての以上のようなＭＢＡ的な観点を前提とし、流通ビジネスの現場において役立つ「実践的な入門書」として構想された。

読者として想定するのは、流通ビジネスにおいて戦略や施策の構想、立案、具現化、遂行を担い、またそれらの実践を踏まえ今後、経営幹部になっていく方々である。業種としては、店舗小売業がまず当てはまるが、それだけではない。前述のように従来の小売業以外から流通ビジネスに乗りだしている新たな担い手も含まれる。さらに消費財メーカーやＥＣサイト運営企業など、従来にも増して流通ビジネスと密接に関与する方々も広く読者として想定している。

●本書の編成

執筆にあたっては、青山学院大学大学院国際マネジメント研究科（通称：青山ビジネススクール、ＡＢＳ）において「経営戦略」「マーケティング」「オペレーションズ・マネジメント」「人材マネジメント」の各科目を担当する教員が、それぞれの専門の立場から、担当科目ごとにエッセンスとなる理論やフレームワーク（分析枠組み）を紹介し、それを流通ビジネスに適用した場合の考え方や手法を、具体例を交えて紹介する。具体的には、第1部「経営戦略」、第2部「マーケティング戦略」、第3部「オペレーションズ・マネジメント」、第4部「人材マネジメント」という4部で構成され、さらに各部は2章からなり、トータル8章で展開される。

本書の編成上の特徴として、前半部分にあたる第1部「経営戦略」及び第2部「マーケティング戦略」については、流通業の全体像についての理解を促進するためより基礎的な内容に焦点を絞っている。これらの知識を前提とした上で、本書の後半部分である第3部「オペレーションズ・マネジメント」及び第4部「人材マネジメント」の議論を行う。第3部・第4部はより実務に近い内容を扱い基礎的な内容に留まらず応用的な内容についてもカバーしている。

各章では流通ビジネス、特に店舗小売業に経営理論を適用する際の理解を促すため相応しい企業事例を複数取り上げて検討を行っている。またフレームワークなどはコラムに取り出し、ＭＢＡコースの学修として必要な事項を見やすく理解できるよう工夫を行っている。さらに、各部の最後には読者が一歩進んで考えるべき課題や学びに関連した参考文献を掲示している。

以上は、我々がビジネススクールで講義する科目別に流通ビジネスを捉え、経営者として（将来の幹部候補生として）学修して頂きたい内容と共通するものである。

●本書の使い方

このように本書は、経営人材として、①MBA理論を科目別に学ぶ、②小売業経営への適用を学ぶ、③事例を知る、ためのテキストになっている。

本書を読んで自習するだけでなく、できれば企業内研修や企業版MBAプログラムなどでいろいろなメンバーと議論してみることをお勧めする。それによって自らの考えをまとめるとともに、多様な意見・考えを知ることができるであろう。自分では考えも及ばなかった新たな発見があり、明日の業務に生かせることにもつながるはずだ。

本書は、これまでの流通論と比較し、より経営視点に立ちつつ議論の手薄だった点も含め解説する意欲に満ちたものになっている。読者諸兄の日常業務において気づきと改善のヒントになるものと確信している。

2013年8月

執筆者を代表して
宮副謙司

目次

第4部で学ぶこと／序論 ……196

第1部

経営戦略

澤田 直宏

第1部で学ぶこと

□経営戦略とは「**企業が組織目標を達成するため、外部環境および自社の経営資源を関連づけて描いた、将来にわたって一貫性のある行動方針**」と定義される。

□経営戦略は、企業全体の行動方針である「**企業戦略**」、特定の事業領域に関する行動方針である「**競争戦略**」、特定の機能に着目した行動方針である「**機能別戦略**」という3つの階層に分かれるが、相互に一貫性のある行動方針として立案されなければならない。

□一般に経営戦略の策定は**経営理念を起点**にし、企業の**外部環境及び経営資源を勘案**しながら、**具体的な組織目標**とそれを達成するための**行動方針を設定**するというプロセスで行われる。

□経営戦略の策定において重要なのが「**外部環境**」と「**経営資源**」の分析である。外部環境はどの産業にも影響を与える「**マクロ環境**」と特定の産業にのみ影響を与える「**産業環境**」に分類される。マクロ環境の分析には「**PEST分析**」、産業環境の分析には「**5つの競争要因モデル**」がよく用いられる。

□経営資源の分析では、企業内部の個々の「**経営資源**」のレベルに始まり、それらの組み合わせである「**業務活動**」レベル、さらに業務活動が組み合わさった「**バリュー・チェーン**」という3つの階層構造の存在が前提となる。

第1章 経営戦略とは何か

1．ファーストリテイリングの事例を通して

本書を手にとった方ならば「ユニクロ」を知らない人はいないだろう。同社の歴史は古い。１９４９年に山口県宇部市で柳井等氏が創業した小郡商事にまでさかのぼることができる。同社を実質的に巨大企業に成長させたのは柳井等氏の長男 正氏である。柳井正氏は１９７１年に大学を卒業後、父の勧めでジャスコ（現イオン）に入社し、ジャスコの前身である岡田屋の創業地でもある四日市支店に配属された。しかし、正氏は同社を１年弱で辞めてしまい父の会社に転職した。

当時、小郡商事は紳士服を扱っていた。しかしながら、正氏が入社した頃は青山商事やアオキなどの紳士服専門店が業容を拡大した時期に重なっていた。競争を避けるため正氏はカジュアル服に焦点を移し、中国地方を中心に急速に多店舗展開した。１９９８年には東京・原宿に

図１－１　㈱ファーストリテイリングの事業内容

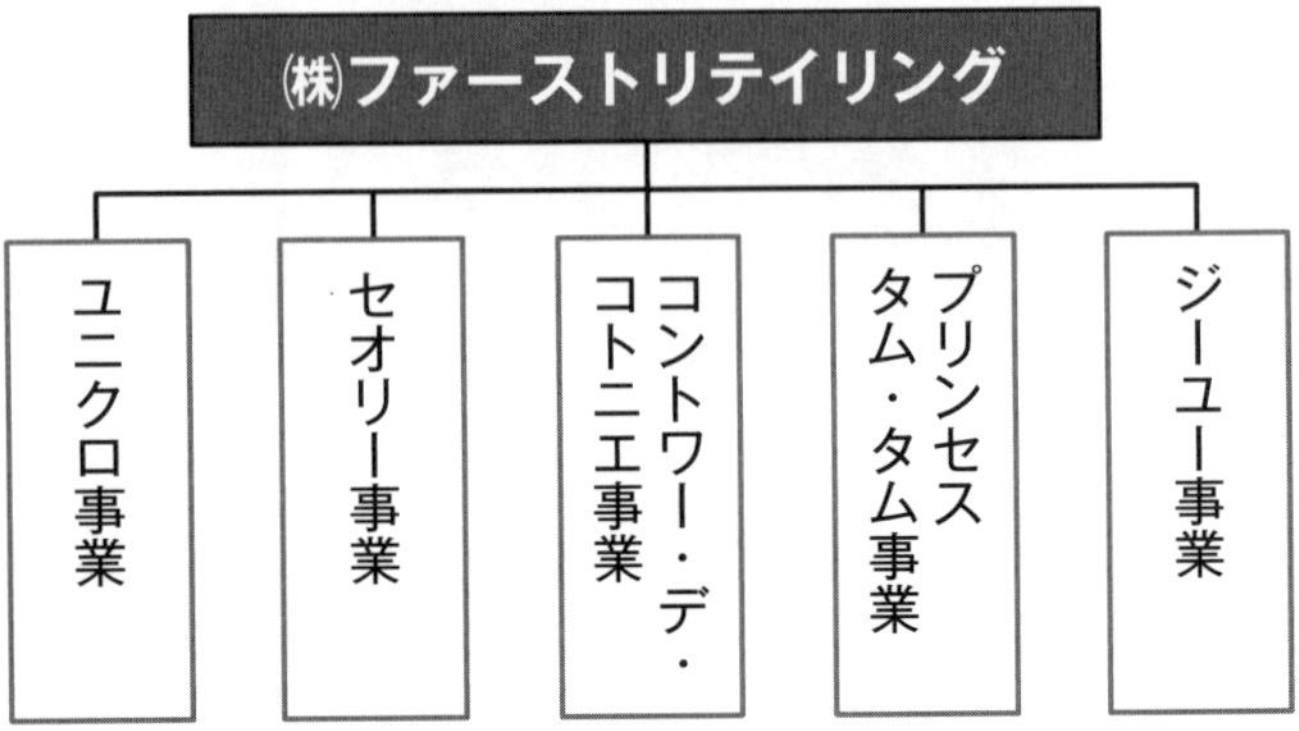

（出所）同社ホームページを参考に執筆者が作成

大型旗艦店を出店し、「フリースに自信あります。１９００円」という宣伝とともにフリースを安値で販売した。これをきっかけにフリース・ブームが起こり、同社の業績は急拡大した。その後、欧州や米国、アジアにも進出し、今や売上高１兆円に迫る巨大企業となっている。

しかしながら、実際には長らく「ユニクロ」という企業は存在しなかった。柳井等氏が創業した企業名は前述のとおり「小郡商事」である。「ユニクロ」はあくまで店舗の商標であり企業名ではなかった。１９９１年に小郡商事は名称変更し「㈱ファーストリテイリング」となっている。この際もユニクロはあくまで店舗名であった。２００５年になってファーストリテイリングが持株会社化したことに伴いその傘下に初めて「㈱ユニクロ」が誕生するのである。

図１－１はファーストリテイリングの事業内容を掲載している。ユニクロ事業を筆頭に「セオリー」や「ジーユー」といった事業群を抱えていることがわかる。なお、過去には「カルサドール」といった婦人靴小売業やスポーツカジュアルの「スポクロ」、ファミリーカジュアルの「ファミクロ」といった事業も抱えていた。２００２年には「ＦＲフーズ」という企業名で生鮮食料品の販売にまで進出したこともあった。

　このようにファーストリテイリングは必ずしもユニクロと同一という訳ではなく、さまざまな事業の連合体という側面も持っている。では、このような複数の事業を抱えた企業がどのように運営されているのだろうか。

2. 経営戦略とは何か

●経営理念の重要性

　そもそも、企業の目標は何だろうか。ある高校の現代社会の教科書には企業の目的は「利益の最大化」と書かれている。また、経済学の入門書にも同様の記述がある。そうであるならば企業とは単なる「金儲け」のための道具と言えるかもしれない。確かにその一面はある。しかしながら、正々堂々と「金儲け」を前面に掲げる企業は少ない。また、「金儲け」を前面に掲げると却ってお金が儲からなくなるといった議論も存在する。

創業者は企業の設立に先立って何らかの目標を掲げている。それは単なる「金儲け」ではないだろう。また、創業の後に様々な苦労を重ねて新たな目標を作り上げる場合もある。ファーストリテイリングにおける「ミッション」の1つには「本当に良い服、今までにない新しい価値を持つ服を創造し、世界中のあらゆる人々に、良い服を着る喜び、幸せ、満足を提供します」と書かれている。フリースは軽くて温かく手入れが簡単というメリットがあるためアウトドア向けの服として販売されていた。しかしながら高価であった。ファーストリテイリングは商品企画から原材料選定、協力工場への支援など様々な工程を直接的・間接的に管理することで、フリースのメリットを維持しながら低価格のカジュアルファッションとして提供できるよう工夫を行った。さらに、その後、東レとの戦略的提携により保温性の高い生地「ヒートテック」を生み出し、同生地を使った下着や靴下を販売するなどまさに「新しい価値を持つ服を創造」し世界展開をしている。このように企業は単なる金儲けに留まらない何らかの目標を掲げてそれを達成するために日々努力を続けている。

これら企業の根幹となる目標についてファーストリテイリングでは「ミッション」と呼んでいる。企業によっては「経営理念」や「ビジョン」と呼んでいる場合もある。本章では特に断りがない限り「経営理念」で統一する。

●企業の外部環境の影響

企業経営において経営理念は重要である。しかしながら、企業が高尚な経営理念を達成しようとしても、そもそも赤字では企業そのものが存続しない。なぜならば企業の経済活動には従業員や仕入先、銀行など様々な利害関係者との協業が必要となる。この際、利害関係者に対して適切な給料や費用を支払わない限り協業に応じてもらえない。赤字とはこれら利害関係者に支払う給料や費用さえ十分にまかなえていないことを示す。

では、損益トントンならば良いのであろうか。将来の投資のためには一定の資金を内部留保として蓄える必要がある。また、株式会社の場合、他の利害関係者に支払った後に残った利益からリスクマネーの提供者である株主へ配当が支払われる。このため単に赤字でなければよいのではなく、利益を生み出さなければ企業の存続は困難となる。

利益の大本は何かというと「売上」である。売上はどういう場合に計上されるのか。企業が提供する財・サービスに対して顧客が価値を認め、対価を支払った場合である。つまり、企業は顧客に対して魅力ある「価値の提供」をしなければ存続できない。著名な経営学者であるP・F・ドラッカーは企業の目的を「顧客の創造」と呼んだが、魅力ある「価値の提供」を行わなければ「顧客の創造」もできないため要点は同じである。

なお、今日の資本主義社会では企業の設立や経済活動において大幅な自由が認められている。

ここに問題が発生する。競合他社が自社とまったく同じ価値の財・サービスを新たに提供してきた場合、顧客が自社の財・サービスの価値を認めず十分な対価を支払ってくれない可能性が生じるのである。顧客に認めてもらうには競合他社が提供していない価値、つまり「差別化された価値」を提供しなければならない。ファーストリテイリングの経営理念に「本当に良い服、今までにない新しい価値を持つ服の創造」と明記されているのには理由がある。資本主義社会では、自社の都合だけでは行動を決められず、常に顧客や競合他社などの企業の外部に存在するプレーヤーとの関係を考慮に入れた行動が求められるのである。

●経営資源による制約

ファーストリテイリングが「本当に良い服、今までにない新しい価値を持つ服を創造し、世界中のあらゆる人々に、良い服を着る喜び、幸せ、満足を提供」するには具体的にどうすればよいのだろうか。仮にファーストリテイリングの保有する経営資源が無尽蔵にあるならば、あらゆる種類および品質、デザインの服を世界同時に販売開始すればすぐに経営理念を達成できるかもしれない。しかしながら、ファーストリテイリングに限らず経営資源を無尽蔵に保有する企業は存在しない。このため現在保有している経営資源を基に行動方針を検討する必要がある。ファーストリテイリングの場合であれば、服についての種類や品質、デザインを絞り込み、出店するエリアも限定する必要があるだろう。

また、目標達成のためには現時点で保有している経営資源だけでなく、今後蓄積されるであろう経営資源も含めた行動方針を検討する必要がある。例えば、海外に出店するにしても今後の店舗展開において鍵となる地域から出店し、そこで得たノウハウを用いて徐々に周辺地域に進出していくという行動方針もありうる。このように考えると組織目標を達成するためには経営資源の蓄積プランも考慮に入れた長期的な行動方針を検討する必要があることがわかる。

●経営戦略の定義

経営戦略とは「企業が組織目標を達成するため、外部環境および自社の経営資源を関連づけて描いた、将来にわたって一貫性のある行動方針」と定義される。「外部環境」とは主に顧客や競合他社といった外部のプレーヤーを意味する。上述のとおり企業活動の基本は「顧客」に対して「競合他社」とは差別化された価値を提供することにある。顧客と競合他社の考慮なしに企業活動は成り立たない。また、顧客に価値ある財・サービスを提供するにはヒト、モノ、カネといった「経営資源」が必要となる。まさに経営戦略とは外部環境と経営資源の両方を総合的かつ長期的に勘案した上で策定された企業運営の大まかな方針なのである。

「貴社の経営戦略は何ですか」という質問に対して言葉に詰まるビジネスパーソンは多い。

「我が社に経営戦略はない」と言う方もいるかもしれない。確かに明文化された経営戦略はないかもしれない。しかしながら、明文化された経営戦略に限定せず、ある種の「行動パターン」として広く捉えてみると自社独自の行動パターンが見つかる場合が多い。

逆に「我が社は毎年経営戦略を策定している」と言う方もいるかもしれない。しかしながら、「将来にわたって一貫性のある行動方針」が毎年策定されているというのも定義的におかしい。間違いの多くは毎年の「予算編成」を経営戦略の策定と誤解していることにある。予算編成では次年度における社内管理上の数値目標を定めているだけであり、行動方針までは十分に検討されていない場合が多い。では３～５年ごとに策定される中期経営計画の場合はどうだろうか。多くの企業では数値目標や抽象的な目標を掲げるだけで、外部環境や経営資源の分析および目標達成までの行動方針まで検討していることは少ない。そもそもたった３～５年では組織目標の達成には短すぎると考えて良いであろう。

誤解を恐れずにいえば10年超の行動方針を経営戦略と呼ぶ。より具体的には、業態またはビジネスモデルの決定や商品ジャンルの決定、進出地域の決定など一旦決めてしまうと途中からの変更が困難な行動方針、どちらか１つの方向性を採用すると別の方向性は同時に採用できないトレード・オフを伴った行動方針を経営戦略と呼ぶ。例えば、２０１１年にセブン－イレブンが四国に初出店したことが報じられた。逆に言えば創業から約40年間、物流効率やマーケティング効果を重視して特定地域に集中して多店舗展開する「ドミナント出店」という経営戦略を採用したため、限りある経営資源を有効活用するという観点から四国進出を遅らせるという意思決定も同時に下していたことが窺える。

3. 経営戦略の種類

経営戦略は対象とする組織階層によって3つに分類される。すなわち、

①企業戦略
②競争戦略
③機能別戦略

である。図1－2は多角化展開している流通業者の組織図を示している。以下、図1－2に則って3つの戦略における違いを説明する。なお図1－1で示したファーストリテイリングの事業構造もこれに類似している。

●企業戦略

企業戦略とは多角化している企業における全体的な行動方針を示す。このため「全社戦略」と呼ばれることもある。図1－2の場合、社長の立案する行動方針が企業戦略となる。図1－

図1－2 経営戦略の分類

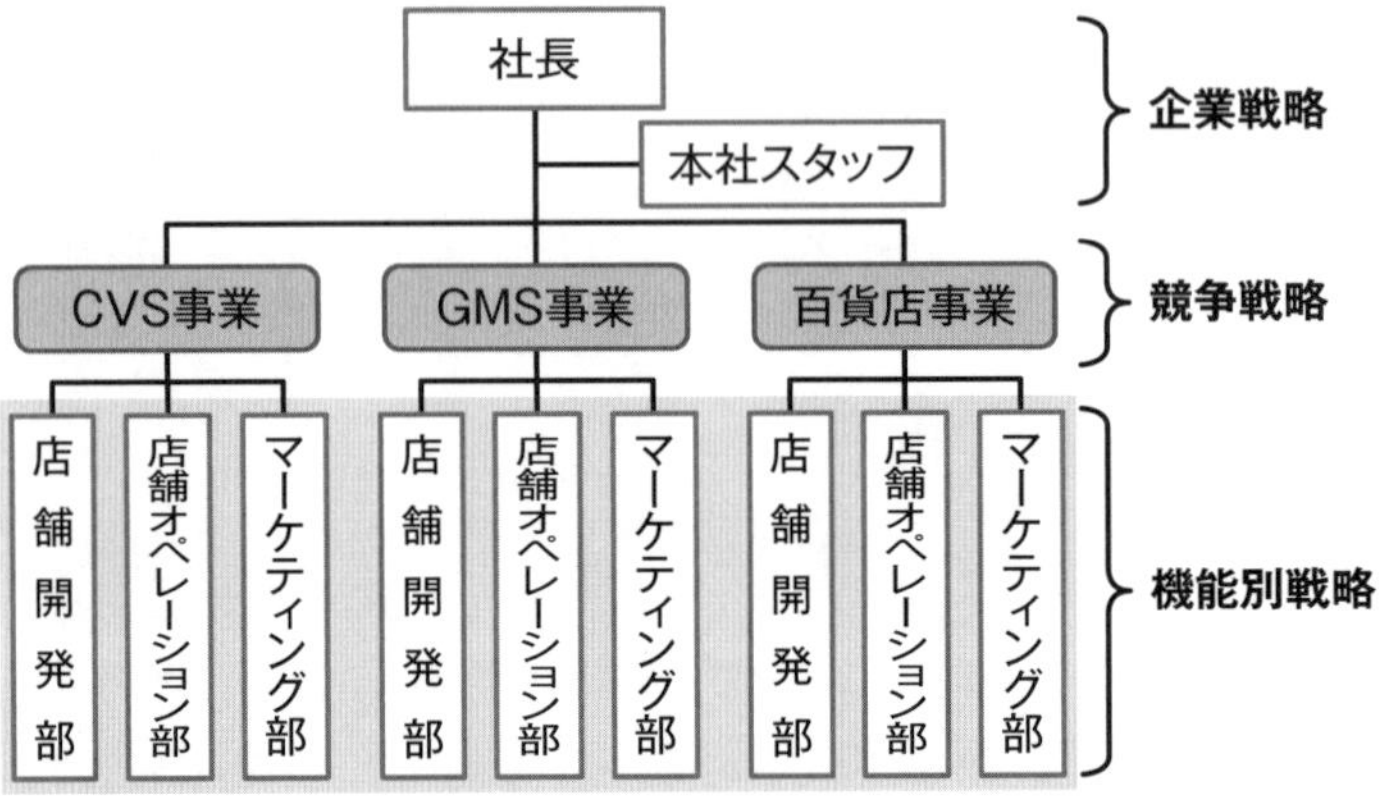

1のファーストリテイリングの場合、グループ全体を統括している持株会社ファーストリテイリングの立案する行動方針がこれに該当する。

企業戦略における最も重要な検討事項の1つが「そもそもどのような分野で事業を展開するのか」である。上述のとおり、かつてファーストリテイリングは「靴」にも参入していたことがあった。さらに生鮮食料品販売に進出したこともあった。現在、同社の経営理念には明確に事業領域を「服」と明記していることから、事業領域を絞り込み経営資源を集中しようという行動方針が窺える。

厳密な区分は難しいものの「M&A」や「戦略的提携」も企業戦略として取り扱われることが多い。M&AとはMerger（合併）とAcquisition（買収）の頭文字をとったものである。Ｍ＆Ａにより他社の保有する経営資源を獲得することで素早い資源展開が可能となる。例えばファーストリテイリングの場合、ブランド「セオリー」はＭ＆Ａにより獲得している。

戦略的提携とはＭ＆Ａと異なり相手企業の経営権を獲得せずに連携を図る試みを示す。具体的には合意文書に基づく「業務提携」や一部出資も交えた「資本提携」、複数企業が共同出資して新たな法人を設立する「合弁会社」の３パターンが存在する。

●競争戦略

競争戦略とは企業内で特定の事業領域を担う事業部門における行動方針を示す。このため「事業戦略」と呼ばれることもある。図１－２では社長の傘下にあるＣＶＳやＧＭＳ、百貨店の事業責任者が立案する行動方針を意味する。ファーストリテイリングの場合、傘下の事業としてユニクロ事業やセオリー事業、ジーユー事業等がある。これら各事業の責任者が立案する行動方針が競争戦略に該当する。

多角化していない企業の場合はどうなるのだろうか。例えば、多くの食品スーパーは多店舗化していたとしても別の業態には進出していない企業が多い。この場合、企業戦略は存在せず競争戦略のみとなる。競争戦略は多角化しているか、していないかにかかわらず、すべての企業に存在するため、経営戦略論の中でも特に重視される。このためビジネススクールにおける経営戦略論の入門科目では競争戦略に焦点を当てたものが多い。

●機能別戦略

企業戦略と競争戦略の策定で企業経営は終わりではない。立案した戦略を実行に移すにはより具体的な行動方針を立てる必要がある。実際の実行を担うのが機能部門（または職能部門）と呼ばれる組織である。

各企業の事業部門内には様々な機能部門が設置されている。機能部門の例としては店舗開発部や店舗オペレーション部、マーケティング部、システム部、人事部、財務部、法務部などがある。また、本社にも社長をサポートする「本社スタッフ」として機能部門が設置されている場合がある。

これら各機能部門には企業戦略や競争戦略に則った独自の戦略が求められる。例えばマーケティング部には企業戦略・競争戦略に則った独自のマーケティング戦略が必要であり、企業の資金調達を扱う財務部にも独自の財務戦略が必要であるだろう。このように経営戦略の実行面に関わり、機能別に細分化された具体的行動方針を総称して機能別戦略と呼ぶ。

経営学の理論

ビジネススクールにおいて学ぶ経営学の理論には大きく分けて、課題を分類・分析したり戦略を構想する「フレームワーク」と、成功の条件や法則性を示す「戦略の定石」がある。

「フレームワーク」を身につけておくと分析・構想がスムーズで漏れがなくなり、視点を他の人と共有しやすく意見交換もしやすい。また、考え方に説得性が増し、相手の理解が進みやすく、実効性が高まる等の効用がある。分析のフレームとして有名なのは第2章にて説明する「SWOT」である。「SWOT」は、企業の強み（Strength）と弱み（Weakness)、その企業が属する市場環境の機会（Opportunity）と脅威（Threat）を分類・整理するフレームである（4つの言葉の頭文字をとってSWOTと言う)。また、戦略構想のフレームとして有名なのが「５つの競争要因モデル」である。同モデルでは企業が属している産業の収益性を決定する5つの諸力をあげ、業界の特性を明らかにすることを可能にしている。

「戦略の定石」とは、これだけの条件が揃い、これが加わるとこうなる、あるいは物事を実行するにあたってこうするとうまくいくという手法で、様々な事例の積み上げや統計的分析から明らかになったものなどがある。

例えば、季節商品のＡ商品群が売れ始めて一定の数量比率に達した後に、Ｂ商品群を本格的に品揃え展開すると一気に売れ始める。あるいは、店舗間競合において地域一番店は、フルターゲット・フルマーチャンダイジング・フル販売チャネルという「全方位戦略」を採用するべきであると言われるものなど、戦略の定石は日常業務でも多く採用されている。戦略の定石の積み上げがその企業の組織能力、真の競争力（内なる競争力）となっていくと考えられる。

4. 経営戦略の立案プロセス

次ページの図1－3は具体的な経営戦略の立案プロセスを示している。経営戦略の起点は経営理念である。経営理念から逸脱した経営戦略はありえない。ファーストリテイリングにおける現在の経営理念では「服」に事業領域を限定している以上、再び生鮮食料品販売に進出する可能性は少ないといえる。

しかしながら、一般に経営理念は抽象度が高く、現実の組織目標としては管理が困難なため、測定可能な数値目標を別途設定する場合が多い。この際、外部環境と経営資源を勘案した上で達成可能または若干のストレッチを設けた数値目標が設定される。また、長期的な数値目標だけでは達成度の管理ができないため短期（3ヶ月～1年）および中期（3～5年）、長期（10年程度）に目標を分割して管理することが多い。具体的には売上高や利益といった会計指標および市場シェアや来客数といった経営指標、在庫回転率や廃棄ロス率などオペレーションに着目した管理指標などが期間毎に設定される。さらにこれらの数値目標を各店舗やグループ、個人にまでブレイクダウンしたうえで達成度を管理する場合もある。

具体的な組織目標の設定とともに、それを達成するため経営戦略の策定が行われる。前述のとおり、資本主義社会では企業の行動は顧客や競合他社など外部のプレーヤーの動向に左右さ

図1－3　経営戦略の立案プロセス

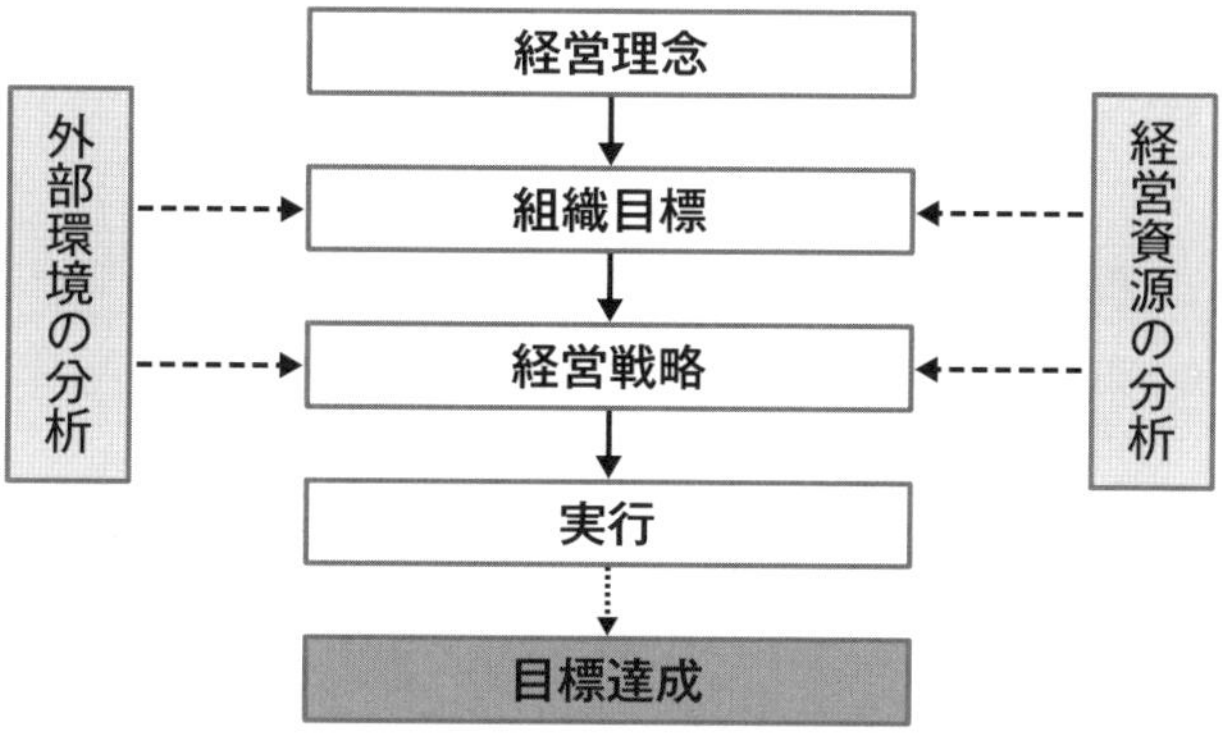

（出所）バーニー（2003）、P.38を参考に執筆者作成

れる。このため企業を取り巻く外部環境の分析が不可欠となる。さらに自社独自の価値を提供するには、自社の経営資源についても分析する必要がある。このように外部環境における機会・脅威と自社の経営資源における強み・弱みを総合的に勘案した上で具体的な行動方針である経営戦略の策定を行うのである。なお、戦略立案においては全体の整合性が重要であるため一方向に向かって機械的に決定されるのではなく相互に調整されながら決定される。

組織目標の達成のためには経営戦略の策定だけで終わりではなく、必ず策定した経営戦略を実行に移されなければならない。その際、ＰＤＣＡサイクル（plan-do-check-action cycle、計画・実行・評価・改善サイクル）を回しながら、短期・中期・長期目標の達成度を検証し、問題があれば改善を行うことになる。実際問題として経営戦略の計画段階ではわからないことが多く、実行して初めて正しく状況を理解できることが多い。また、想定外のことが生じたりもする。このため実行段階においても新たに学んだことをフィードバックしながら経営戦略を修正していく必要がある。

創発的戦略

新市場に参入する際、担当者としてはいくら念入りに調査しても実際には参入後に学んだことの方が多いのが実感ではないだろうか。また、当初の戦略を実行した結果、企業側が顧客ニーズを学習するだけでなく、顧客側も企業が提供する財・サービスについて学習を深める。時には企業が思いもつかないような財・サービスの使い方を顧客が採用している場合もある。このような市場の進化と発展の中から新たな機会を見つけ出し、新たな戦略を創造することで成功した企業は数多く存在する。経営戦略論では様々な経験を経るうちに当初実行しようとした戦略が時間の経過とともに変化し、結果として大きく変容した場合を特に「創発的戦略」と呼んでいる。

ユニークなケースとして天井吊り下げ式ミラーを製造・販売していた会社の例がある。従来、同ミラーはキラキラ光るため店舗内の装飾品として使われていた。ある日、同製品を購入した小売業者がいた。以前にも小売業者がディスプレイ用として購入したケースはあったが、その小売業者は一度に30個購入していた。同ミラー会社はこのことが気になり、後日、具体的な使用方法をヒアリングに行った。するとその小売業者は確かにミラーを天井に吊るしていた。しかしながらその使用目的はディスプレイ用ではなく万引き防止のため死角となる棚を目視できるようにミラーを設置していたのだった。このことをきっかけに同社では防犯関連商品として改良を加えた上で販売したところヒット商品となった。その後、このミラー会社は防犯グッズの販売に力点を移し、平面でも広角が映せるミラーを開発した。現在、銀行のATMで入力画面の上に貼られている防犯用ミラーは同社製のことが多い。こうして同社はディスプレイ用品よりも防犯グッズの製造販売で大きく成功している。なお、上述の経験から同社では年に1回必ず購入者に使用方法のヒアリングを行うようにしている。

第2章
外部環境と経営資源の分析

1. ウォルマート・ストアーズの事例を通して

第1章において経営戦略の定義およびその策定プロセスについて検討した。企業は自社の都合で何もかも自由に物事を進めることができる訳ではなく、常に「顧客」と「競合」に代表される外部環境を勘案しなければならない。また、「顧客」に「競合」とは差別化された価値を提供し続けるには自らの経営資源も勘案する必要がある。

第2章の内容に関する足がかりとして、ウォルマート・ストアーズの事例について検討を行ってみよう。

ウォルマート・ストアーズは米国のディスカウント・ストアである。同社の創業は１９６２年であり、多くの日系大手流通業者に比して新しい。

しかしながら、同社の売上高は約46兆円（４６６０億ドル、２０１３年1月期）と世界最大である。単純計算すれば、同社は創業から約50年の間に毎年９０００億円売上が増えたことになる。約９０００億円とは髙島屋の年間売上高にほぼ匹敵する。髙島屋の創業が１８３１年であることを勘案するとウォルマートの成長がいかに速いかがわかるであろう。

このような爆発的な成長がなぜ可能だったのか、疑問は多い。米国ではスーパーや百貨店、通信販売の歴史は古い。また、競合となるディスカウント・ストアも存在する。国内市場が大きいとはいえ、ウォルマートが満たした需要はかつて別の流通業者が満たしていたはずである。全くのゼロから生まれた需要を取り込んで成長したとは言いがたい。

では、何が同社の急成長を支えたのだろうか。従業員が優秀だったのか。その可能性は否定できないものの、創業期に優秀なＭＢＡホルダーがこぞって就職を希望したとは考えにくい。従業員の日々の努力が実を結んだのか。確かにそうかもしれない。しかし、他の流通業者の従業員が目立ってサボっていたとも言いがたい。経営者が優れていたのだろうか。「企業は経営者で決まる」と言われると確かにそのとおりなのかもしれない。しかしながら、かつてのダイエーやそごうが急成長したのは創業者や中興の祖が素晴らしかったからであり、その後経営が悪化したのも創業者や中興の祖が慢心したからというのでは分かったようで分からない説明である。ウォルマートの創業者であるサム・ウォルトンは１９９２年に逝去したものの、その後も同社は成長を続けている。サム・ウォルトンの経営手腕を死後の成長にも求めるのは難しい。少なくともより具体的な同社の経営戦略を説明してもらう必要があるだろう。何故ならば経営戦略とは10年超の一貫した行動方針であるため、創業者の死後も継続している可能性があるからである。では、具体的にどのような経営戦略が採用されていたのだろうか。

本章ではウォルマート等のスーパーやディスカウント・ストアの事例を交えながら外部環境および経営資源の分析方法について検討する。前章における経営戦略の策定プロセスで述べたとおり、組織目標および経営戦略の策定において外部環境と経営資源の分析は不可欠である。ＭＢＡにおける有名な分析の枠組みとして「３Ｃ分析」および「ＳＷＯＴ分析」がある。両分析の構成要素も実は外部環境と経営資源のいずれかに分類できる（コラム参照）。このため３Ｃ分析やＳＷＯＴ分析を行う際にも、以下で議論する内容を参考にしながら検討を行って頂きたい。

3C分析

「3C分析」の3Cとは「顧客(Customer)」、「競合(Competitor)」、「自社(Company)」のアルファベットの頭文字をとったものである。資本主義社会では常に「顧客」に対して「競合」と差別化された「自社」独自の価値を提供し続けなければ企業は存続しない。このため経営戦略の立案において3Cの各要素の分析が不可欠となる。

一般的に「顧客」については市場規模や成長性、地域性、顧客の人口統計的特徴(性別・年齢・所得階層等)、具体的なニーズ、購買プロセス等を調査することでどのような機会や脅威があるのかを分析する。「競合」については競合の数や寡占度、参入障壁の有無など競争の激しさを決める要因を中心に分析を行う。また、競合の強み・弱みや具体的な戦略、業績・経営体力についても分析を行う。

「自社」の分析では自社の業績および経営資源に着目する。具体的には売上高や市場シェア、利益率等の業績に関わる要因に加えて、それら会計数値を生み出す背景となった自社の強み・弱みを分析する。

3C分析における「顧客」と「競合」は大きく括《くく》れば「外部環境」に関する要因と言える。また、「自社」については「経営資源」と読み替えることもできる。

図1－4　3C分析

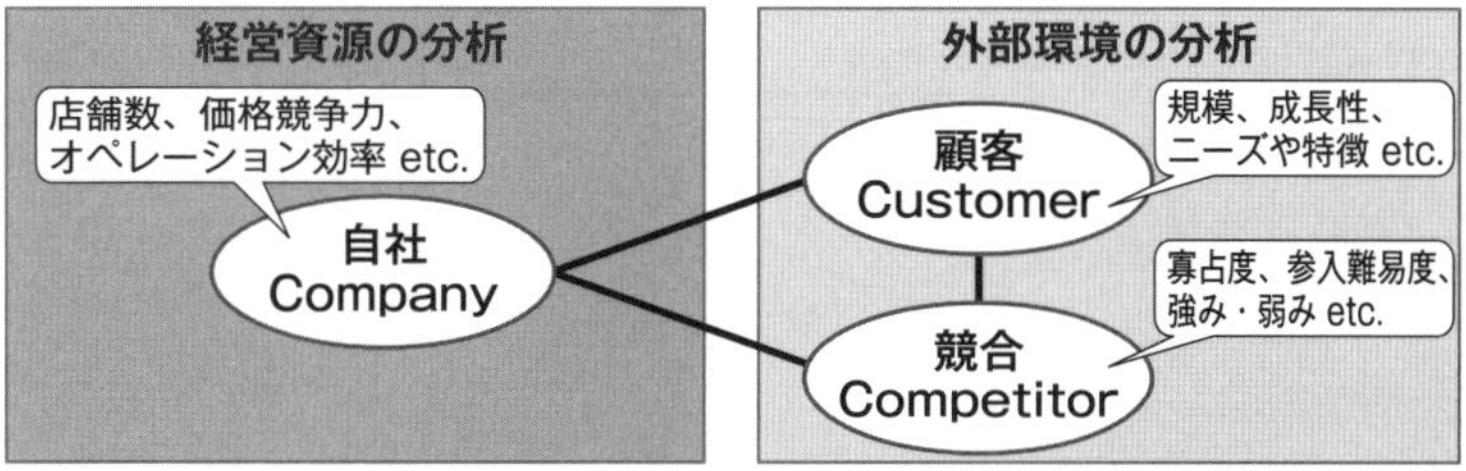

（出所）グロービス・マネジメント・インスティテュート（1999)、P.18を修正して掲載。

SWOT分析

「SWOT分析」のSWOTとは「強み（Strength)」、「弱み（Weakness)」、「機会（Opportunity)」、「脅威（Threat)」のアルファベットの頭文字をとったものである。SWOT分析では自社と競合を比較することにより強み・弱みを明確にし、さらに市場における機会や脅威についても分析する。これらの分析から、自社の強みを活かせる機会を見つけ、弱みを修正し、潜在的な脅威や顕在化した脅威を克服する手立てを考えるヒントを見つけ出す（図1－5）。

これらSWOTの4つの要素もまた本章で説明する「外部環境」「経営資源」の分析と整合性がある。具体的にはSWOT分析における「強み」と「弱み」は自社の経営資源に関する分析から導き出すことができる。また、「機会」および「脅威」は一般的には外部環境の分析により判明する。

以上のとおり3C分析やSWOT分析と本章で取り上げる外部環境・経営資源の分析は同じ構成要素をどのように括るかの問題であり本質的にはいずれも同じである。このため3C分析やSWOT分析を行う際の具体的方法については本章における外部環境および経営資源の分析を参考にして頂きたい。

図1－5　SWOT分析

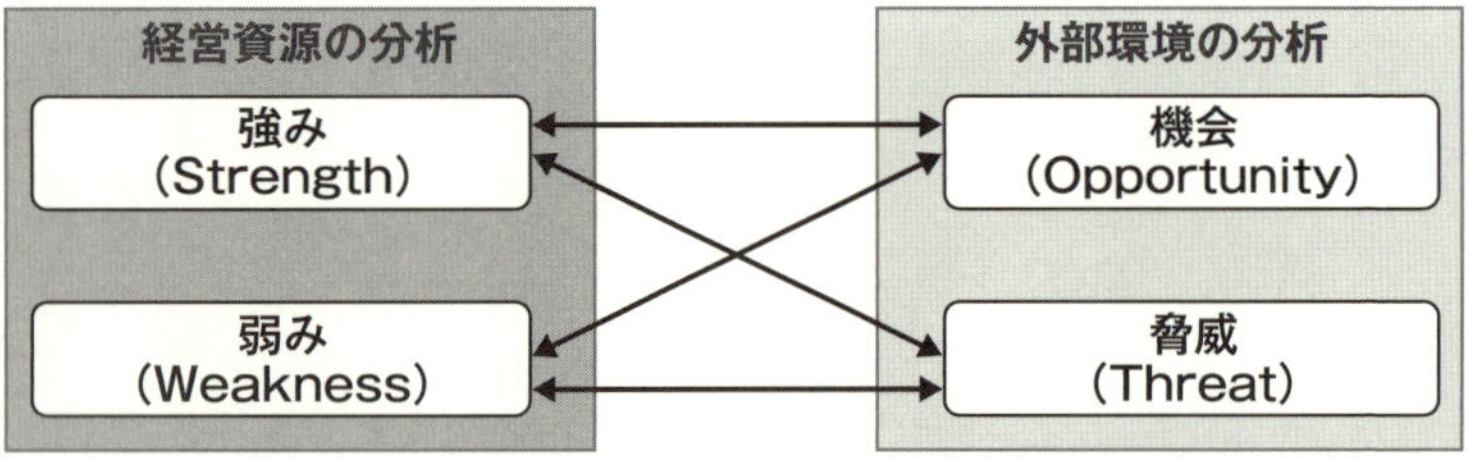

2．外部環境の分析

外部環境はどの産業の企業も影響を受ける「マクロ環境」要因と当該産業だけが影響を受ける「産業環境」要因に分類できる。

外部環境の分析ではこれら2つの要因について各々異なる分析フレームワークが存在する。具体的にはマクロ環境には「PEST分析」、産業環境には「5つの競争要因モデル」が用いられる。以下では直接的な競合関係を分析する5つの競争要因モデルに焦点を絞って解説を行う（PEST分析についてはコラムを参照のこと）。

●5つの競争要因モデル

ビジネススクールにおける経営戦略論の授業で必ず取り上げられるのが「5つの競争要因モデル」である。英語でそのままファイブ・フォーシーズ・モデル（Five Forces Model）と呼ばれる場合もある。

元来、産業環境に関心を示していたのは経済学者であった。彼ら・彼女らは一部の企業による市場独占を問題視していた。何故ならば独占は特定企業の利益を押し上げ、逆に消費者は高いものを買わざるをえなくなるからである。また、現実に個々の産業の平均利益率にはかなり

PEST分析

「PEST分析」のPESTとは政治(Politics)および経済(Economy)、社会(Society)、技術(Technology)のアルファベットの頭文字をとったものである。これらはマクロ環境分析において不可欠な４つの要因を示している。これらの各要因は県や州などといった地域レベルから国レベルに至るまで様々である。分析においてはこれらマクロ環境を規定する要因から機会や脅威を判定する。

図１－６はPEST分析における検討項目の例を挙げている。政治については国・自治体の法律および規制、規制強化・緩和の見通し、税制および税制改革の見通し、裁判制度や判決までの時間、政策決定プロセス等を検討する。経済についてはGDP成長率、景気動向、インフレ/デフレ、金利、為替等のマクロ経済要因を分析する。社会については人口動態、教育水準、治安、宗教・価値観、労働倫理、消費者運動、環境保護運動等の動向を調査する。最後に技術では国・地域としての技術レベル、新技術の普及度、インターネット等の技術インフラの整備状況、特許制度の運営状況等を調査する。PEST分析ではまずは自社の進出予定地域について4つの要因に基づき整理を行い、機会や脅威を判定し、その対応策の検討を行う。

図１－６ PEST分析における検討項目例

政治(Politics)	経済(Economy)	社会(Society)	技術(Technology)
法律および規制	GDP成長率	人口動態	技術レベル
規制強化･緩和の見通し	景気動向	教育水準	新技術の普及度
税制および税制改革の見通し	インフレ／デフレ	治安・安全保障	技術インフラの整備状況
裁判制度	金利	宗教・価値観	特許制度　等
判決までの時間	為替	労働倫理	
政策決定プロセス	貯蓄率	消費者運動	
外交　等	資源価格　等	環境保護運動　等	

バラツキがあった。この背景には各産業によって競争の激しさが異なり、最終的には儲かりやすさが異なっているという構造上の問題があった。同様の考え方は産業レベルだけでなく地域や業態間での平均利益率のバラツキに関する理由にもつながるものであった。

しかしながら、これら産業構造と企業の利益の関係に関する研究蓄積が進むと、それを応用することで逆に企業にとって魅力的な産業構造の条件を研究するものが現れた。この結果生み出されたフレームワークが5つの競争要因モデルである。

●基本的な考え方

スーパーの事例で考えてみよう。A町とB町という2つの町があったとする。A町は人口も多く、1人当たり平均所得水準も高いのでとても魅力的な市場に見える。この町にはその魅力に引きつけられてたくさんのスーパーが出店している。B町は人口が少なく、一人当たり平均所得（水準）もA町ほどではない。さらにとなり町とも距離が離れている。B町はあまり魅力的に映らないためかスーパーが1店舗しかない。どちらの町のスーパーが儲かるのだろうか。

一見するとA町に出店したスーパーの方が儲かりそうに思える。確かに人口が多いというのは潜在顧客の数が多いことにつながる。所得水準が高ければ1人当たり購買単価は高くなるかもしれない。しかし、他社の店舗が存在する以上、「顧客」を「競合」に奪われる可能性もある。このため対抗策として価格を引き下げたり、多額の宣伝広告を費やしたり、店舗の改装も頻繁に行わなければならないかもしれない。価格の引き下げや追加投資は当然ながら利益率の低下に結びつくことになる。

Ｂ町に出店したスーパーはどうであろうか。一見すると潜在顧客は少なく、購買単価も低いだろう。しかし、競合店舗がないため、価格の引き下げや追加投資によるコスト負担の必要はほとんどないかもしれない。この場合、Ｂ町のスーパーの方が儲かっている可能性は排除できない。このように一見すると魅力的に見えない地域に出店してその地域の需要をなかば独占することで成長したのがウォルマート・ストアーズである。

以上のように魅力的な市場に見えたとしても競合が多ければほとんど儲からないかもしれない。つまり、戦略を考える上で重要なことは潜在的顧客の数もさることながら、特定の産業や地域、業態において競争が少ないか、独占的地位を獲得できるかどうかである。このため産業環境の分析では競争の激しさを中心に分析を行う。

●５つの脅威とは

「５つの競争要因モデル」では競争を激しくする要因として５つの脅威が存在すると指摘している。競合の脅威、新規参入の脅威、代替品の脅威、購入者の脅威、供給者の脅威である（図

図1－7　5つの競争要因モデル

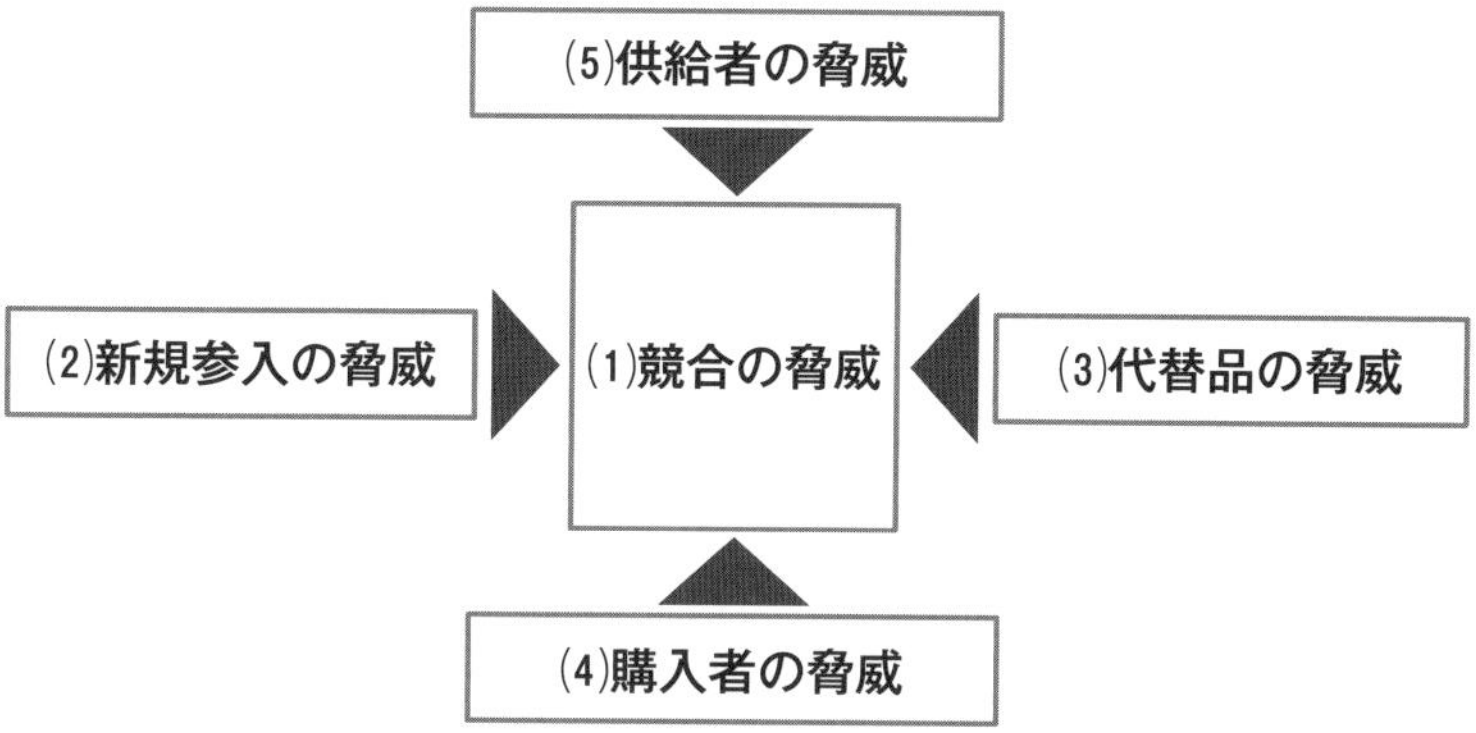

（出所）ポーター（1985）、P.18を参照のうえ執筆者が作成した

1－7参照）。これら5つの脅威を分析することによって業界平均利益率を最も低下させている要因を特定し対処しようというのが同モデルの要点である。以下、具体的に各脅威の概要を説明する。

(1) 競合の脅威

既存の競合間における競争の激しさを意味する。例えば競合の数が多い場合、各社は顧客を獲得するため値下げ競争や広告宣伝競争を強いられるかもしれない。このような競争は直接的に各社の売上を減らすかコストを増加させることにつながり、最終的に業界全体の利益率低下を招く要因として働くことになる。例えばバブル崩壊後の百貨店業界における利益率の低迷は同業界の店舗数の多さに伴う過当競争が原因の1つと言われている。

(2) 新規参入の脅威

これまで存在しなかった新たな企業が参入すると顧客の奪い合いが激しくなり、価格競争や広告宣伝競争が発生し業界平均利益率が低下する。

興味深いのは実際には新規参入が生じていなくても潜在的に新規参入の脅威が高いだけで既存企業は高い値段をつけられず、業界平均利益率は低下してしまう点である。一部のストア・マネジャーの方は経験があるかもしれないが、高い値段をつけることで高利益率を享受していると、同様の利益を求めて新規参入が発生してしまう可能性が生じる。このため新規参入が容易な業界では実際に新規参入が生じていなくても高い値段をつけられなくなるのである。

5つの脅威のうち「競合の脅威」と「新規参入の脅威」の間には深い関係がある。新規参入者は最終的には既存の競合となるため、競合の数自体は新規参入の容易さに強く影響を受けているからである。こうした理由から5つの脅威の中で最も業界平均利益率に影響を与える要因は「新規参入の脅威」であると指摘する経営学者もいる。

(3) 代替品の脅威

直接的な競争相手ではないものの類似の価値を提供する競合の脅威を指す。例えば流通業の場合、スーパーや百貨店等の各業態内での競争があるだけでなく他の業態間との競争も存在する。さらに近年ではネットショッピングが実際の店舗を保有している流通業にとって脅威となっている。かつての百貨店のように日曜日に家族でウインドーショッピングを楽しむことが顧客にとって魅力的な価値だった場合、その代替品は他の流通業態というよりもテーマパーク等のエンターテイメント産業が該当するかもしれない。このように考えると自社の提供している価値が何であり、かつ、類似の価値を提供している企業にはどのようなものがあるのかを特定することは非常に重要である。

(4) 購入者の脅威

単純にいえば「顧客」の脅威である。「お客様は神様です」というのはある側面では正しい。但し、価格に敏感でセールの時しか買わない顧客もいれば、他店舗との比較を熱心にするため広告宣伝費ばかりかかってほとんど採算の合わない顧客も存在する。さらに特定の購入者に売上を依存している場合、同購入者の意向を尊重しなければ売上の大幅減で企業の存続が危うくなるかもしれない。購入者が価格に敏感であったり交渉力が強い状況では値引きや追加サービスの要求がなされる。値引きは直接的に自社の利益率を低下させる。追加サービスについてもそれに見合った価格引き上げが行われないならば、単なるコスト増につながり、利益率が低下することになる。このように5つの競争要因分析では購入者についても利益率を圧迫する要因の一つと見なしている。

（５）供給者の脅威

供給者には商品供給を行うメーカーや卸売、労働力の提供を行う従業員、建物の大家、電気・ガスの供給業者も入る。しかしながら細かい議論をするよりも、業界にとって最も重要な経営資源の供給先を念頭に検討することの方が重要である。立地が重要な業態の場合、大家が足元を見て家賃の値上げを迫ってくるかもしれない。商品力で勝負している場合、メーカーや卸売業者の値上げ要請を断れないかもしれない。「そうは問屋が卸さない」のである。仮に家賃や卸値が値上げされた場合、自社の利益は減るため供給者も脅威となるのである。

●分析方法

初めに５つの脅威に該当する具体的なプレーヤーを特定する必要がある。例えば競合であれば具体的な会社・店舗名を特定する。プレーヤーを明確化した後、どの要因が最も利益率の低下を招いているかを分析する。図１－８のとおり個々の要因については各々さらに細分化されたチェック項目がある。これらを参考に要因の特定を行った後にその対処方法を検討する。例えば新規参入が容易な場合はいかに参入障壁を構築するかが重要になる。また、競合の数が多いことが問題ならばＭ＆Ａによりプレーヤー数を減らすことも考えられる。以上のような手順を通じて外部環境を自社にとって有利な構造に変更することが可能かどうかを考察する。

図1－8　流通業における５つの脅威に関するチェック項目

競合の脅威	(a)競合の数が多いまたは交渉力で同等 (b)業界の低成長 (c)損益分岐点売上高が多額 (d)在庫損失の発生可能性が高く販売競争に陥りがち (e)顧客の囲い込みが困難 (f)戦略的な価値の高い業界であり主導権争いが激しい (g)競合のバックグラウンドが多様で競争のルールが複雑 (h)退出障壁が高く現産業内で頑張らざるをえない
新規参入の脅威（新規参入が難しくなる条件を挙げる）	(a)参入障壁 (1)巨額な初期投資 (2)規模の経済性 (3)既存企業のシナジー効果 (4)既存企業による顧客の囲い込み (5)政府による参入規制 (b)予想される反撃の強さ (1)業界の低成長 (2)既存企業の豊富な経営資源 (3)既存企業による参入阻止行動
代替品の脅威	(a)代替品のコストパフォーマンス上昇 (b)代替品供給業者が高利益を確保し価格競争に訴えやすい
購入者の脅威	(a)購入者の交渉力が高まる要因 (1)購入者の集中度が高い (2)製品が差別化されていない (3)購入者による後方統合の脅威 (b)購入者の価格反応度を高める要因 (1)購入者が低利益・低所得である (2)取扱商品の費用が顧客の総支出の中でも大きい
供給者の脅威	※購入者の逆を考える

（出所）沼上（2008）P.178を一部修正して掲載

ただし、5つの競争要因について細かなことばかりに気を取られて、複数の項目を同時に対処しようと思ってはいけない。何故ならば、自社の経営資源は限られており、外部環境を自社にとって有利な構造に変更することもまた簡単ではないからである。このため当該業界または地域で最も影響力を及ぼしている数個の要因に絞り、そこに経営資源を集中して対処することが重要となる。

3. 経営資源の分析

●バリュー・チェーン分析

本章冒頭で指摘したとおり、3C分析においても「自社（Company）」を分析することの重要性が認識されている。また、SWOT分析においても「強み・弱み」の識別の重要性が指摘されている。では具体的にどのように自社を分析し強み・弱みを特定すればよいのであろうか。いきなり自社の経営資源について細かく分析するのではなく、まずは全体像の把握をすることが重要である。全体像を把握するツールとして「バリュー・チェーン分析」がある。

顧客に商品が届けられるまでには様々な工程が関わっている。一般的な流通業では商品企画の段階で自社のマーケティング情報を基に取扱商品の検討がメーカーや卸売も交えて行われる。購入商品の決定後、商品の仕入が行われ、商品が店舗に並べられて販売活動が行われる。大型

図１－９　小売業におけるバリュー・チェーンおよび業務活動、経営資源

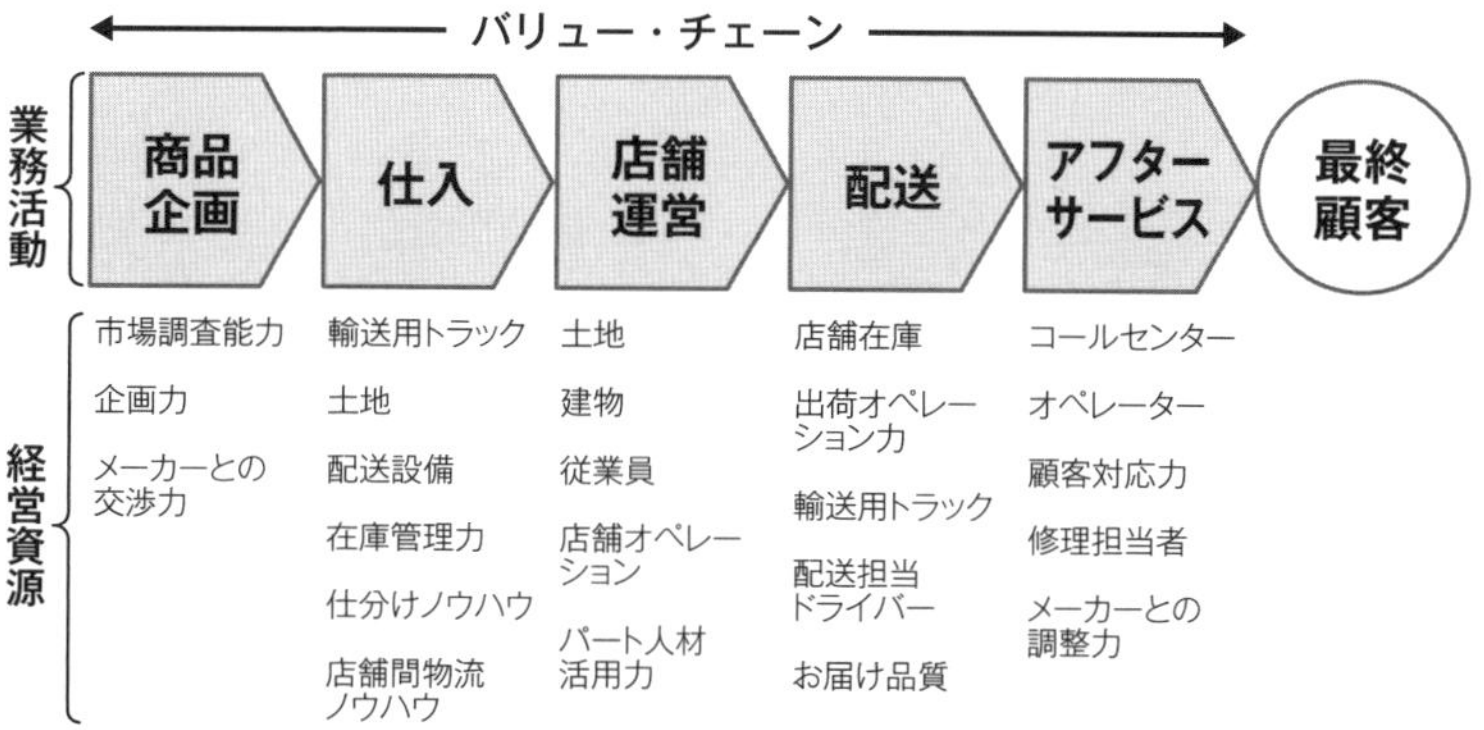

（出所）バーニー（2003）、P.248を一部修正して掲載

商品が売れた場合には車での配送手続きを行う必要もある。仮に家電製品のように接続が難しい商品の場合、取付業務を代行することもある。購入後、故障や不良品が発生した場合にはアフターサービスも必要となる。これら一つひとつの活動を経営学では「業務活動」と呼ぶ。さらに図１－９の上段のとおり、川上から川下までの一連の業務活動が遂行されて初めて最終顧客に価値が提供される。これら一連の業務活動全体の流れを称してバリュー・チェーン（value chain、価値連鎖）と呼ぶ。

なお、業務活動とは何らかの付加価値をつける活動を意味するため、図１－９の区分よりもさらに細かく分類することは可能である。また、一つひとつの業務活動は独立した企業で営まれる場合もある。なぜならば個々の業務活動は単

独で価値を生みだすため、それ自体がビジネスとして成立する場合があるからである。例えば、小売業者から顧客への配送においても自社で対応する場合もあれば、宅配便業者に外注する場合もある。

●経営資源への分解

図1－9下段のとおり、一つひとつの業務活動はさらに複数の経営資源を組み合わせることで成り立っている。経営資源とは何だろうか。過去にビジネス書等で勉強したことがある方ならば「ヒト・モノ・カネ」とすぐに思いつくかもしれない。中にはそれらに「情報」を付け加える方もいるかもしれない。

では、より具体的にヒト・モノ・カネ・情報とは何を意味するのであろうか。ヒトはわかりやすいかもしれない。その会社で働いている経営者やいわゆる正社員の他、有期契約の従業員（契約社員、パートタイム、派遣社員等）が含まれる。モノとは何だろうか。店舗や倉庫、様々な機器類はすべてモノである。カネは当然ながら現金・預金である。他に銀行からの借入枠等も入れる場合がある。情報は厄介である。例えば会社の定めたマニュアルは情報に分類できよう。では、意匠・特許・商標はどうだろうか。一般的にはモノは有形資産に限定し、会計上の無形資産については「情報」と考える場合が多い。ノウハウについても情報に分類する場合が

垂直統合

従来、既製服はアパレル業者によって商品企画・製造されたものを百貨店等で委託販売するのが一般的な商取引の流れであった。しかしながら、近年、小売業者が自ら商品企画に関与することで効率的な経営を行うSPA(Speciality Store Retailer of Private Label Apparel、製造小売とも訳される）が台頭した。SPAの主な企業としてはGAP（米国）やH&M（スウェーデン)、ユニクロ（日本)、ZARA（スペイン）などがある。

しかしながら、これらの企業をより詳しく分析すると企業によってバリュー・チェーンが若干異なることがわかる。顕著な例はZARAである。他社は協力工場に服の製造委託をしているのに対して、ZARAは一部工場を保有している。こうなるとそもそもZARAは「流通業」なのかという疑問さえ生まれるかもしれない。ZARAのようにバリュー・チェーンにおける他の業務活動を自社に取り込むことを「垂直統合」と呼ぶ。例えば、近年の総合商社のように卸売業から小売業であるCVS（コンビニエンスストア）事業に進出する場合も垂直統合と言える。

逆に従来自社で手がけていた業務活動をアウトソーシングに切り替える場合もある。例えば小売業者が顧客への配送業務を外部の物流会社に委託し、自社はマーケティングと販売に集中することもありうる。このように垂直統合度の決定は企業の戦略と密接に関わる問題といえる。

多い。

流通業の場合、店舗運営に関する業務活動を構成する経営資源として例えば土地や建物、電話、ＦＡＸ、パソコン、従業員といったものが挙げられる。また旬の食材を安い価格で購入するための目利き力や、鮮度を維持しながら各店舗に配送するノウハウ、余分な在庫を抱えないノウハウ等があるかもしれない。これら一つひとつは何も価値を生まないかもしれないが、組み合わせることで具体的な業務活動が遂行されるようになり価値を生むのである。

以上の議論を俯瞰すると、「バリュー・チェーン」は個々の「業務活動」から構成され、「業務活動」自体は複数の「経営資源」によって構成されるという入れ子型の構造となっている。企業の経営資源を分析する際はこのような入れ子型の構造を前提とする。

●VRINフレームワーク

バリュー・チェーンから経営資源への分解については概ね理解できたとしても、改めて自社のどこに強み・弱みがあるのかと問われると困るのではないだろうか。経営戦略論では「強み」のある経営資源の条件をＶＲＩＮと表している。ＶＲＩＮとは付加価値（Value）、希少性（Rarity）、模倣困難性（In-imitability）、代替困難性（Non-substitutability）の頭文字をとったものである。

COLUMN

コア・コンピタンス

読者の皆さんは「コア・コンピタンス(中核的な組織能力)」という言葉を聞いたことがあるだろうか。経営学者のC・K・プラハラードとG・ハメルは主に多角化した日系製造業を調査し、競争力の源泉として同概念にたどりついた。彼らはコア・コンピタンスの条件を3つ挙げている。具体的には、

①広範かつ多様な市場へ参入する可能性をもたらすものであること
②顧客にもたらす価値に貢献すること
③ライバルには模倣するのが難しいこと

である。企業はこれらの条件を有する組織能力を中心に多角化をすることで高い収益を上げることが可能となる。なお、条件②および③についてはVRINフレームワークとほぼ同じ内容を述べていることからコア・コンピタンスとVRINフレームワークは極めて類似した概念であることがわかる。

なお、彼らの調査対象が多角化企業であったことや条件①の内容のとおりコア・コンピタンスとはあくまで多角化企業における中核的組織能力であり、いわゆる「企業戦略」の概念である。しかしながら、近年では多角化/非多角化の区別なく単なる企業の中核的組織能力という意味で使用され広まっている。

コア・コンピタンスとはあくまで「能力」を示す概念である。例えば、「自社のコア・コンピタンスは売れ筋の商品Aです」というのはコア・コンピタンスの定義として正しくない。あくまで能力を問うている以上、商品Aを見出した目利き能力や商品Aを安定的に調達できるメーカー・卸売との信頼関係・調整能力がコア・コンピタンスとなる。

これらのうち一番重要な条件は直感的には顧客に対して高い付加価値を提供していることに思える。例えばパソコンは確かに業務の効率化を図る上で大きな価値を提供している。しかしながら、30年前ならばともかく現在ではどの企業でもパソコンを導入している。このためパソコンを持っていたからといって競合と差がつくわけではない。つまり、高い価値を提供していたとしても他社も同様の経営資源を保有しているならば希少性はなく自社の「強み」とは言えない。

では、優秀な人材はどうだろうか。ビジネススクールの講義で最も重要な経営資源は何かと質問すると、多くの社会人学生は「最後はヒトです」と答える。確かにそうである。パソコンと異なり優秀な人材はどの会社にも大量に所属しているとは限らない。しかし、社会人学生に対して「例えば業務効率に大きく貢献している敏腕社員が他社に転職したりヘッドハンティングされたらどうするか」と質問すると答えに窮することが多い。実際、転職やヘッドハンティングは日常化しつつある。つまり、高い業務効率についても敏腕社員をヘッドハンティングすることで競合が模倣可能ならば「強み」にはならない。また、「敏腕社員のヘッドハンティングが難しくても、競合がコンサルティング会社を雇って業務の効率化につながる別のノウハウを導入したらどうするか」と質問した場合も同様に答えに窮する社会人学生が多い。この場合においても競合が他の経営資源で代替可能であるため「強み」にはならないのである。ＶＲＩ

Ｎフレームワークでは、ＶＲＩＮの条件をすべて満たした経営資源は継続的に利益を上げるための源泉となり、自社の強みとして捉えられることを示している。

なお、個々の経営資源レベルでは模倣が容易で強みにはならない場合でも、それらを組み合わせた業務活動レベルになると経営資源間の構成が複雑になり、競合も真似しにくくなる場合がある。また、同様に個々の業務活動のレベルでは模倣が容易であっても業務活動同士が複雑に結びついている場合、バリュー・チェーン全体の模倣が困難となる場合がある。このため経営資源のレベルだけでなく業務活動およびバリュー・チェーンのレベルに至るまで様々なレベルでＶＲＩＮを満たしている何らかの「かたまり」が見つかれば、それは自社の強みとなりうるのである。

例えば、トヨタ自動車の「カンバン方式」や「多能工」「ニンベンのついた自働化」「アンドン」「ポカヨケ」など製造現場の個々のノウハウについては経営コンサルタントを通じて獲得可能かもしれない。しかしながら、これらの組み合わせで成立する「トヨタ生産方式」全体を完全に模倣することは極めて難しい。同様にユニクロのＳＰＡモデルも研究が進められ、「商品企画からの関与」や「協力工場の活用」など個々の業務活動は模倣できるかもしれない。しかしながら、ユニクロのＳＰＡモデルをまるごと真似することは極めて難しい。

第1部のまとめ

第1章ではファーストリテイリングを事例として経営戦略の概要を検討した。まず組織目標としての経営理念の重要性について議論した。しかしながら、企業の場合、利益を生み出さなければ存続しないことにも触れた。顧客のニーズに適合した価値を提供し、競合との競争に打ち勝たない限り利益は出ない。このため経営戦略が必要となるのである。

経営戦略論とは「企業が組織目標を達成するため、外部環境および自社の経営資源を関連づけて描いた、将来にわたって一貫性のある行動方針」と定義される。経営戦略は企業戦略、競争戦略、機能別戦略という大きく3種類に分類される。経営戦略の策定には外部環境と経営資源の分析が不可欠であり、策定後もＰＤＣＡサイクルを回しながら修正を行う必要がある。

第2章では経営戦略の立案において重要となる外部環境および経営資源の分析方法について検討を行った。外部環境は「マクロ環境」と「産業環境」に分類できる。第2章では特に「産業環境」に焦点を絞り、その分析手法として「5つの競争要因モデル」を紹介した。5つの競争要因とは業界平均利益率を低下させる要因であり、具体的には競合の脅威、新規参入の脅威、代替品の脅威、購入者の脅威、供給者の脅威であることを示した。

また、経営資源の分析においてはバリュー・チェーン分析により、ビジネス全体の流れを個々の業務活動に分割した上で、さらに個々の業務活動に必要な経営資源を特定するという方法を解説した。加えてＶＲＩＮフレームワークにより個々の経営資源について、価値（Value）を産み、希少性（Rarity）を持ち、競合が模倣困難（In-imitability）かつ代替困難（Non-substitutability）な場合に自社の強みとなることを示した。なお、個々の経営資源のレベルは模倣困難性や代替困難性が低くても、複数の経営資源が複雑に組み合わさることにより模倣困難性や代替困難性が高まる場合には強みとなりうるため、業務活動やバリュー・チェーン全体のレベルでも検討が必要である。

以上、第１部では経営戦略の概要について説明を行った。実際のビジネススクールの講義では上述の内容についてさらに細部に渡った議論を行うとともに、「ケーススタディ」としていくつか実在の企業を取り上げ、実際に学生一人ひとりが分析を行い自分なりの解答を導き出してもらったり、クラス全体で討議を行うことで理解を深め、実践で役立ててもらうというプロセスをたどる。

第１部はある意味、「そもそも論」を述べている。しかしながら、そもそも論ほど重要なものはない。以下の「考えてみよう」では自主学習のための演習問題を設けた。どれもそもそも論である。だが、目の前の仕事に没頭してしまい、根本的な前提条件や俯瞰的な見方ができなくなると見失ってしまう問題でもある。自社の問題について改めて検討して頂きたい。

第2部以降は経営戦略で概説した知識を基に「機能別戦略」であるマーケティングやオペレーション、人材マネジメントについて理解を深めてもらう。

考えてみよう

□自社の経営理念や経営戦略はそもそも何なのか改めて確認せよ。

□組織図の中で自らが置かれたポジションを明らかにし、どのような戦略的視点が必要なのか明確にせよ。

□ＭＢＡで学んでいる社会人は既に少なからず存在する。ＭＢＡで学んだ知識により競合に対して優位性を構築することは可能だろうか。仮に可能ならばどのような条件が必要だろうか検討せよ。

□現在および10年後における自社の外部環境・経営資源を分析・予想せよ。

□現在の問題点や10年後に訪れるかもしれない脅威に対処し、かつ、顧客に対して高い価値を提供し続けるにはどのような経営戦略が必要か議論せよ。

参考文献

グロービス・マネジメント・インスティテュート編著（１９９９）『ＭＢＡ 経営戦略』ダイヤモンド社。

伊丹敬之、加護野忠男（２００３）『ゼミナール 経営学入門 第3版』日本経済新聞社。

ジェイ・Ｂ・バーニー（２００３）『企業戦略論【上】基本編』岡田正大訳、ダイヤモンド社。

加護野忠男・吉村典久 編著（２０１２）『１からの経営学〔第2版〕』碩学舎。

マイケル・ポーター（１９８５）『競争優位の戦略』土岐坤、中辻萬治、小野寺武夫訳、ダイヤモンド社。

日本経済新聞 朝刊（２０１2年9月9日）、p7。

日経トップリーダー編（２０１１）『なぜ、社員10人でもわかり合えないのか：鏡で世界一！コミーに学ぶ少人数マネジメント』日経ＢＰ社。

沼上幹（2008）『わかりやすいマーケティング戦略〔新版〕』有斐閣。

Prahalad, C.K., Hamel, G. (1990) "The core competence of the corporation." *Harvard Business Review,*

May-June, pp.79－91.
ロバート・Ｍ・グラント（２００８）『グラント現代戦略分析』加瀬公夫監訳、中央経済社。
サム・ウォルトン、ジョン・ヒューイ（１９９２）『ロープライス　エブリデイ』竹内宏訳、同文書院インターナショナル。
柳井正（２００６）『一勝九敗』新潮社。

次に読んで欲しい本

ブルース・グリーンウォルド、ジャッド・カーン（２０１２）『競争戦略の謎を解く―コロンビア大学ビジネス・スクール特別講義』辻谷一美訳、ダイヤモンド社。

楠木建（２０１０）『ストーリーとしての競争戦略―優れた戦略の条件』東洋経済新報社。

小倉昌男（１９９９）『小倉昌男　経営学』日経ＢＰ社。

リチャード・Ｐ・ルメルト（２０１２）『良い戦略、悪い戦略』村井章子訳、日本経済新聞出版社
サム・ウォルトン（２００２）『私のウォルマート商法―すべて小さく考えよ』渥美俊一、桜井多恵子監訳、講談社。

第2部

マーケティング戦略

宮副 謙司

第2部で学ぶこと

□マーケティングとは、**顧客にとって価値を持つ提供物を創造し、伝達・提供する活動・プロセス（仕組み）**である。

□流通業、特に小売業におけるマーケティングとは、**市場ニーズに着眼しながら、メーカーや卸から商品を調達**し、店舗（リアル）あるいはオンライン（ネット）という**「場」において、それらを編集して品揃えという価値を創造**し、その**価値を顧客に伝え、提供（販売）**していくことと捉えられる。

□顧客にとって小売業が提供する価値として、**商品編集による売場づくりや、催事づくり**があげられる。またさらに**新たなテーマでの商品の企画・開発**も期待されている（第1章）。

□顧客に向けた**「価値の伝達」**は、その品揃えの価値を見せて伝える、売場販促など体験を通じて顧客に実感させる、案内・誘導していくなどの手法で行われる。**「価値の提供」**は、顧客特性に合わせて様々な販売手法が選択・組み合わされて展開される。特に店舗においては、来店から退店までの顧客の流れを意識し、より効果的な価値伝達と提供の仕組みづくり（設計）が重要である（第2章）。

序論

●マーケティングの定義

マーケティングほど、業界や企業によって定義・捉え方が異なる概念はない。マーケティングというと、市場調査と思う人がいるかもしれない。企画アイディアや広告宣伝のことと捉える人もいるだろう。あるいは顧客開拓活動と思う人も多いかもしれない。

しかし正しくは、もっと広範で包括的に捉えるべきである。マーケティング学者コトラー教授らが定義するように、「マーケティングとは、企業が、市場に働きかけて活動していく際に、製品やサービスなど何らかの価値を創造し、その提供物を顧客になる消費者に情報発信し価値を伝達し、顧客に提供していく、そのような流れを仕組みとして持ち、売上を上げていく活動」と捉えることが一般的に多く用いられる最新の定義である（図2－1）。

●小売業におけるマーケティングとは

小売業は、店舗（リアル）あるいはインターネットのサイトなどオンライン（ネット）という違いはあるものの一定の「場」を持っている。その場に、メーカーや卸から商品を仕入れ、顧客に商品を販売し顧客満足を与えるものである。

このような小売業の活動をマーケティング理論でみるならば、小売業のマーケティングとは、市場ニーズに着眼し、メーカーや卸から商品を調達し、店舗の売場あるいはネットという場で編集し、品揃え（マーチャンダイジング：ＭＤ）という価値を創造する。そしてさらに顧客に向け、その価値を広告コミュニケーション、ビジュアルマーチャンダイジング（ＶＭＤ）、売場販促、人手を介する手法などで伝達し、様々な販売形態で提供する活動ということになる（図2－2）。そして、このような価値の伝達や提供において、販売員の人手を介する場合が「接客」であり、一方人手をかけない場合が「セルフ」という捉え方ができる。

図2－1　マーケティングの定義

■顧客にとって価値を持つ提供物（顧客価値）を創造し、伝達・提供する活動・プロセス（仕組み）である。

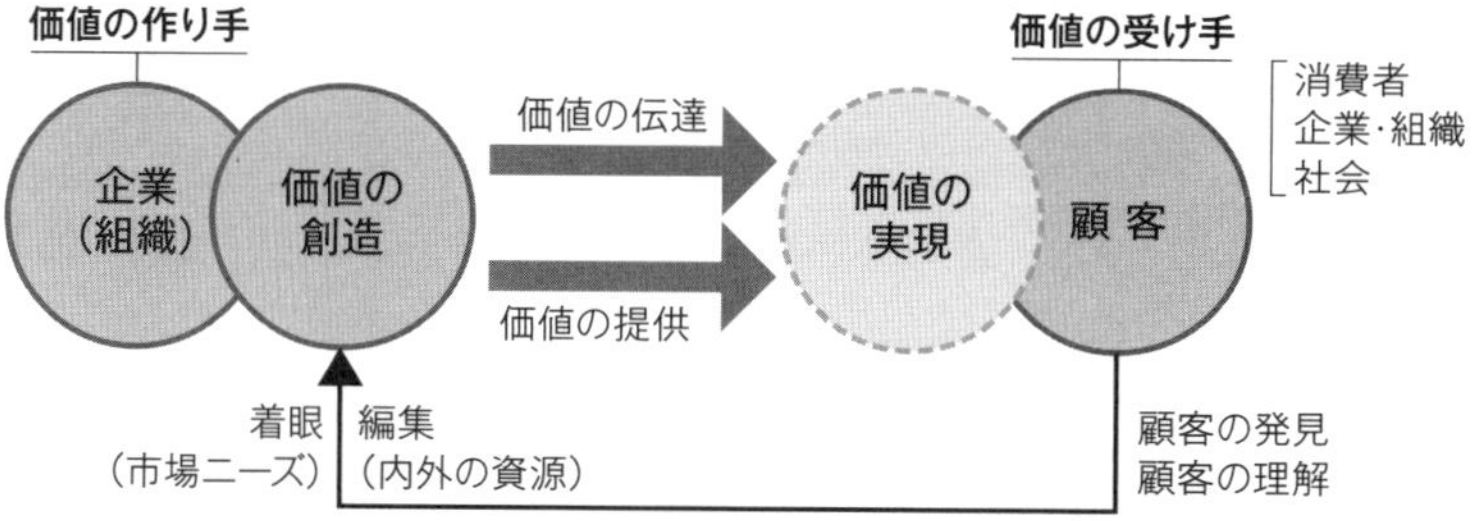

（出所）コトラー（2008）『マーケティング・マネジメント基本編』などを参考に宮副謙司作成（2013）

図2－2　小売業におけるマーケティング概念

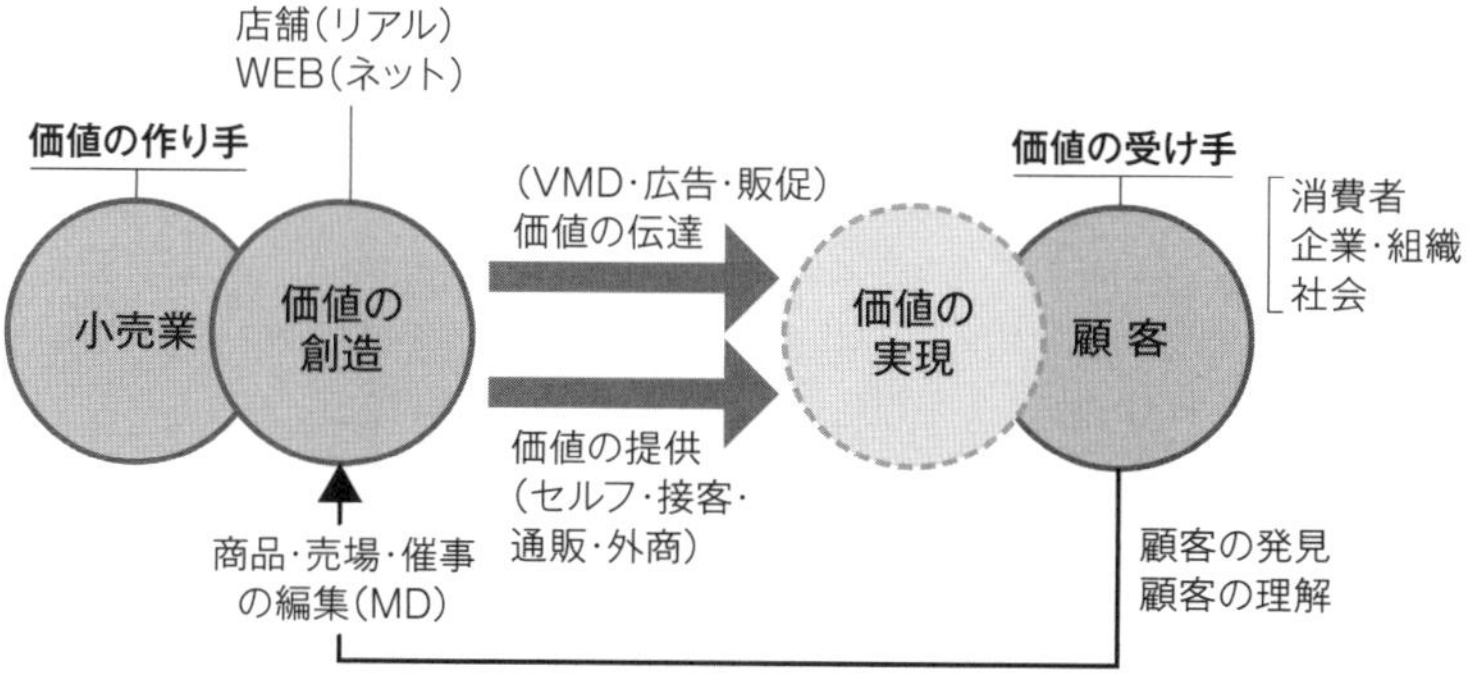

（出所）コトラー（2008）『マーケティング・マネジメント基本編』などを参考に宮副謙司作成（2013）

第1章 価値の創造（品揃え・売場づくり）

1. 顧客価値

●創造するべき価値としての「顧客価値」

マーケティング学者コトラー教授らの定義では、「マーケティングとは顧客価値を創造し、伝達し、説得するプロセス」とされている。マーケティングを正しく理解し実行するためには、「顧客価値」が重要なキーワードとされていることがわかる。

顧客価値とは、顧客にとっての価値のことである。つまり企業が顧客に提供する価値とは、企業の独りよがりの製品・サービスの価値ではなく、顧客が認める、あるいは顧客が受け入れる価値である必要があるということである。そういう意味合いからも、コトラーの本では「顧客価値」は、“Customer Perceived Value”と表現され、顧客受容価値あるいは、顧客認識価値とも呼ばれる。

さらにコトラーは、その顧客価値をいくつかの要素に分けて考えている。すなわち「顧客が得るすべてのベネフィット（総顧客ベネフィット）」と「その入手・使用にかかるコスト（総顧客コスト）」の差が顧客価値ということである。

(1) 総顧客ベネフィット

製品ベネフィット：製品そのものの価値（機能・信頼性・希少性など）
サービスベネフィット：製品に付随したサービスの価値（保守・メンテナンスなど）
従業員ベネフィット：従業員の応対やパーソナリティによる価値（顧客のための対応態度など）
イメージベネフィット：企業イメージ・ブランドイメージなどによる価値

(2) 総顧客コスト

金銭的コスト：購入時の製品価格・配送費、使用時の維持費など
時間的コスト：納品までの時間、交渉に要する時間、使用法の理解に要する時間など
労力コスト：商品探索や購入時の手続き、店舗から自宅に持ち帰る労力など
心理的コスト：初回購入時の不安・購入時のストレスなど

●小売業が提供する「顧客価値」

顧客価値のフレームワークにのっとると、小売業の店舗（もしくは売場）は、どのような価値を生み出し提供していると言えるだろうか？

例えば、ＧＭＳ（総合スーパー）の顧客価値は、生活の基本財を幅広く取り揃え、セルフサービスという販売形態で販売する業態で、多くの店舗を出店し消費者との接点を増やすとともに、その店舗（売場）は簡素にして買いやすいフロアレイアウト設計で商品を提供するものである。

またＣＶＳ（コンビエンスストア）は、小型店舗でコンパクトに生活必需品を取り揃え、雑誌やチケットなどの商品も扱うし、宅配便や公共料金の振り込みの受付、コピーもできるなど生活の利便性が高いことがベネフィットである。顧客にとって時間的コスト、労力コスト、心理的コストなどがいずれも低く、その両方からして顧客価値が相当高いと言うことになる。

その他にも、ドラッグストア、ホームセンター、百貨店など業態ごとに顧客価値のパターンが違う。まさに「顧客価値を考えること＝業態戦略を考える」ということに他ならない。

●業態が提供する顧客価値の変化

これまで長年の間、消費者、小売業、メーカーの間で常識的に認識されてきた「業態」という概念が急速に変わりつつある。例えばディスカウントストアでさえも顧客サービスを強化した具体策を展開するようになったし、一方で百貨店はカード会員向けの特別セールを頻繁に開催し、割引販売が常態化しつつある。売場のレジもフロアに1箇所でセルフ販売と変わりない有様である。「小売業の再定義」が取りざたされている。消費者ニーズが多様化するのに加え、小売業態間の競争、企業間の競争がますます激化する中で、今改めて、自社のビジネスは何か、何を強みとして市場に存在するのかが問われ、その存在意義が明確でない業態、企業がサバイバルの戦線から離脱してしまう。そのような厳しい環境にあることに違いはない。

小売業は、モノを生産から消費者に受け流す「流通」の単なる担い手ではなく、モノを編集し情報や価値を付加し、消費者へ向けて生活の付加価値を提供する機能を持つから、常に時代にふさわしい価値の提供を意識する必要がある（※1）。

本章では、従来の業態の括りで捉えるのではなく、消費者にとってどのような存在意義あるいは価値を持つのかということからフレームワークを持って小売業を見ていく。

2. 小売業の価値提供　4つのモデル

小売業が消費者にどのような価値を提供するのか、マーケティング戦略の「価値の創造」にあたる部分として、本章では独自の価値提供モデル論を展開する。すなわち消費者にとっての

図２－３　小売業の価値提供：４つのモデル

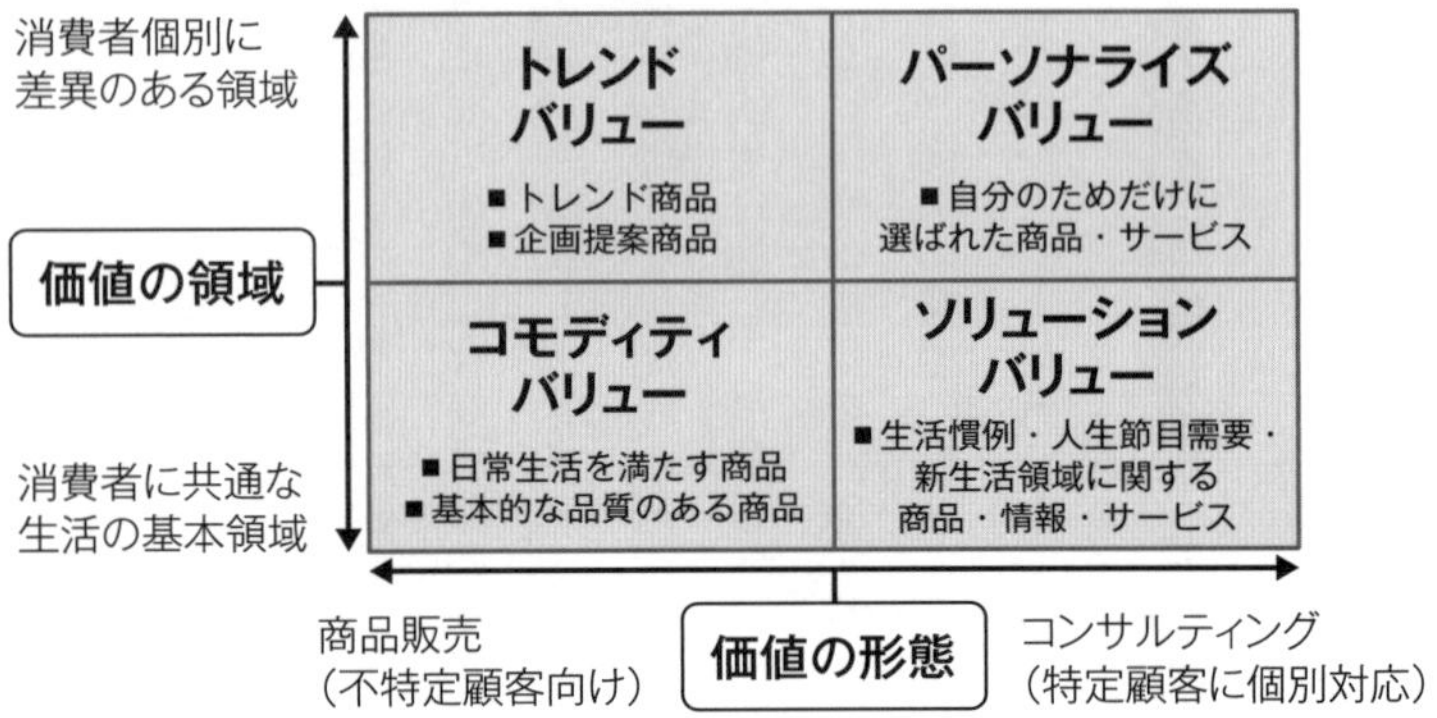

（出所）宮副謙司作成（2003）

「価値の領域」と「価値の形態」という2つの軸で分けた4つの価値を考えてみたい（※2）。

具体的には、「価値の領域」としては、消費者に共通な生活の基本領域と、消費者個別に差異のある領域（付加価値）の2つに分類される。また、提供手法は、モノを中心として不特定多数の顧客に販売する手法と、モノだけでなく想定される特定顧客に向けて必要な情報やサービスまで含めて提供する手法がある。このように提供価値の2分類と、提供手法の2分類のマトリックスによって、小売業は4つの価値タイプに分類されることになる（図2－3）。

●コモディティ・バリュー

生活の基本領域を価値の領域として、不特定多数の顧客にモノを販売して価値を提供する、

「コモディティ・バリュー」と呼ぶ価値のタイプである。ここで提供されるのは、衣食住を中心に日常生活を満たす商品であり、基本的な品質のある商品が欠品なくいつも揃っていることが求められる。具体的な業態としては、GMS、SM、CVS、ドラッグストア、ホームセンターなど大量仕入、大量販売を行う業態が当てはまる。

この業態モデルの代表事例は、海外では「ウォルマート」（米国）、「カルフール」（フランス）などである。店舗展開も商品調達も大規模を追求する結果、海外に拠点を多く展開することになり、「グローバルリテーラー」と呼ばれる巨大企業となる。ここでは売上規模、売上ランキングを競っている。

●トレンド・バリュー

不特定多数の顧客にモノを販売して価値を提供するのであるが、消費者に個別の差異、時に生活を活性化させるような鮮度の高い商品、付加価値を提供するモデルである。「トレンド商品」、「企画提案商品」などを企画して提供する、あるいは、商品をどんどん入れ替えて情報発信を高めて集客して販売する「トレンド・バリュー」と呼ぶ価値のタイプである。

このタイプは、変化する消費者ニーズを先取りする形で小売業から常に働きかけていくことになり、（1）自主企画での商品開発や、（2）海外催事や物産展などの催事による商品提案、

（3）トレンドに対応して話題のショップやブランドを導入して店舗に変化を与えていく売場編集などが、このモデルの事例といえるだろう。

具体的な事例としては、（1）自主商品企画としては「ＺＡＲＡ（ザラ）」「ＧＡＰ（ギャップ）」などのカジュアルファッションのＳＰＡ（製造小売業）や、「ビームス」「ユナイテッドアローズ」などのセレクトショップ（品揃え編集型）などがあげられる。

（2）催事企画では、百貨店で全館的に展開される「フランスフェア」「英国展」などのような海外フェアや、「コトコトステージ」（阪急阪神百貨店）、「ザ・ステージ」（三越伊勢丹）などのように店頭に常設されたプロモーションスペースでの情報発信が代表例である。

（3）売場編集では、「デパ地下」と言われ賑わう百貨店の地下食品売場に代表される、情報鮮度の高い売場づくりが、その例として挙げられる。

トレンド・バリュー業態モデルの企業例では、「ターゲット」（米国）は、ディスカウントストアでウォルマート同様に基本的にはコモディティ・バリューの企業であったが、ウォルマートとの差異化を打ち出すために、有名デザイナーと組んだ衣料品や、ソニーなどメーカーと高付加価値のオリジナル商品開発を積極的に行い、トレンド・バリューを提供する部分のウェイトを高めてきている。

●ソリューション・バリュー

生活の基本領域ではあるが、生活課題とする特定顧客に対して、モノだけでなく情報やサービスも含めて専門家がアドバイス、コンサルティングしていくような価値提供のモデルとして「ソリューション・バリュー」がある。生活慣例・人生節目需要や新生活領域に関して、関連商品が集積され、関連情報が総合的に、サービスが専門的に提供されるものだ。

例えば「ホームヘルスケア」（健康）、「ホームデザイン」（インテリア）のような生活基本領域、ギフトやブライダルなどのライフステージ領域、レジャーやデジタルライフ（パソコン・スマートフォンの活用）などのようなライフスタイル領域で、消費者のその課題を解決するような商品・情報・サービスの価値提供がなされる顧客対応は「ソリューション・セリング」と名づけられる（※3）。

百貨店の「ブライダルサロン」では、結婚準備や結婚披露宴に関連する商品を集積し、また売場と連携するとともに、ウェディングドレスのレンタルや結婚式場やハネムーン（旅行）などの情報を総合的に集め、紹介斡旋している。また専門知識を備えた販売員が、結婚に関連するしきたりやギフトのアドバイスを行っている。これらは「ソリューション・セリング」の代表例であり、百貨店で長年取り組んでいる例である。また最近では、百貨店は、健康（介護）まで含め、出産・育児、新入学、受験面接などから人生の節目需要に対応した商品・情報・サービス面のソリューション提供や、化粧品や家具インテリアなど複数のブランドについて横断的にアドバイスするソリューションを整備しつつある。

海外の事例では、米国のスーパーマーケット（ＳＭ）では、惣菜の扱いを強化する際、主婦のおかず課題を解決するという意味から「ミール・ソリューション」という価値を打ち出した。またドラッグストアは「ヘルスケア・ソリューション」、ホームセンター（ＨＣ）は「ホーム・インプルーブメント・ソリューション」を価値として表現した。コモディティ・バリューのウォルマートに対抗して、提供価値を差異化していく中で、トレンド・バリューか、あるいはソリューション・バリューにシフトすることになるのかもしれない。

●パーソナライズ・バリュー

パーソナライズ・バリューは、コンサルティングをより個人向けに特定し、「自分のためだけに選ばれた商品・情報・サービス」が付加価値として提供されることを言う。

「ソリューション・バリュー」は、あらかじめ、想定したソリューションを常備して消費者に対応するものであるが、さらに顧客に軸を置いてみると、特定顧客についてその個別特性や履歴を深く熟知し、上記の生活領域ごとのソリューションを束ね、生活全般について顧客を支援するアドバイザリーやコンサルタント型の業態へ発展する。そこまで発展した価値提供を「パーソナライズ・バリュー」と捉える。

この事例としては、百貨店の「パーソナルショッパー」制度（売場）があげられる。特定顧客に顧客と商品をよく知った販売員が接客し、顧客の個々のニーズに合わせて店舗全体から商品を選んで顧客に勧めアドバイスして販売する仕組みだ（多くの場合、会員制が採用されている）。日本では松屋銀座のキャリアウーマン向け販売サービス形態である「ジ・オフィス」があげられる。（※4）婦人服フロアの一角に設けられた拠点（サロン）で特定の顧客の注文に対して担当者が接客するものである。対象とする顧客は、大手企業の部課長以上クラスの働く女性層と言われている。

その価値提供手法は、①電話注文に対応して該当商品をサロンにピックアップしておく、あるいは、顧客のオフィスに届ける。②来店した顧客に対して商品選択・購入、売場同行・紹介するなど多様である。担当者は、顧客の好み・サイズを理解し、適切なブランド・商品について店内の部門組織、売場を越えて選びアドバイスする。また家具、家電製品、時計などメンテナンスが必要な商品の購入履歴情報をもとに顧客へ次期購買を促していくこともある。開設以来30年以上にわたって顧客の支持を高め会員顧客数を伸ばしている。

に対応することでビジネスの競争優位が発揮されると考えられる。

　このように、小売業がどのような顧客にどのような価値をどのような方法で提供するか、すなわち「ビジネスシステム」が明確になり、それぞれの収益モデルを確立できれば、それはまさに企業の「ビジネスモデル」ということである。

図２－４　４つの価値提供モデル

	代表的な業態/企業例	（考えられる）収益モデル
コモディティ・バリュー 仕入・販売でスケールメリットを追求、ローコスト運営で収益化	GMS・SM・CVS・Drugなど	■**物販収益** （商品販売による粗利）
トレンド・バリュー 企画・開発・販売サイクルが確立され短期に投資・回収可能	SPA・ファストファッション・百貨店（催事）など	■**商品企画（製造）収益** （SPA） ■**催事販促収益** （広告掲載・会場使用料） ■**デベロッパー収益** （期間限定での場貸し料）
ソリューション・バリュー 関連商品・サービスの提供品質を明確化した関係先紹介	ギフト・スポーツ・旅行・住・育児など生活コンサル拠点（ミールやヘルスケアソリューション）	■**紹介手数料収益** （提携先への送客） ■**サービス料収益** （専門領域について専門販売員が接客）
パーソナライズ・バリュー 特定顧客の生活全般を個別に支援、顧客を資産とするモデル	百貨店（パーソナルショッパー）	■**会費運用収益** （会員制ビジネス） ■**サービス料収益** （特定顧客個別に専門販売員が担当）

デベロッパー：専門店などをテナントとして店舗に入れて家賃収益を得る
（ビジネスショッピングセンター・駅ビルなど）

価値提供と収益モデル

4つの価値提供モデルの実現を追求していくと、これまでにない収益のあげ方（収益モデル）に発展していく可能性がある（図2－4）。

「コモディティ・バリュー」は、商品を仕入れて販売する際に生ずる原価と売価の差異が利益の源泉で（物販収益モデル）、大量販売・大量仕入によりスケールメリットを発揮し原価率を下げ、コストを抑制することが重要となる（「規模の経済」）。

「トレンド・バリュー」実現の重要点は、商品企画・開発・仕入・販売のサイクルの確立である。いかに短期に消費者の需要を吸い上げ、商品化（あるいは売場展開）を実現し、投資を早期に回収していくか。目標指標は商品回転率、企画商品消化率、面積生産性などであり、商品や売場を変化させ、集客性や利用頻度を高めて収益を上げる「変化の経済」が追求される。

「ソリューション・バリュー」では、紹介・推奨のアドバイスによって関連購買を促進させ顧客の買上単価を上げ、顧客満足の向上によって顧客維持率を上げるのである。つまり一人の顧客からの収益を上げていくような「範囲の経済」が追求される。特定の生活テーマについてのソリューションとして、どのような情報やサービスを揃えるか（それは企業側の基準によって選択されることが顧客の信頼の上からも重要だが）、取り扱いの幅広さが求められ、専門販売員の人的生産性も重要となる。顧客に関連商材を含め情報やサービスを紹介・推奨・アドバイスできる一定の質を持った専門人材を揃えるための高いコストをカバーしうる収益を上げることがマネジメントの要諦となる。

「パーソナライズ・バリュー」モデルでは、顧客を生涯顧客化し生活全般に多様な商材・サービスを顧客個別に編集し提供していくことがマネジメント要件になる。顧客維持率、顧客年数、人的生産性などが重要指標となり、「深さの経済」ともいうべき顧客を深く知り個別

●競争激化著しいコモディティ・バリュー

世界最大の小売業であるウォルマートが、西友をチャネルとする形で日本に進出し、今後、ビジネスを展開するのか注目されている。その一方で、カルフールは日本から撤退した。コモディティ・バリューでの競争は経営規模、体力を要するものであり、ドラッグストアにしても家電量販店にしても次第にトップ企業数社以外で、この領域で戦い続けるのは困難な状況になりつつあるようだ。だからこそ、多くの企業は、その他のバリューで存在意義を明確化し、消費者の支持を得るように選択肢を検討する必要がある。

●業態らしさを価値提供モデル視点で明確にする

これまで多くで漠然と暗黙知のように語られていた「…らしさ」ということを、このような業態の価値提供モデルで論じるとそれが明確になる。

例えば、「百貨店らしさ」とは、よく言われる割にはイメージでしかなく、捉え方は共通なようで人によってばらばらなことが多かった。しかし価値提供モデル分類で言うならば、「トレンド・バリュー」がまず「百貨店らしさ」であり、「コモディティ・バリュー」主体のＧＭＳなどと差異がある。さらに「ソリューション・バリュー」や「パーソナライズ・バリュー」もすでに着手されており、この領域の価値提供が百貨店が持つ他の業態にない「百貨店らしさ」であることが明確になる。

また百貨店は接客販売業態と言われるが、その接客とはどのような機能か？　その解は、販売員の人手を介した「ソリューション・バリュー」の提供であることと捉えられる。

このように価値提供モデルの発想で既存の小売業を見ると新しい価値とその提供の手法からその業態の特徴がわかり、今後の業態としての戦略強化の方向性も明らかになってくるのではないだろうか。

●提供する価値のポジショニング

企業のマーケティング戦略において、市場をセグメンテーションし、企業として標的とするターゲティングを行い、提供する価値をポジショニングすることが重要である。（コラム参照）

提供する価値は企業として保持するとしても、地域市場において、その価値は競合の存在に応じてポジショニングが変わり、その打ち出し方を変える必要がある場合もあることに留意しなければならない。

例えば、ユニクロの海外市場戦略を考えよう。ヨーロッパ諸国で競合のＳＰＡ「Ｈ＆Ｍ」が各国で同じように店舗展開しているが、フランスではユニクロがその品質・機能の高さの割に価格が安いという訴求で顧客にポジショニングを明確化できたとしても、イギリスの「ＰＲＩ

STP

対象とする顧客が変われば当然、企業が提供する価値やその伝達・提供方法も変える必要が出てくる。つまり、マーケティング戦略にいうセグメンテーション（S）、ターゲティング（T）、ポジショニング（P）を明確に示すことが求められる。

セグメントとは、市場の中で共通のニーズを持ち、製品の認識の仕方、価値観、使用方法、購買行動が似ている顧客の集団である。区分としては、人口動態変数（性別、年齢、世代、所得、職業、学歴、世帯規模、家族構成など）、地理的変数（地域、気候、都市規模など）、心理的変数（消費者のライフスタイル、情報収集や購買についての性格、生活価値観など）、行動変数（消費者のブランドロイヤルティ、習熟度、使用頻度など）が挙げられる。

セグメントの中から、企業（店舗）として対象とする市場を特定するのが「ターゲティング」である。まさに自社の顧客層は誰かを決めることである。基準としては主に3つが挙げられる。①市場規模・成長性があったり、そこから攻略すると他への波及効果が大きいなど優先順位が高い市場、②競合状況において自社の強み・優位性が発揮できる市場、③環境要因（法規制・社会性などを含む）に配慮して問題のない市場などである。

ポジショニングは、ターゲット市場において、自社の商品（品揃え）が競合よりも相対的に魅力的であるかを顧客に認知してもらうための活動である。顧客ニーズを十分につかんだ上で、競合が強い地位を占めておらず、自社製品が独自の特徴を発揮できるポジショニングを見つけだすことが重要となる。多くの場合、特徴を表す属性から軸を決めてマップ（ポジショニングマップ）を用いて、競合他社との違い、自社の既存の提供価値との違いを示すことがなされる。

MARK（プライマーク）」のように、ユニクロより安い価格を打ち出す企業が競合として存在する中では、価格以外の特徴を打ち出す（ポジショニングを変える）必要がある。商品は日本と同様、世界共通の品質（機能）・価格であっても、各国の市場で同じポジショニングの訴求で展開するのは難しい場合がある。企業がポジショニングをどう構築し、顧客に訴求するかは大変重要なことである。

3. 小売業の価値創造（1） 売場づくり

小売業の価値創造には、上記のような企業として、業態としてのあり方に続き、さらに店舗としてブレイクダウンした場合には、「売場づくり」「商品づくり」「催事づくり」という3つのパターンが展開できる（図2－5）。

まず「売場づくり」から述べていこう。小売業は、複数の生産者から彼らが作る製品を選択して、仕入れ、店舗（売場）という場で編集して消費者に見せ、販売するという活動を行うが、その編集が「アソートメント」である。その場が店舗としての基本単位（組織）である場合、「カテゴリー」というものになる。

さらに複数のカテゴリーの構成によって店舗を形成し、地域のニーズに対応する場合もあり、カテゴリーの編集・組み合わせでの「アソートメント」と言う場合もある。すなわち、売場で

図２－５　小売業の価値創造と伝達・提供の考え方

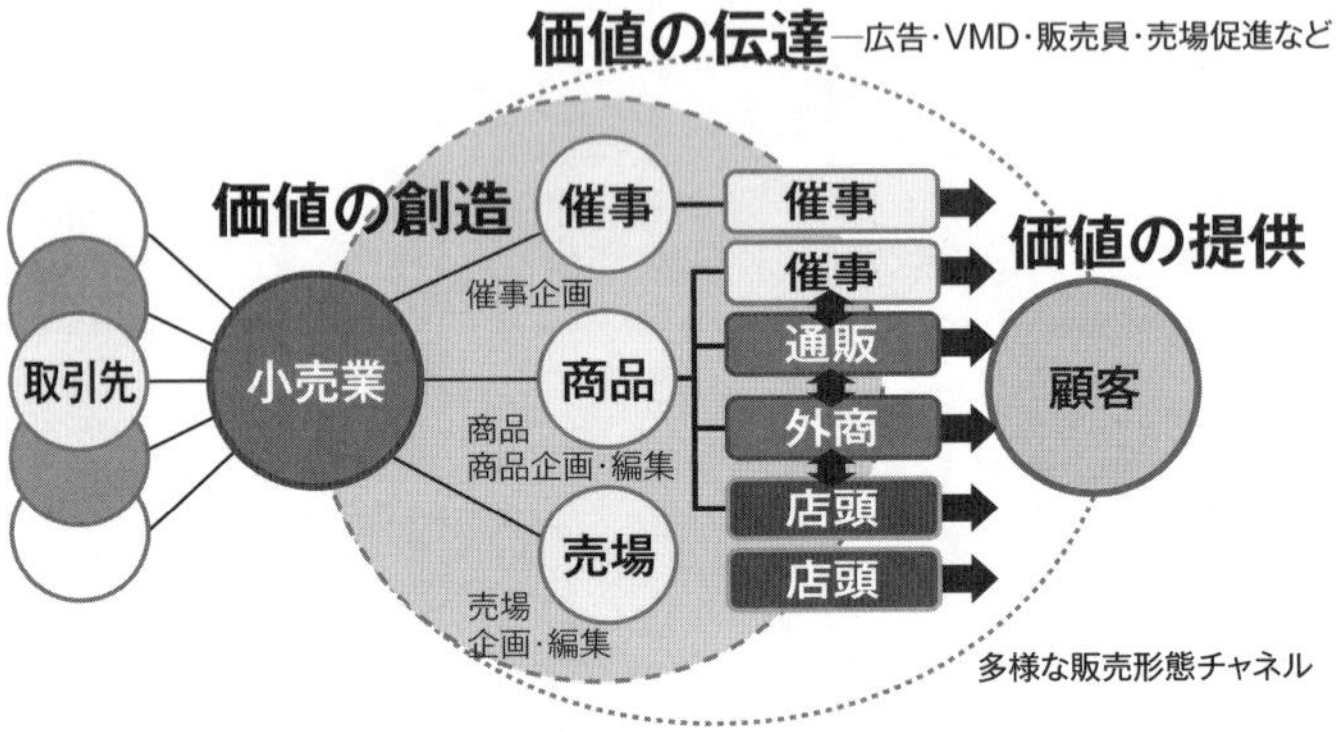

（出所）宮副謙司・内海里香（2011）『全国百貨店の店舗戦略』同友館を加筆修正

「商品のアソートメント」（品揃え）と、店舗で「売場のアソートメント」（売場揃え）をする場合があるということである。

●売場での「商品のアソートメント」（品揃え）

小売業は、消費者の需要、ニーズに対して、それを満たすと想定されるカテゴリーを形成し、それにふさわしい商品を仕入れ、品揃えし販売する。すなわち、一般には品揃えが展開される場として売場が形成されることになる。小売業が複数のメーカーから商品を選択し調達し、メーカーの製品ミックスを超えた形で売場という場で編集されるわけである。

小売業の商品計画から発注・仕入、売場での品揃え、販売、管理までの具体的な業務フローは、小売業における重要なＰＤＣＡと位置づけられる。本社の商品部での商品戦略立案から商品計画、仕入、品揃え、販売、在庫管理までの業務フローに沿って業務を遂行し、店舗の営業を指導していくこと、競合や顧客ニーズといった市場変化に応じて、最適な商品構成、売場展開を常時修正していくことになる。

ちなみにＰＤＣＡとは、Ｐ（Plan）・Ｄ（Do）・Ｃ（Check）・Ａ（Action）という事業活動の「計画」「実行」「点検」「改善」のサイクルを表している。ＭＤについて見てみると、売場の品揃えと販売について計画を立て（Plan）、その計画に基づいて商品を発注し、仕入れ、品揃えして、顧客に販売する（Do）。そして販売状況、在庫状況を見て（Check）、品揃えの修正、追加の発注、価格の変更（値下げ）などを行う（Action）という流れになる。期間の販売が終了すると、その結果に基づき、次の期間の商品計画が行われるというサイクルになる。売場レベルのＭＤにおいて、商品編集の最適化の目標となる数値は、仕入れた商品を一定期間でどれだけ販売するか（売れ残りを減らすか）の指標である「消化率」や、期末に実現される粗利益率、在庫回転率などが一般的である。

●店舗での「売場のアソートメント」（売場揃え）

複数のカテゴリー（売場）を組み合わせ、編集して店舗を構成する場合は、その組み合わせ、編集によって、消費者のニーズに最適に対応できるかが問われる。そして店舗レベルでのＭＤ

の体系化手法が重要になる。

複数のカテゴリーから成る百貨店の店舗の例を見ていこう。基本単位のカテゴリーにあたる「デパートメント」（小分類）があり、それらを編集し「ゾーン」（中分類）、さらに「ディビジョン」（大分類）と、ツリー構造で構成される。たとえば、婦人服というディビジョンのもとに、対象別・用途別・関心度別などの分類でゾーンがあり、「ブランドショップ」「フォーマル」「ウィークエンド」「エレガンスウェア」「セーター・ブラウス」などのデパートメントが構成される。「セーター・ブラウス」の売場は、サイズやカラーなどの分類基準で商品を編集し品揃えする「編集平場」や、ブランドの「インショップ」で成り立っている（インショップは、その形状から「平場」に対して「箱」の売場とも言われる）。

売場の編集について、顧客のニーズや競合状況に応じて定期的に見直していくことが求められる。最適な売場の編集とするため、取引先や専門店ショップの開拓、連動を前提として売場の拡大・縮小や、新規導入や改廃を行っていく、すなわち最適化を図っていくことが重要になる。

具体的には取引先開発による新たなブランドの導入、外部専門店、テナントの導入という業務がそれにあたる。それをスムーズに行うには、中長期の視点で消費トレンドを捉えたブランドやショップなど取引先のリサーチや、関係先との交渉を継続して行うことが求められる。

MD（マーチャンダイジング）

品揃え（アソートメント）を、計画し、具体化し、実際の販売動向をみて調整して売りきっていく活動が「マーチャンダイジング（MD）」ということになる。

田島（1988）によると、「マーチャンダイジングとは、流通業がその目標を達成するために、マーケティング戦略に沿って、商品、サービス、およびその組み合わせを、最終消費者のニーズに最も適合し、かつ消費者価値を増大するような方法で提供するための、計画・実行・管理のこと」とされている。また「その主体は、商業者の活動であり、製造業によって生産された「製品」を、品揃え（サービスを含む）、陳列、演出、販売促進、値付け等の活動を通じて「商品」に育てるのがMDである」と定義されている。

さらにMDの具体的な活動については、「マーチャンダイジングはそれ自体の中に、高度に戦略的な意思決定から、より具体的な戦術的決定、そして多くの日常的業務（オペレーション）まで含んでいる。したがって適切なマーチャンダイジングのためには、トップによる戦略決定が適切であることはもちろん、ミドルによる適切な戦術決定、および、第一線における日常業務の適切な遂行と管理が不可欠」であり、階層によるMDの捉え方を区分し、それぞれのレベルでのMD運営があることが示されている（田島,1988）。

実際の小売業でも、店舗全体の管理の立場から店舗レベルで、売場の編集や構成を調整する場合と、売場管理の立場から売場レベルで商品の編集や構成を調整する場合の2階層のMDがあると言うことができる。

4．小売業の価値創造（2）商品づくり

売場での品揃えが基本機能であるが、仕入れるべき商品が既存にない場合はメーカーや生産者に働きかけ、新規の商品を企画・開発する商品づくりの活動が考えられる。

●ＰＢ（プライベート・ブランド）の開発

ＳＰＡなどトレンド・バリューの商品開発は、当然のことであるが、近年、特に盛んに行われている商品開発が、ＧＭＳやＣＶＳのＰＢ（プライベート・ブランド）であり、「商品づくり」の一つである。全国的に展開されるメーカーのブランドを「ナショナル・ブランド（ＮＢ）」と呼ぶのに対して、ＧＭＳなどの小売業者が独自に商品を企画・開発し、メーカーに製造を依頼し、小売業者が作ったブランドネームを冠して発売するものが「プライベート・ブランド（ＰＢ）」と呼ばれる。イオングループの「トップバリュ」、セブンアンドアイグループの「セブンプレミアム」などがその代表例である。

ＰＢは、ＮＢに比べ、宣伝・販促費がかからないため、安い価格で販売できる。メーカーの製品ミックスにない商品を、小売業のＰＢが補完するようなＭＤの関係であれば望ましいが、現状では、大手小売業がその仕入れ量を交渉力に販売価格を下げて消費者の購買意欲を刺激し、

低価格であるための薄利をメーカーに交渉するようなＰＢ政策は問題があるといえる。

　１９８０年に西友のＰＢから生まれた「無印良品」は、価格面だけでなく商品のデザイン性などの要素でも消費者の評価を得て、さらに西友から離れ「良品計画」という会社で商品企画・開発（約７０００アイテム）されるようになった。そして企業を超えて出店機会を増やし１０００億円を超える規模に成長している。

●新しいソリューション型の商品開発

　しかし、価格対応のＰＢ商品開発の一方で、別の観点で付加価値のある新しいソリューション型の商品開発も求められる。

　例えば、あるＧＭＳの折り込みチラシに、特売でなく、グッチ裕三、平野レミ、奥薗壽子など料理愛好家が企画や推奨を行い、あるいは料理方法のレシピ付きを価値訴求する鍋、フライパン、調理器具が掲載されていた。この発想をさらに進めて商品開発を企画することができないだろうか。すなわち、有名な料理研究家・愛好家の料理レシピはもちろん、素材の選び方、調理の方法まで動画ソフトになり、それをキッチンのカウンターで調理する傍らで、タブレット型情報端末や家庭用ゲーム端末など家庭でも簡単に見られる情報端末に映して、それを見ながら調理ができるといったクッキング・ソリューションを付随機能として持つ鍋やフライパン

製品の概念

マーケティング学者のコトラー教授は、製品をいくつかの階層構造で捉える考え方を述べている。具体的には、「製品のコア」「製品の形態」「製品の付随機能」の3層構造がよく用いられる（図2－6）。

コアは製品のコンセプトで示されるような消費者にとっての本質機能、顧客価値であり、コアと形態の2つによって「正式な製品」（Formal Product）を形成するといわれる。例えば、医薬品は製品のコアである「効き目」が重要で、化粧品は製品の形態であるブランドやパッケージを重視する戦略がとられる。近年では本文にあるような付随機能での製品の差別化が進む一方、「アンチエイジング」など新しい機能性化粧品（新しいコア）や、羽根のない扇風機（新しい形態）での製品開発も活発化してきている。

図2－6　製品の概念：3つの階層で製品を捉える

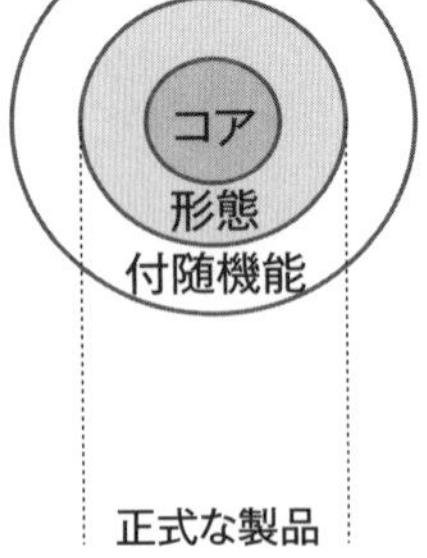

■**製品のコア**
中核となるベネフィット（便益）、顧客の本質的なニーズを満たす機能そのもの

■**製品の形態**
製品のコアを買い手に見えるようにするデザイン、パッケージ、ブランド名、品質、特性

■**製品の付随機能**
配送、アフターサービスなど顧客が認める付加機能―配送、取り付け、修理保守サービスなど

（出所）コトラー（1983）『マーケティング原理』ダイヤモンド社、pp.305-307

が開発されるととても面白い。

5. 小売業の価値創造（3） 催事づくり

ＧＭＳなどコモディティ・バリューの業態は、商品づくりが主な関心事であるが、トレンド・バリューを志向する百貨店は、催事という形で価値創造を積極的に行っている。最近特に人気を集めている「北海道物産展」は、百貨店の代表的な店内催事である。北海道の食品、工芸品の生産地をリソースとして、その発掘を積極的に行い、一定期間、百貨店の催事場で集積して編集し、消費者に提供する。

また催事場ばかりでなく、常備の売場（店頭プロパー）でも、クリスマス、バレンタイン、新入学など生活歳時記をテーマにした商品編集は長年行われているが、百貨店が以前からそのような生活歳時記に着眼し、クリスマスはデコレーションケーキ、バレンタインはチョコレートギフトなど代表的な商材を拡販するプロモーションに仕立てたのである。

さらに最近、百貨店では、生活歳時記に加え、試用体験などを含む売場催事の企画（いわゆる「コト企画」）なども百貨店では数多く企画・実施され、売場に賑わいを与えている（例えば、阪急阪神百貨店では、「コトコトステージ」という名称で、店内に複数のプロモーション拠点を設け、きめ細かい催事を展開している）。

ＣＶＳやＧＭＳでも近年、生活歳時記での需要創造は活発になってきた。例えば、２月節分の「恵方巻」は、ＣＶＳやＧＭＳ企業が関西地域の風習に着眼し積極的に、その時期の生活歳時記として宣伝したことによって全国的に広まった。

6. 今後考えるべきこと

●「脱コモディティ」の価値創造

価格を下げて顧客価値を上げるという手法はやりやすいので、どこの小売業でもしがちである。しかしその結果、消費者の価格感度は日常的に次第に高まり、ある程度の価格の値下げでは反応しなくなる。デフレ時期が長くなればその傾向は一層強まる。販売価格が極端に低下してしまうと、小売業もメーカーもコストをねん出できなくなり、いわゆるコモディティ化による「デススパイラル」に陥ってしまう。そこで、小売業もメーカーも「脱コモディティ」化へ向け、検討し取り組んでいかなくてはならない。

食品メーカーの脱コモディティ化は着々と動き出している。例えば、ネスレは「ネスプレッソ」「ドルチェグスト」「ネスカフェバリスタ」など、コーヒーのカプセルを、専用の器具（マシン）に入れてコーヒーを淹《い》れて飲む「マシンシステム」のコーヒーを発売し、低単価のコモディティ商品の代表のコーヒーを少し贅沢な感じの高付加価値の商品に転換させた。カプセルとマシンを組み合わせるというシステムは、プリンターとインクのような2つの要素で成り立つ製品であり、製品戦略、価格戦略の面から画期的な商品開発と評価できる。

しかもチャネル戦略、コミュニケーション戦略も注目できる。最寄り品であるにもかかわらず、高級なブティック形態で出店し、消費者にラグジュアリーな雰囲気の中でエスプレッソを体感できる場を提供してブランドを育てるというものである。この直販店舗が、カプセルを使うという新たなコンセプトを消費者に浸透させ、ネスプレッソをプレミアムブランドとして成功させる起爆剤となった。さらに顧客も会員化するとともに、職場のリーダーを「アンバサダー」という制度で組織化し職場内での利用を促進させるなど戦略が行きとどいている。

コーヒーのカプセルは食品で、淹れる器具は家電製品である。このような製品特性から、あるところでは家庭用品フロアの、また別の店舗では食品フロアの取り扱いとなっているので販売拠点も増えるし、百貨店など従来にないチャネルの開拓に成功したのである。

このようなメーカーの脱コモディティ化の動きを踏まえ、メーカーとのコラボレーションによる小売業の商品企画や売場開発に期待したい。

●新たなカテゴリー（売場）の開発

店舗の基本単位となるカテゴリー（あるいは売場）について、これまでにない全く新しいコンセプトで編集したり、既存のカテゴリーでもモノに情報やサービスを付加して新しく創造・開発されることが期待される。

日常的な生活分野でも、その売場に行けば商品が揃っているという商品集積の価値だけでなく、顧客にとって新しい情報・サービスの付加が求められていることも多い。例えば、スポーツ分野では、顧客のそれぞれの運動履歴や体力、健康状態、今後の目標など個別のニーズに応じた専門家のアドバイス、スポーツ雑誌とタイアップした年間の健康スポーツ情報の個々人への発信、屋上や店舗周辺でのトレーニングウェアやシューズの試着・試用体験を提供するような売場開発が望まれる。

さらに新しい編集テーマとしては、親子で使い方を学び楽しみながら購入できる「知育玩具」や、シニアミセス層のファッション、美と健康用品、介護用品などを編集した売場（博多阪急8階「チャーミングプラザ」）、携帯電話の関連雑貨や非常用携帯品を編集した「新・携帯用品」（池袋西武2階）など、百貨店の売場開発が活発化している。

第2章
価値の伝達と提供（売り方）

1. 価値の伝達・提供の考え方

●顧客の意識・反応に合わせた情報の発信

企業が創造した提供価値を正しく的確に顧客に伝えるためには、顧客に向けて適切な情報を適切なタイミングで発信しなければならない。そのために、マーケティング理論では、顧客がその商品やサービスを認知し、関心を持ち、購買意欲を高め、購買行動に向かうかといった購買意思決定プロセス、あるいは反応プロセスを踏まえて、それに適切なコミュニケーション手法を組み合わせて用いることが不可欠とされる。

●コミュニケーション手法

コミュニケーション手法は、一般に「広告」「販売促進」「人的販売」「パブリシティ」「クチコミ」の5つに大別される。

そのうち「広告」は、企業が消費者に対して直接的にメッセージを流して購買意欲を喚起し、消費者にその企業の製品を、指名買いしてもらうことを狙う。広告は、消費者の反応ヒエラルキーモデルの前半、とりわけ認知の獲得において大きな役割を果たす。発信者側からの一方的なコミュニケーション手法だが、消費財、最寄り品のマス市場へのアプローチにおいてより重要な機能を持つ（具体的な方法：テレビ、ラジオ、新聞、雑誌、インターネット、看板など）。

「販売促進（セールス・プロモーション）」は、広告が消費者の意識下に累積的にイメージを浸透させていくアプローチであるのに対し、販売促進は広告によって高まった消費者の関心を実売に直結させるという目的を持ち、比較的即物的な面が強い。

「人的販売」は、営業担当者や販売員による営業販売活動である。担当者は顧客に直接対応し、会話や製品の説明によって双方向のコミュニケーションをとる。顧客の関心度・専門度の程度に応じて価値の伝達内容を適宜変化させ、より確実に個別の顧客に届けることができる。また顧客に直接応対することでその製品に対する顧客の反応（質問・評価など）情報が入手でき、それを社内にフィードバックするマーケティング機能も兼ね備えている。

「クチコミ」は、消費者同士のネットワークによる双方向のコミュニケーションである。口頭、電話、電子メール、ホームページなどの掲示板がそれにあたり、最近では「ソーシャルメディア」と総称されることが多い。信頼する友人・仲間のクチコミ情報は、価値の信頼性が向上する効果がある。

2．小売業における価値の伝達

小売業の店舗での消費者への価値の伝達は、基本的にはＭＤ（店舗としての売場編集と、売場での商品編集）を伝達することが基本である。それは、店舗・売場におけるＶＭＤ（ビジュアルマーチャンダイジング）という手法で、顧客に伝えられる（それはセルフ販売か接客販売かを問わず店舗小売業すべてに当てはまることである）。

そしてそれに加え業態によっては、「売場での販促イベント」「顧客の案内・誘導」など人手を介する手法を通じて価値の伝達が行われる（図２－８）。

●ＶＭＤ：品揃えを見せて伝える

店舗において品揃えの価値を具体的に表現するのがＶＭＤである。ＶＭＤというと、従来は芸術的・感性的なディスプレイ技術のように認識されがちであるが、顧客への価値の伝達の視点でみるとより合理的に顧客に商品を認知させ、購買に向かわせるための設計と捉えることができる。

ンが求められる。この段階では販売促進（プロモーション）が最も重要で、しかも消費者が店舗へ足を運ぶように来店クーポンを提供したり、見込み客を特定した個別メールでのダイレクトな呼びかけなど実売に結びつく販売促進を実施する。

図２－７　消費者の反応プロセスとコミュニケーション戦略

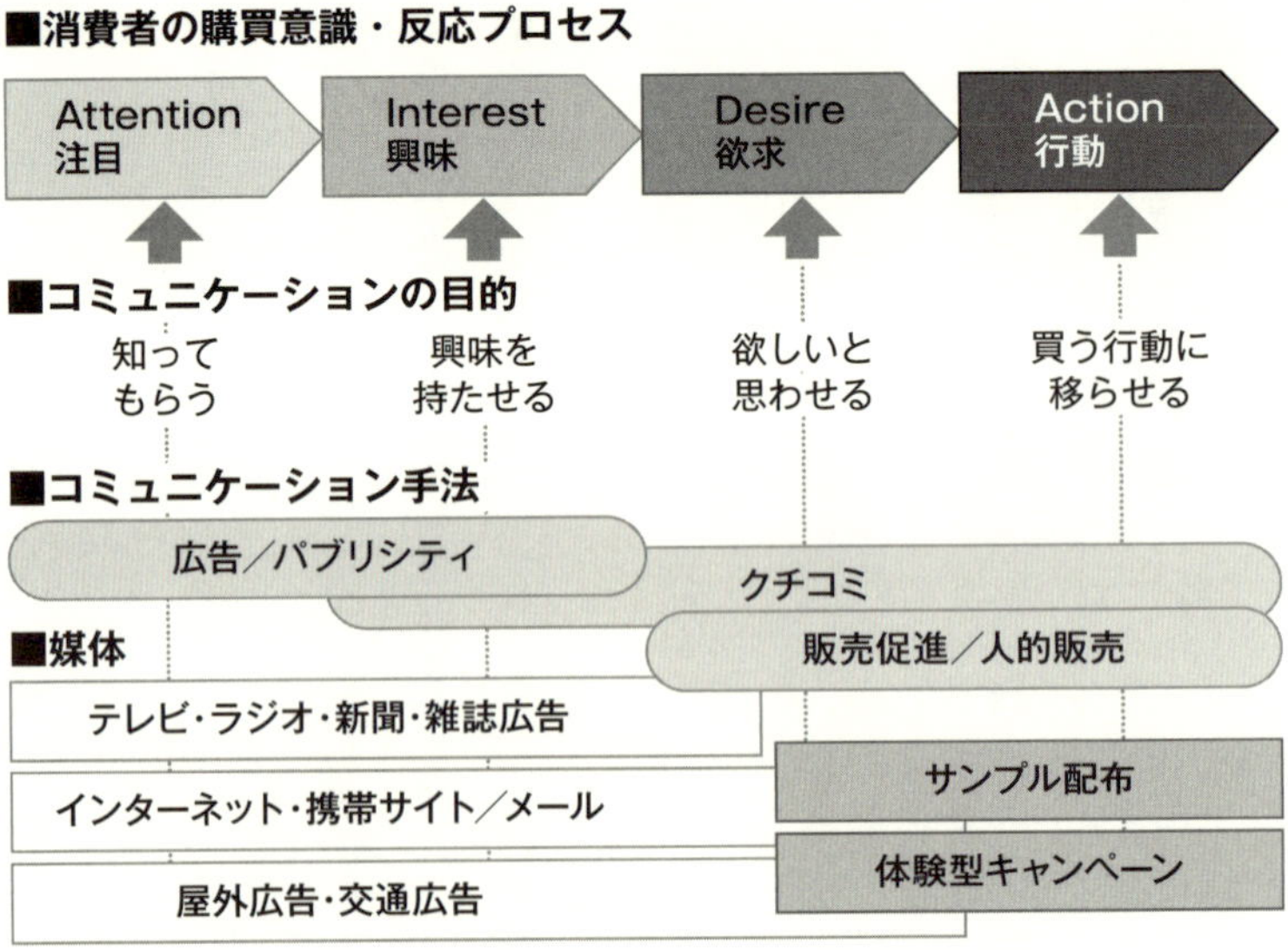

（出所）宮副謙司作成（2012）

消費者の反応プロセスモデル

COLUMN

消費者の購買意識・反応のプロセスモデルで有名なのが、「AIDA」の４段階モデルである。「AIDA」モデルでは、消費者が製品の購買に関し、次のように意識・反応していくと考えるものである。すなわち、消費者はまず製品に注目（Attention）し、次に興味（Interest）を持ち、さらに欲求（Desire）を抱くようになって、店舗に来店し、ようやく実際の購買行動（Action）に至るとされる（図２－７）。

注目：企業が伝えたい製品・サービスについて知らない消費者に向けては、まずそれを知ってもらい、その認知度を高める必要がある。そのためには、コミュニケーション手法としては「広告」が選択され、それにより多くの消費者に製品についての情報が発信される。またそのメディアとしてはテレビ・新聞などのマスメディアを中心に、インターネットや交通・屋外などが選択され、それを活用した広告宣伝により情報発信することになる。

興味：製品について認知したが（知っているが）購入・使用への興味がない消費者に対しては、製品評価を育成することが必要になる。この段階では、前の段階のマスメディアによる広告宣伝に加え、雑誌などの広告・パブリシティや、クチコミなどで消費者の信頼をより高めるような情報を追加して発信する。

欲求：さらに興味は持っているが、すぐに欲しいとは思っていない消費者の段階が考えられる。その場合は今欲しいとニーズを喚起することが求められる。それに対しては消費者に製品サンプルを配布したり、試用体験を促すような販売促進（プロモーション）や宣伝・営業人材を投入したコミュニケーション活動を展開する。

行動：欲しいと思っていても今すぐ買う行動の決心がつかない顧客には、購入意欲を喚起し購買のきっかけを提供するコミュニケーショ例えば、売場におけるＶＭＤではディスプレイ技術の優劣ではなく、顧客の問い合わせの多い事項（顧客から見た商品選択の際の優先順位）に対応して品揃え訴求することである。例えばハンドバックは①スタイル、②素材、③価格、婦人ブラウスは①カラー・柄、②スタイル、③素材である。食器の優先順位第一は、高額品はブランド、日用品は模様といった、顧客の関心度に応じた品揃え訴求が行われる。

さらに顧客の来店目的に沿った売場・商品への誘導とそれによる購買だけでなく、来店目的にはなかったが、店頭で実際に見て気付き購入に至る場合や、関連する商品を想起してまたさらにその別の売場に誘導できるようなＶＭＤの設計が求められる。

●売場販促イベント：商品試用の体験を通じて実感してもらう

商品の使い方や機能を店頭で実際の商品を使って見せる、あるいは顧客に試用を促して商品の価値を実感してもらう手法である。

この代表事例が、阪急うめだ本店・西宮阪急・博多阪急などで展開されている「コトコトステージ」の企画だろう。店内の30から40の拠点で顧客へ向け体験的なイベントプログラムが細かく企画・実施されている。例えば、ファッション雑貨フロアでは「パーティに使えるスカーフの巻き方講座」「帽子デザイナーによる帽子の選び方・かぶり方講座」、家庭用品フロアでは

図２－８　小売業における価値の伝達と提供

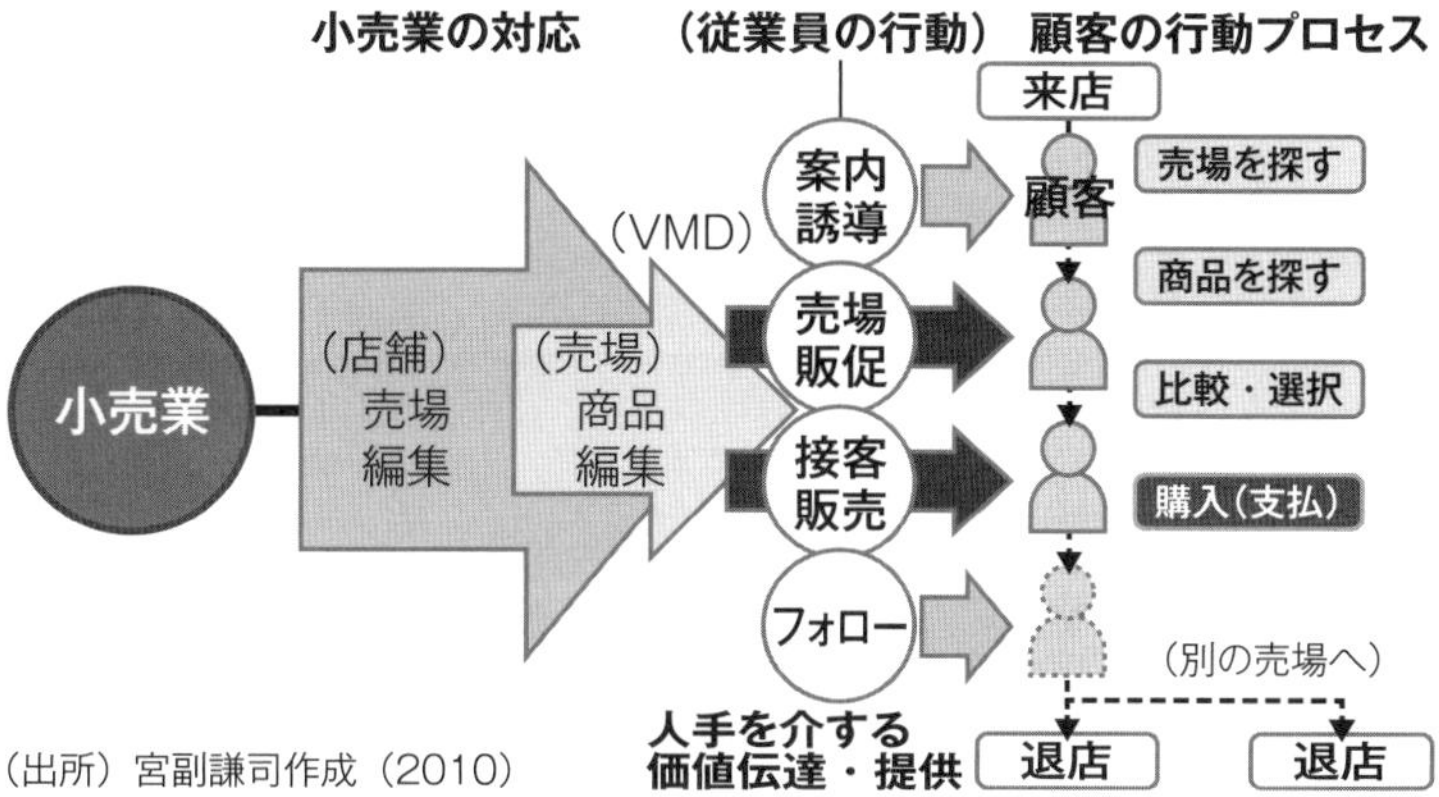

（出所）宮副謙司作成（2010）

メーカー協賛による「紅茶の淹れ方・楽しみ方講座」「電子レンジ圧力鍋を使ったおせちづくり教室」、食品フロアでは「今日のおかず献立料理教室」、子供フロアには子育てコミュニティルームが設けられ育児相談などが随時開催されている。

このような売場での販促イベントの実施にあたっては、専門家の活用やメーカーとのコラボレーションなどの企画開発が重要になる。

●顧客の案内誘導：価値を伝える

店舗におけるサービスカウンターや案内係、あるいは売場販売員など人手を介して顧客の個別ニーズに対応した商品の案内や売場への誘導が当てはまる。来店から退店まで顧客の流れをつくり、購買確率を上げ、客単価を上げることが目標となる。

最近の取り組み事例で注目されるのが、東武百貨店（東京・池袋）の「店内ツアー」と、阪急うめだ本店（大阪）の「カフェを活用した価値伝達」である。

東武百貨店では２０１０年6月から顧客に売場や商品を紹介して回る「店内ツアー」を始めた。そのツアーとは東武百貨店が毎回テーマを決め、そのテーマに沿って関連の売場を複数選び、参加する顧客（毎回10名程度）を案内し、それぞれの売場で商品の専門家（バイヤーや専門販売員）が商品の品質・機能の特徴・こだわりや開発の背景・仕組みなどを詳しく説明するものだ。添乗員役は、ベテラン社員が務め、約2時間かけて回るツアーになっている。参加者の多くは常連客とのことだが、「こんな商品があるとは知らなかった」という声が多いという。ツアーでは商品を売り込むことはせず、説明に徹する。顧客が商品を試したり、効能を知ったりすれば、次に来店した時に購入のきっかけになると考えているからだ。実際ツアーで回った売場を再び訪れ説明を受けた商品を買うケースも数多くあるという。高価な商品であっても、その商品の効能や価値が価格に見合ったものであることをツアーで知ることができたために、購入に至る例も多いという。

このように、店頭の品揃えを見せて価値伝達するだけでなく、小売業側がさらに顧客をリードする形で価値を伝達して顧客に納得してもらう活動は、新しい意味での接客ということができるだろう。

次に「カフェを利用した価値伝達」の例として、阪急うめだ本店が２０１２年秋に婦人服フロアに開設した「プレミアムクローゼット-パティオ」が注目される。フロア中央に設けられたカフェで、販売員と顧客がお茶を飲みながら会話を楽しめ、商品説明や着こなしについて接客する手法で、予約制により利用される。カフェは顧客にじっくり商品選択させ、関連する商材の買い回りも促進させる、まさに客単価のアップを狙う戦略的拠点と位置付けられる。

買い回り商品の場合は、顧客はすぐに購入の意思決定ができないことが多く、得た情報を自分なりに咀嚼し納得して購買行動に向かう。それを補助するためにも、顧客の購買プロセスに「カフェの利用」を組み込むことは、有効と思われる。

●顧客の流れをつくる（セルフ業態でもできること）

集客のための広告宣伝や売場での販促も重要だが、これまでにあまり取り上げられてこなかったテーマとして本章では「顧客の流れをつくること」を取り上げたい。

すなわち小売業側からのＭＤの発信だけでなく、顧客が店舗に来店し退店するまでの購買行動プロセスを「顧客の流れ」として、その顧客の流れを意識して、タイミングよく的確な情報を顧客に発信し、価値を伝達する仕組みを設計するのである。それができる企業、店舗が競争優位に立て収益を確保できるのではないかと考える。

来店から売場まで：来店時から目指す商品・売場が明確な目的購入顧客には、店舗入口から時間をかけずスムーズに目的の売場に到達できるように、また商品・売場を探索している顧客には売場回遊を楽しむうちに漠然としていた商品が発見できるように顧客を誘導する。

具体的には顧客の関心に沿った分類で売場を構成し、その回遊行動に合わせて売場に到達できるように売場配置（ゾーニングあるいはレイアウト）する売場設計が第一に当てはまる。さらにＶＭＤの方法論により、１階正面のステージでのディスプレイ、ビジュアル・プレゼンテーション（ＶＰ）から各階の上りエスカレーター正面のディスプレイ、プレゼンテーション、そして各売場の商品プレゼンテーション（ＰＰ）へと顧客の関心を連動させて誘導する。

売場での商品探索：顧客が売場の前に立っただけで、その売場の品揃え内容が即座に理解できるように、売場の品揃えを顧客に見やすく、目的の商品にたどり着きやすく備える（店舗小売業の店舗が１つの商品カテゴリーで編成された店舗規模が大きくない専門店などの場合は、顧客の来店は、ただちにこの工程からの開始となる）。

そこでは、品揃え・価格等の商品政策を売場で具現化したアイテムプレゼンテーション（ＩＰ）、特に重点商品をクローズアップするポイントプレゼンテーション（ＰＰ）、企画テーマの情報発信をするビジュアルプレゼンテーション（ＶＰ）の３つのレベルのＶＭＤが仕組みとして導入・展開される。

　例えば売場の前面（通路から見て正面）で商品がＶＰ・ＰＰでコーディネート展開されている場合、その該当商品がそれに隣接してアイテムとしても品揃えされている（ＩＰ展開されている）と、顧客は関心を持った商品のコーディネートについて自分のサイズと好みの色の商品を商品陳列からスムーズに選択できる。これは店舗側が顧客をうまく商品に誘導できたということになる。

商品選択から購入へ：顧客が目的の商品に到達して以降、商品を手にして商品の形状（サイズ・デザイン）、価格、機能、品質などを確かめ、他の商品、他店の商品・価格などと比較して、購入するかどうかの意思決定の段階になる。

　ここでは、その商品の価値を顧客に確かに伝え説得し、購入の意思決定へスムーズに移行するような情報の提供が望まれる。

●購入率をプロセスで分解し向上させる

　店舗小売業は、来店顧客がすべて確実に商品を購入する（サービスの提供が完結する）業態ではない。来店しても購入しないで退店する顧客も少なからずいる、言わば「確率業態」という

図２－９　顧客の購入までの「工程設計」の考え方

■顧客の購入率をいかに高めるか

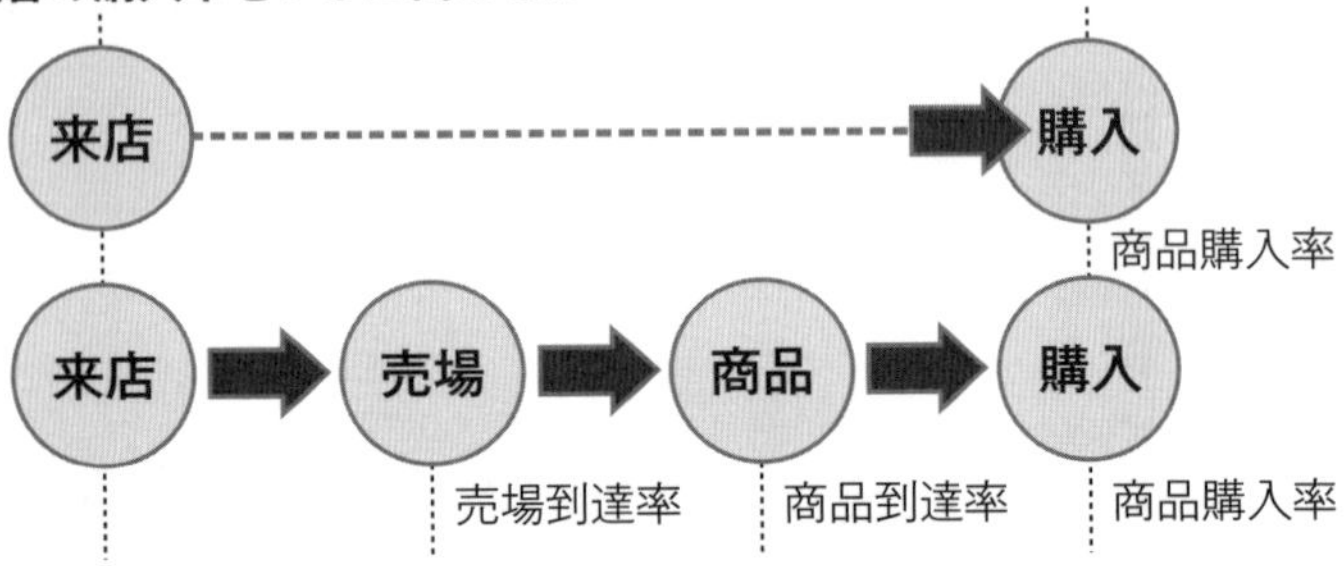

■顧客の来店から購入までの行動プロセスを設計し（工程設計）
その達成率を計測可能にし、それを高める仕組みをつくる

（出所）宮副謙司作成（2012）

特徴がある。

来店顧客の購買率を上げるためには、その来店から退店までの「顧客の流れ」に沿って、その到達度を分析することが重要になる。すなわち、①顧客が来店し購買目的の売場を探索し、そこに到達できた比率（売場到達率）、②その売場で購買目的の商品を探索し、それに到達できた比率（商品到達率）、③その商品を比較・選択し購入するに至った比率（商品購入率）、さらに④他の売場へと移動した比率（買回立寄率）に分解し、その率を分析することが望まれる（図2－9）。

従来のように来店顧客の購買率を一本かぶりで追求する管理でなく、途中の段階で到達率を分解して捕捉することで、どの段階で率が向上し、価値や情報の伝達がうまくいって成果が上がっているのか、逆に不十分で課題があるのか明らかにするのである。

楽天などのインターネットショッピングのＥＣサイトでは、このような発想で、サイトへの来店から、商品分野別への遷移（売場への移動）、商品の選択、購入までの顧客の行動プロセスが設計され、その到達率がデータとして管理され、買上率を上げる工夫が施され、その率を高めている。店舗小売業もこのようなプロセス別の比率の管理が求められる。

3．ＩＫＥＡにみる顧客の流れのつくり方

顧客が店舗に来店して売場を探索し、売場で商品を探索し、目的の商品に到達し、その商品を購入して退店するまでの流れを見事に設計した店舗の代表事例が、スウェーデンを本拠とする家具インテリアの大型専門店「ＩＫＥＡ」である（図２－10）。

●売場構成と見せ方の特徴

例えば新三郷店（埼玉県）では、正面入り口を入ると吹き抜けのエントランスがあり、顧客は２階へエスカレーターで上がる。そこには「イケアお買い物ガイド」の大きな表示で、２階が家具インテリア（大型商品）の「ショールーム」、１階が生活雑貨（小型商品）の「マーケットホール」、さらにＤＩＹ・建材用品などの「セルフゾーン」、最後に支払いレジがあるという

図２－10　IKEAの店内フロアマップ（新三郷店２階の例）

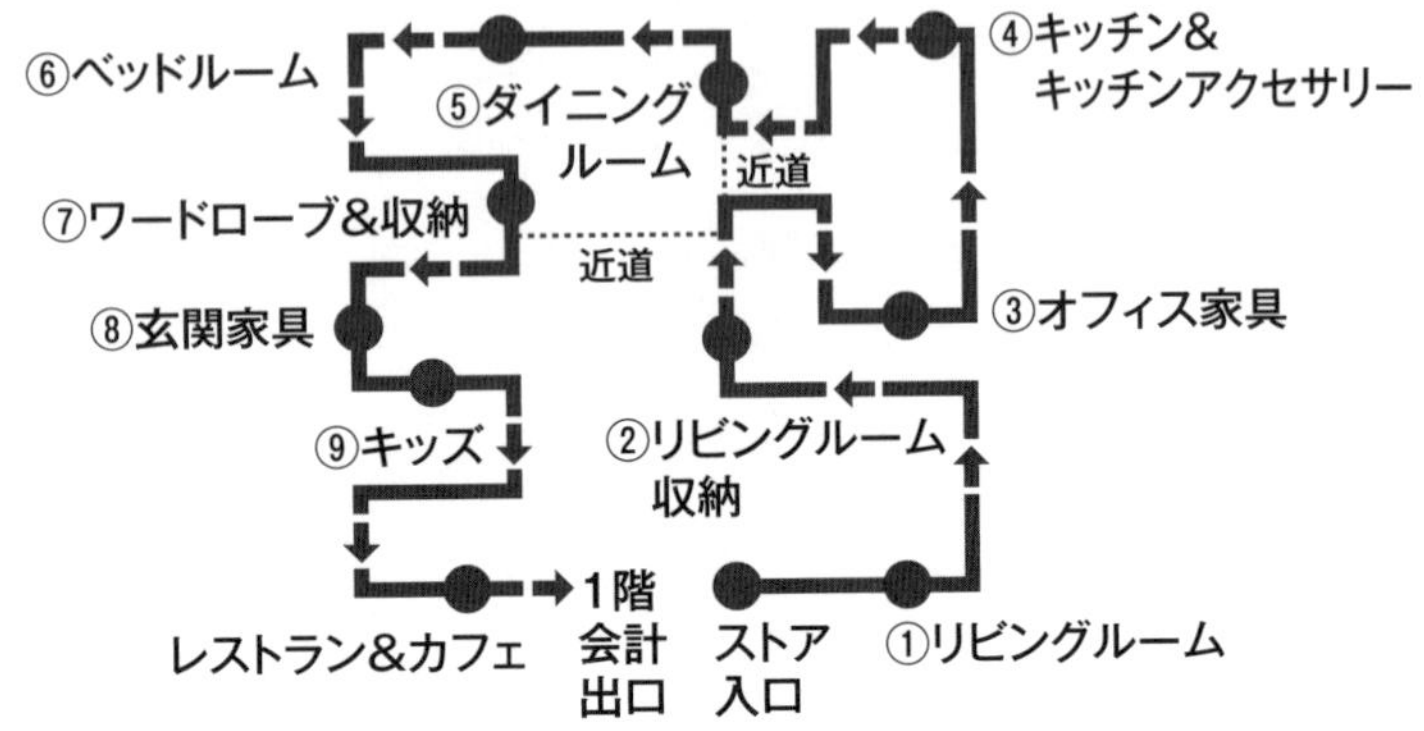

（2013年１月現在）

店舗の全貌が示されている。顧客はこの流れに沿って移動し、購買する仕組みになっている。

2階のインテリアは、「リビングルーム」「キッチン」「ダイニングルーム」「ベッドルーム」「ワードローブ収納」「玄関」「キッズ（子供部屋）」など家庭にある部屋ごと（用途ごと）に明確に分かれた売場構成で商品が展開され、そこでは部屋を模して家具の配置を実感できる見せ方をしている。

基本的には販売員はいくつかの箇所に設けられた「インフォメーション・ステーション」にしかおらず、そこで在庫などの顧客の個別相談へ対応する接客体制になっている。一方で売場の壁など随所にスマートな形で配送などのサービスや「なぜこの商品が安いのか」、「デザインの特徴」など価値の伝達が丁寧に売場の表示でなされている。基本的にセルフ型でありながら、他店との差異化にあたるイケアの顧客サービスの特徴や価値は、しっかり情報発信されているのである。

●顧客の流れの設計

イケアの最大の特徴は、顧客の流れの工程設計にある。すなわち、顧客は入り口から、案内表示のある通路に沿って、一つの方向に誘導され、テーマ別のコーナーになった売場をめぐる流れができあがっている。フロアの途中には休憩（待ち合わせ）スペースが設けられ、2階の最後に「カフェレストラン」で喫茶・食事ができるようになっている。その後、1階の生活雑貨の購買に移り、最後にレジを通過する流れに設計されている。

顧客への価値の伝達も提供もまさに、顧客の流れの工程設計の上で、的確に行われているのである。

●4つの提供価値とその見せ方

前の章で小売業の提供価値として4つのバリューがあることを述べた。イケアはこの4つのバリューの見せ方の点でもうまく捉えられる。すなわち、2階で顧客が最初に見る「ショールーム」のゾーンは、新生活やクリスマスなど季節の家族の生活テーマを編集したルームコーデイネートの提案である。またデザイナーの企画したデザイン家具やテキスタイルも時期に応じてテーマが変わっている。これらはまさに「トレンド・バリュー」の提示である。

また収納家具や台所家具など自宅サイズに合わせて自分で素材・サイズを選び、パーツを組み合わせてカスタマイズするゾーンには、「プランニングテーブル」というコーナーが設けられ自分で商品設計できるが、この拠点の近くには販売員が常駐しているので相談アドバイスを受けることもできる、「ソリューション・バリュー」が提供されている。

さらに1階の食器・生活雑貨のマーケットホールは、商品カテゴリーごとに商品集積性を高め、重点商品を的確にクローズアップしたり、カラーバリエーションで品揃えの奥行きを見せながら「コモディティ・バリュー」を徹底して展開しているといえる（※5）。

4. 小売業における価値の提供

小売業は、いくつかの販売形態（売り方あるいはチャネル）で顧客に商品を販売している。例えば、百貨店の販売形態は、大きく分けて「店頭」と「店頭外」に2分される。

店頭での販売形態には、通常の売場（プロパー、あるいは常備）での販売と上層階にある催事場での販売がある。

通常の売場では、定価での販売体制である「純プロパー」か、季節商品の処分などの販売形態である「拠点ＤＳ（バーゲン）」という形態がある。ある程度の「拠点ＤＳ」はＭＤ運営上、季節商品の処分などで必要となるが、「純プロパー」では売れず、ついエスカレーター周りや玄関でのワゴンセールのような「拠点ＤＳ」を開催しそれに頼りがちになるのは問題が多い。

それ以外の店頭での販売形態で売上の比重が大きいのが「店内催事」である。店舗上層階に常設の催事会場を設け、そこでの物産展、バーゲンセールを展開する場合の売上がこれにあたる。

一方、店頭以外の販売形態としては、「外商」「店外催事」「通信販売」などが挙げられる。

「外商」は対象顧客が法人・官公庁・地域団体などの場合は、「法人外商」として店舗の営業組織とは別に営業マンが組織化され、法人・企業・団体のギフトや宣伝広告ＳＰ商品などの需要に対応し、店頭商品あるいは店頭では扱わない商品（事務機器、ユニフォームなど）にも対応する。また対象が地域の富裕層の場合は、その自宅などに営業マンが出向き、店頭商品（衣料、美術・宝飾、ギフトなど）から対応し、一括販売で掛け売りを行う。

「店外催事」は、ホテルの宴会場などを使ったバーゲン催事で、都内百貨店の場合など2日間の開催で数億円を稼ぐ場合もあり、店舗の売上補填に企画される。

「通信販売」は、以前からあるカタログでの電話受注に加え、インターネットでの受注、携帯電話での受注など、最近の情報通信技術（ＩＣＴ）の発展に沿って新たな媒体に対応して力を

図２－11　小売業の価値伝達・提供方法の革新

■顧客の購買行動プロセスに応じ、新しい接客手法を開発する

顧客行動プロセス			人手を介する	ICTの活用	人手を介さない
	来店→売場	・店内ツアー	・コンシェルジュ ・売場案内係	・売場検索 ・電子サイン	・VMD ・案内表示
	売場→商品			・商品検索 ・（商品紹介携帯アプリ）	・VMD
	商品比較		・専門資格人材 ・使用感体験売場	・電子POP ・タブレット端末	・ランキング情報
	選択（意思決定）	・カフェ	・ワークショップ型販売（コト企画）		
購入手続（支払）				・セルフレジ ・スマホ決済	
購入後・退店				・関連情報携帯メール ・SNS発信	

ICT＝情報通信技術の略

（出所）宮副謙司（2011）作成

■店内ツアーの例

（出所）東武百貨店広報資料（2010年6月9日発表）

新しい「接客」

店舗における顧客の来店から売場、購入という流れを縦軸に、セルフ販売か接客販売（フルサービス型）か価値の伝達・提供手法を横軸において、小売業から顧客へのアプローチ活動を整理すると、図2－11のように体系化できる。

「人手を介さない＝セルフ」での顧客対応については、前述のようにVMDに加え、探索の段階ではデジタルサイネージなどの最新技術が適用される。案内表示やポスターは、デジタル化することで随時内容を最新に更新でき、動画などを交えて顧客にインパクトを与え、分かりやすくできる。

比較・選択段階では、商品選択をしやすくするための商品比較や売れ筋ランキング情報の提供がある。売場でのデジタル表示のほか、顧客のスマートフォンを活用した個別ニーズや購入利益、リクエストに応じた情報伝達などが可能になってきている。

さらに購入後・退店の段階でも、顧客が、フェイスブックやツイッターなどのソーシャルネットワークを活用し、商品購入についてや商品利用の結果を自ら発信することが増え、販売員とのコミュニティを形成したり交流を深めたり、その発信内容・評価コメントを参考に、友人・知人にクチコミで評判を広げることも可能になっている。

このように、最近ではICT（情報通信技術）の活用・導入によって、接客の手間を省くという効率化の意味合いだけでなく、顧客の個別の特性・ニーズに合わせたより綿密な接客にも効果を上げる可能性も飛躍的に高まっているのである。すなわち、ICTの活用はセルフ化を促進させるだけでなく、人手を介する接客もより新しく、より強化するものとなるのである。

入れている。

また最近では、食品や介護用品などの特定商品の「宅配」なども注目され、売上を伸ばしている例も多く見られる。

5. 今後考えるべきこと

●コミュニケーションとリテールのチャネルの融合

インターネットやスマートフォン（高機能携帯電話）は、広告宣伝など情報を受け取るコミュニケーション・チャネルのメディアであり、同時に商品購入のリテール・チャネルのメディアでもある。このようなメディアの急速な普及によって、企業のマーケティング活動において、従来、いわゆる「マーケティングの4P」として区分されてきた「コミュニケーション」と「流通」は、チャネルとして「同一化」しつつある。

そういう状況を踏まえれば、小売業の情報発信・伝達力を高めるために店舗・売場での情報発信、雑誌、チラシ、店頭POP、ポスターなど様々な媒体で発信したいコンテンツ（編集内容）を共通にし、その発信を統合的に設計し顧客に的確な形で発信していく必要がある。例えば、カジュアルファッション専門店「ポイント」は、東京・原宿の「コレクトポイント」店舗で、雑誌とインターネットと店舗の商品編集と情報発信の設計の共通化を試みて動き出した。

また一方、価値伝達についてまだまだ不足している、あるいはせっかくの編集したコンテンツを有効に発信していない課題も見られる。小売業が企画編集した店頭配布用のパンフレットを雑誌化する、といった小売業と雑誌のコラボレーションをさらに戦略的に進めることが望まれる。例えば、百貨店は中元歳暮カタログや、食料品フロア発行の提案型パンフレット（例えば伊勢丹「ISETAN for FOODIE」など）などで充実した編集・提案をしているが、どれも無料配布である。さらにこのコンテンツで売場での品揃え編集、ＶＭＤはもとよりインターネットのＷＥＢページの情報発信にも活用していくべきである。１つのコンテンツを複数の媒体で発信する「統合的展開」と、その一部を有料販売する「収益化」を取り組む余地はありそうだ。

●顧客マーケティング分析の新しいあり方と手法

ＣＲＭ（カスタマーリレーションシップマネジメント：顧客関係管理）の発展段階としては、まずリアルの店舗や拠点での顧客をポイントカードなどの会員にして囲い込む段階、次に自社のＷＥＢサイトを開設し、そこにアクセスする消費者を潜在顧客として捉える段階に進み、そしてソーシャルメディアの活用も含む新たなＣＲＭ段階に入りつつあると言うことである。

ソーシャルメディアが浸透したことで企業は、消費者のアカウント情報を通じてネットで個人一人ひとりの行動を把握できるようになった。このようなソーシャルメディアのＩＤと自社が持つ会員情報を紐づけることによって、購入以前のソーシャルメディア上のコミュニケーションでの顧客の行動（画面遷移だけでなく関連発言、関心事など）も把握できるようになった。まさにソーシャルメディアを活用することで、顧客が購買に至るかなり以前の段階から自社に関心を持ち始めた潜在的な顧客として識別し、その情報を分析し活用できるようになったのである。その3段階目の顧客マーケティングが「ソーシャルＣＲＭ」と呼ばれるものである（図2－12）。

自社メディアにおけるユーザー行動と顧客データ、さらにソーシャルメディア上でのユーザー行動の3つを組み合わせることで、商品に興味をもった消費者がどのように商品に対する理解やロイヤルティを深め、購入に至ったか、統合して把握することができるようになるわけだ。ソーシャルメディアを活用することで、顧客マーケティングのあり方は大きく変わり、その可能性も従来にないほど広がった。企業の活用の観点からすれば、大まかに次のような顧客マーケティングの変化が挙げられる。

広く集める、広く発信する：ソーシャルメディアは、スマートフォンなどＰＣ以上に普及した数多くのユーザーがより頻度高く情報を発信することから、企業はそれを集めることで、従来以上に幅広く数多い情報を集めることができる（そうして集めた情報は従来に増して大量に蓄積され「ビッグデータ」になるということである）。

図２－12　CRMの進化とソーシャルCRMの概念

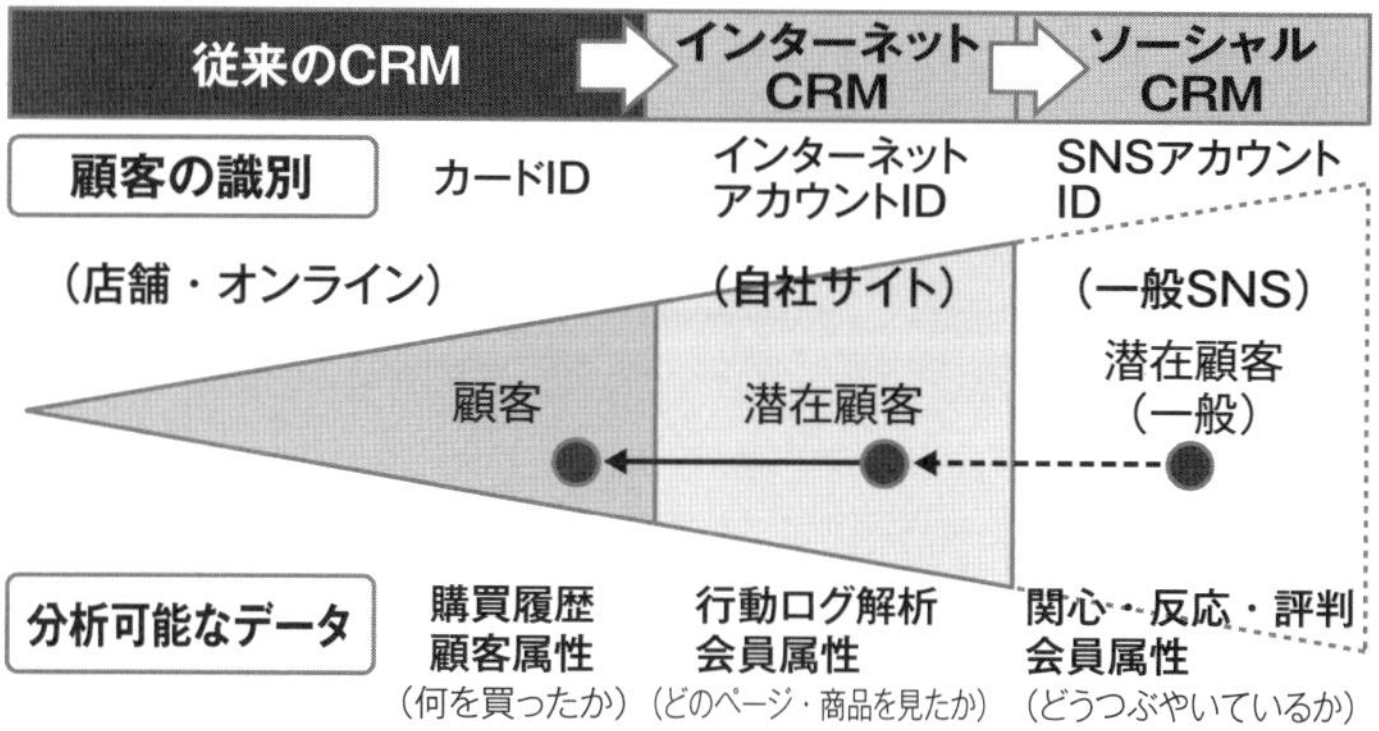

（出所）宮副謙司作成（2012）

そしてそのように幅広い多くのユーザーに対して企業は、多様なメディアで情報発信を広く行えるということにもなる。

誰もがつながる：購買が基本という従来のCRMから、消費者の関心、情報探索・情報収集という購買の前段階から消費者と接点を持てるようになったので、CRMは小売業・サービス業だけでなくメーカーもより本格的に、直接的にできるようになった。

またソーシャルメディアの仕組みを利用すれば自社でのWEB構築の面倒さもなく顧客接点を持つことが可能になった。例えば、アパレルの「サティスファクション・ギャランティード」のような小企業でもフェイスブックを活用し、ファンを30万人も獲得し（しかもシンガポールなど海外にも）、急成長する企業も出てきた。

多段階で集める、多段階で発信する：簡単に情報の受発信ができるようになって、現場の担当者（小売業ではショップ、売場の販売員）も顧客の情報を集め、顧客に情報発信することが可能になった。従来のように企業の営業企画や本社スタッフが企業の情報として1か所から情報発信するのではなく、現場でも、店舗としても、企業としてもと多段階で情報発信することになるわけである。例えば、「渋谷109」のガールズ向けショップでは、ブランドのカリスマ的プロデューサーからも、現場の販売員からも積極的に顧客に情報発信し、顧客と親しい仲間のようなコミュニティを形成して来店機会促進や営業活性化につなげている。

情報の統合力：ソーシャルメディアを活用し、情報の受発信が多段階に行われるようになると、顧客情報の収集の観点からも、顧客への情報発信の観点からも、企業として店舗として一貫性が保たれなくてはならず、そのための情報の統合力が重要になってくる（顧客にとっても企業と接点が多いのはいいが、伝えられる情報がばらばらであるのは困る）。社内での顧客情報（会員プロフィール情報、アクセスログなどの行動情報、買上履歴情報など）の一元管理と多元運用の仕組み整備と社員の活用が望まれるのである。

解析のセンス：そのように会員プロフィール、行動情報、買上履歴情報、会話発言情報などのデータ蓄積が著しいなかで、その「ビッグデータ」の蓄積から、営業活性化のために必要で的確な情報をいかにうまく発見し、分析し、次の営業対応につないでいくか、その解析のセンスが問われることにもなる。高度な分析能力が次第に要請されるようになっていく（企業内において解析人材のリソースの奪い合いも起こってくるかもしれない）。今後ますます、そうした人材育成も求められるだろう。

新しい顧客の捉え方とチャレンジ：難しさの点で付け加えると、従来考えられていたような「潜在顧客から段階的に購入顧客になる」という顧客ピラミッド型の顧客「進化」は、そう単純なパターンにはならないということも見えてきた。例えば、スポーツ領域の顧客マーケティングの事例を見ると、あるチームのファンクラブの会員構造と、その会員の中でソーシャルメディアを活用する会員構造は男女比などで違いが見られる。さらに自ら情報を積極的に発信する（書き込む）ファン層はまたさらに違いがあるという事例がある。

そうなると、企業が商品の購買など最終目標に顧客を誘導するには、ソーシャルメディア、インターネット、リアルそれぞれのメディア特性を踏まえ、それに反応する消費者の特性を捉えて、そしてメディアの役割をそれぞれ切り替えたうえで、顧客を最終目標に誘導しなければならない。まさに顧客の認識、関心から購買への消費者の誘導、流れをうまくつくる総合的な「工程」の設計が重要ということになる。

第2部のまとめ

●顧客を見ること、気づくこと——どのような顧客像が分析できるか

左の写真は、12月下旬のクリスマスを前にした金曜日夕方5時くらいの東京・渋谷にある百貨店の正面玄関の風景である。この写真を見て、どのような気付きがあるだろうか。またその顧客の様子から、この百貨店が取り組むべき対応はどのようなことと考えられるだろうか。

最近「若い年齢層の百貨店離れ」が言われる中、クリスマスを前にしたこの時期に、若い男性が百貨店に入ろうかとしているところが、まず珍しい光景と言える。夕方5時の時点で2人とも複数の買い物をしているので、勤め人ではなく学生ではないかと推測される。2人は友人同士ではなく別々の個人客であるが、左の男性と右の男性は、見ている店内案内ボードの場所が違うので、百貨店の来店目的はそれぞれ違うことが推測される。すなわち、左の男性は、婦人服フロアで構成されたA館で何か買うもの（ブランドあるいは商品）を探索している様子なので、彼女へのクリスマスギフトの購入が目的かもしれない。また右の男性は、紳士服フロア

のあるB館の案内を見ているので、自分の買い物（自家需要）ではないかと思われる。また既にスポーツの「ナイキ」商品を購入しているので、何かそれに関連するものを百貨店で探索しているのかもしれない……、など店頭で顧客を観察すれば、いろいろな仮説を持つことができ、小売業として対応するべきことが見えてくる。

　この百貨店は、正面玄関に大々的に売場案内を掲示して、来店顧客に分かりやすい取り組みを行っていると言えるが、この掲示手法は80年代からそうであって、21世紀の今、デジタルサイネージなどＩＣＴ（情報通信技術）がどんどん進化している時に、このような掲示・情報発信手法でいいのかという点で課題がある。

　これまでに馴染みのない若い顧客、しかも男性客（学生）が百貨店の店頭に来て、まさに入るか入らないかの瀬戸際の時に、その顧客の購買目的に応じて、女性向けのクリスマスギフト好適品情報を発信したり、自分のファッション充実のための商品（自家需要）の情報を発信したりすることは、携帯電話・スマートフォンなどの活用も含めて多様に考えられる。そして百貨店に関心を持って（通常は関心を持たずともクリスマスシーズンには関心を持って）玄関までさしかかった顧客を確実に、店内に引き込み、購買に結び付ける仕掛けを仕組みとして常備することが重要で、それへの対応が求められるのである。

このように実際の顧客を観察し、顧客の様子から店舗の課題を発見し、その解決のための営業施策を検討し、企業として、店舗としてのマーケティング戦略につなげていくことが重要なのである。

●自社の顧客価値とは何か、どのような特徴があるか

業態の捉え方は、販売形態としての「セルフ販売業態」か「接客販売業態」といった区分が基本であったが、ここではひとまず従来の業態区分の考え方をゼロベースとして、店舗において実際に顧客に向き合い、競合との差異を意識してみると、自社のどこが顧客に支持されているか（強みか）が認識できる。

またそれを知るための定量的なデータ（来店顧客の売場到達率、商品到達率、購買率など）が

入手・把握できれば、それをもとに今後の数値目標にできるし、その進捗も目標達成度が数量で把握できるようになる。そのために必要な数量、計測方法の整備も重要なマーケティングの取り組み活動になり、企業のマーケティング視点での改革が起こることになる。

考えてみよう

「今後考えるべきこと」に挙げたテーマをはじめとして、次のテーマを会社のメンバーとぜひディスカッションしてみよう。

価値の創造について

□脱コモディティの価値創造
□新たなカテゴリー（売場）の開発

価値の伝達と提供について

□コミュニケーションとリテールのチャネルの融合
□顧客マーケティング分析の新しいあり方と手法

参考文献

藤本隆宏・東京大学21世紀ＣＯＥものづくり経営研究センター（２００７）『ものづくり経営学』光文社。

Kotler, P.(1999) Marketing Management: Millennium Edition, 10th Edition, Prentice-Hall, Inc.（恩藏直人監修、月谷真紀訳（２００１）『コトラーのマーケティング・マネジメント　ミレニアム版（第10版）』ピアソン・エデュケーション。）

具承桓・小菅竜介・佐藤秀典・松尾隆（２００８）「ものづくり概念のサービス業への適用」『一橋ビジネスレビュー』２００８、Ａｕｔ．56巻2号、東洋経済新報社。

宮副謙司（１９９４）『新「百貨店」バラ色産業論』ビジネス社。

宮副謙司（１９９９）『ソリューション・セリング』東洋経済新報社。

宮副謙司（２０１０）『コア・テキスト流通論』新世社。

戸川翔太（２０１１）『ネスレ：ネスプレッソ』青山学院大学大学院国際マネジメント研究科（青山ビジネススクール：ＡＢＳ）ケース。

フィリップ・コトラー、ケビン・レーン・ケラー（２００８）『コトラー&ケラーのマーケティング・マネジメント基本編・第3版』ピアソン・エデュケーション。

フィリップ・コトラー（１９８３）『マーケティング原理』ダイヤモンド社。

嶋口充輝・内田和成編（２００４）『顧客ロイヤルティの時代』同文舘出版。

田島義博（１９８８）『マーチャンダイジングの知識』（日本経済新聞社）。

次に読んで欲しい本

Alderson, W.（1957）Marketing behavior and executive action, Richard D. Irwin, Inc.（石原武政・風呂勉・光澤滋朗・田村正紀訳（１９８４）『マーケティング行動と経営者行為』千倉書房。）

クリス・アンダーソン（２０１２）『MAKERS―21世紀の産業革命が始まる』ＮＨＫ出版。

角田徹（２０１３）『ヤマダ電機とＰＣメーカーの関係』青山学院大学大学院国際マネジメント研究科（青山ビジネススクール：ＡＢＳ）ケース。

小山大輔（２０１２）『トヨタ「アクア」：コミュニケーション戦略』青山学院大学大学院国際マネジメント研究科（青山ビジネススクール：ＡＢＳ）ケース。

宮副謙司・内海里香（２０１１）『全国百貨店の店舗戦略２０１１』同友館。

佐伯悠（２０１２）『東レ：Ｂ ｔｏ Ｂパートナー提携戦略』青山学院大学大学院国際マネジメント研究科（青山ビジネススクール：ＡＢＳ）ケース。

※1　世の中にたくさん存在する財から消費者にとって価値のある編集（アソートメント）になっていくかについては、オルダーソン（Alderson,1957）が詳しく述べている。

※2　このモデルの初出は、宮副謙司（２００３）ストアーズ社百貨店経営研究会資料である。

※3　宮副謙司（１９９９）『ソリューション・セリング』東洋経済新報社

※4　宮副謙司（２００４）「顧客へのリレーションが高まる「生活エージェント」―松屋銀座「ジ・オフィス」のケース」嶋口充輝・内田和成編『顧客ロイヤルティの時代』第8章所収、同文舘出版）

※5　法人の需要には「イケアビジネスポイント」というコーナーが設けられているが、個人でもイケアの家具を継続して購入し買い揃えるロイヤルティの高い顧客向けに、購入家具データを蓄積して相談できる対応があれば、それは「パーソナライズ・バリュー」と言うことになるだろう。

第3部

オペレーションズ・マネジメント

細田 高道

第3部で学ぶこと

□第1章では**小売とメーカーによって構成されるサプライチェーン**について、どのような取り組みをすれば**企業の壁を越えてより効率の高い商品調達（あるいは供給）が可能となるのか**を説明する。

□第2章では、サプライチェーンの末端でありかつ消費者とのインターフェイス部分となる**小売店舗に注目**し、オープンデータや調査票を活用した**商圏の把握方法**や**新規出店時の売上予測手法**など、既存と新規の店舗売り上げを考える際に重要となる**エリアマーケティングの手順と方法**について説明する。

第1章
サプライチェーン・マネジメント

1．サプライチェーン・マネジメントとは？

この章では、最初にサプライチェーン・マネジメントの定義をした後、サプライチェーン・マネジメントがある種のブームとなった2000年ごろの考え方に対する反省と現在の考え方について述べる。

●サプライチェーン・マネジメントの定義について

「サプライチェーン・マネジメント」という言葉が広く一般的に使われるようになって久しい。サプライチェーンは文字通り供給の連鎖のことであり、複数の企業や組織がそこに含まれるのが通常である。この言葉が登場した当初（1980年代）は主に物流やロジスティクスの世界だけで使われていたが、今やマーケティングや戦略の世界でも使われるようになっている。サプライチェーン・マネジメントが広く支持されるようになった背景には、複数の企業が協力することにより単体の企業だけでは実現不可能であった効果が実現可能となることがあると思われ、実際に企業の成長戦略の中にサプライチェーン・マネジメントを位置づけている企業は非常に多い。

　このようにサプライチェーン・マネジメントという言葉は広く使われるようになっているが、その定義には様々なものがある。ここで代表的な2つの定義を紹介する。1つ目はグローバル・サプライチェーン・フォーラム（※1）による定義でありそれは、「顧客に価値を与える商品やサービスを提供する主要ビジネス・プロセスの統合である」である。ポイントは、主要ビジネス・プロセスの〝統合〟がすなわちサプライチェーン・マネジメントであると主張している点である。一方、マサチューセッツ工科大学のスミチ・レビ教授による定義、「必要な量の商品を適正な価格で望ましいタイミングに適正なコストで供給し、顧客満足を高めることを目的としたサプライヤー、メーカー、倉庫、小売の統合を効率的に実現する為に必要となるアプローチのことである」（※2）もよく知られている。この定義によると、サプライチェーン・マネジメントとは〝統合〟を実現するアプローチの一種である、ということになる。

　これらの定義に共通していることは〝統合〟（英語ではintegration）がキーワードになっていることである。実際、サプライチェーン・マネジメントにおいて統合は必ず考えなければならない、あるいは直面する重要な課題の1つである。

　しかし、この統合という言葉があまりに前面に出すぎたことで、多くの企業がサプライチェーン・マネジメントにおいて失敗を経験した時期があることを忘れてはならない。２０００年前後の、いわゆるＩＴバブルの時期である。この時期、多くの企業が我先にとEnterprise Resource Planning（以下、ＥＲＰ）に代表される大規模なＩＴの導入を試みた。ＥＲＰの導入さえすれば異なる組織・企業間であってもビジネス機能の統合が可能となり、その結果サプライチェーンのコストは必ず下がる（あるいは売上が上がる）と考えられていたのである。このように統合が目的となってしまい、さらには手段であるはずのＥＲＰの導入がサプライチェーン・マネジメントの目的となってしまっていたプロジェクトが数多く存在していた。

　当時の多くのプロジェクトが目指していたのは、サプライチェーン全体を最適化することであった。つまりサプライヤー、メーカー、倉庫、小売それぞれが持つ機能の重複をなくした上ですべての情報をある組織に統合し一元化することで、機能の重複といった無駄がない完全に統合されたサプライチェーンを構築し、その結果としてサプライチェーンの全体最適化が可能であると考えられていたのである。しかしながら権限を一元化し全体を最適化する、ということは全体をコントロールすることができる強力な権限を持った組織の存在を前提としなければならない。この前提は、例えば自社で製造から販売までのすべてを一貫して行っているような業態であれば実現可能なものであろう。しかしそうでない場合、目標が異なる複数の企業や組織の権限を一元化し一致団結する、というのは現実にはほとんど不可能であるといってもよい。仮に当初はそのような前提に合意しても、遅かれ早かれ総論賛成各論反対という状況になり空中分解してしまうことが多い。よって統合ではなく別の言葉、例えば〝協力〟という言葉の方がサプライチェーン・マネジメントを考えるにおいてより適切であると考えるのが現在の主流である。以上を踏まえ、本章ではサプライチェーン・マネジメントを「商品やサービスを市場まで効率的に届けるための仕組みや手段を複数の組織が協力して構築し維持する活動」と定義する。

2. サプライチェーン・マネジメントの手順

サプライチェーン・マネジメントを成功に導くには、少なくとも以下の手順を踏むことが必要不可欠である。

（1）現状把握
（2）適切な目標設定
（3）目標を実現する仕組みの理解と設定
（4）仕組みを実現するための適切な手段の選定と導入

最後の項目にある手段の選定と導入の方法は、確保可能な予算額や導入期間、すでに保有するＩＴとの兼ね合いなどといった様々な具体的条件や制約に大きく依存する。よって本章では最初の３項目について具体的な説明をする。

●現状把握と適切な目標設定の重要性

在庫金額がそもそも30億円も無い会社に対して、「在庫金額を30億円削減できます」と結論づけた提案をしたコンサルティング会社があった。このような話は今となっては笑い話であるが、その当時はあまりの大雑把なやり方に唖然とした記憶がある。このような方法が横行していた時代もあったのである。この事例が教えてくれるのは、現状把握なしに目標設定はできない、あるいは現状把握をせずして設定した目標には意味がない、ということである。

図３－１をご覧いただきたい。縦軸と横軸には、極限までいくとトレード・オフの関係となる２つの指標（図では例として製造コストと在庫コスト）をとっている。ＡからＥの各点はサプライチェーンを示している。図中の曲線はフロンティア曲線と呼ばれるもので、縦軸と横軸のトレード・オフ関係を曲線で示している。定義上、このフロンティア曲線の左側に位置するサプライチェーンは存在しない。数少ない先進的サプライチェーンがフロンティア曲線上に存在し（Ａ、Ｂ、Ｃ）、フロンティア曲線からはるか遠い位置にあるサプライチェーン（Ｄ）も存在

図３－１　サプライチェーンのフロンティア曲線

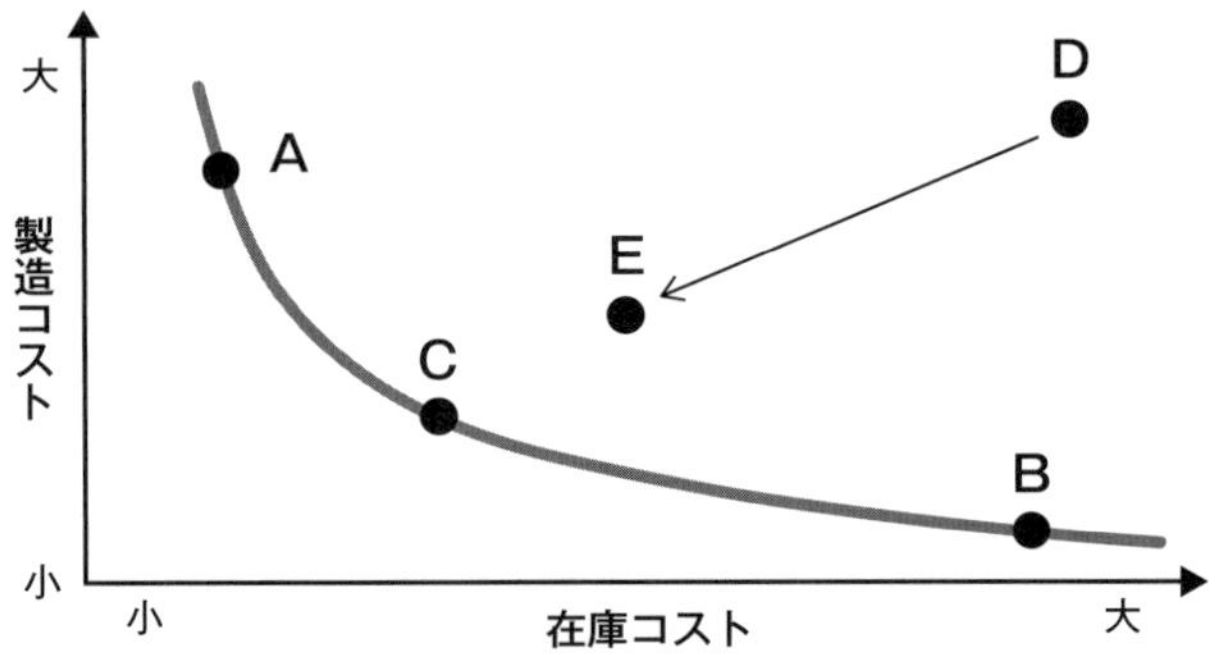

A：在庫コストは極限まで低いが、製造コストはかなり高い（受注生産のケース）
B：製造コストは極限まで低いが、在庫コストはかなり高い（見込み生産のケース）
C：AとBの中間のポジション

している。現状把握とは、あなたのサプライチェーンが図３－１の中のどこに位置しているかを把握する、ということである。どこに位置するかによってこれから目指す方向性や具体的施策が大きく異なってくる。

一般に、フロンティア曲線から遠く離れているDは、現状が悪すぎるので、かえってサプライチェーンの効率化は容易に達成できる可能性が非常に高い。一般に、非常にシンプルで安価な仕組みを導入するだけで在庫コストと製造コストを同時に大幅に削減することも可能である。例えば図３－１のEのポジション付近まで容易に移行することが可能なのである。よってDにとってのサプライチェーン改革プロジェクトにおける目標はかなり魅力的なもの（例えば大幅なコスト削減と顧客満足度大幅上昇を同時に達成）

になることが一般的であり、総論賛成各論反対の状況に陥る可能性は低い。また、その目標を実現するための投資金額も比較的小さく、導入する仕組みがシンプルなので導入失敗のリスクも小さい。よってプロジェクトの費用対効果は大きく、成功の確率は非常に高いのが一般である。このようなケースでは目標にコストや売上などの金額やマーケットシェアなどの数値を目標として設定することが多い。

　そのような魅力的なDであってもうまくいかない場合もある。Dに位置してしまっているようなサプライチェーンは、もともと各企業がサプライチェーン全体の効率向上に対して意識が薄いことが多い。また、後述する3I'sにおいて様々な障害が存在している場合が多い。そのような場合は、サプライチェーンの改革に対しては、どのようにすばらしい案であっても総論で反対となり、協力関係を築くことは大きな困難を伴う。イタリアのパスタ製造業者であるバリラを扱ったケース（※3）では、企業間の協力によって大きな効果があることがパイロット運用で定量的に明確になっているにもかかわらず他企業からの協力を得ることができず、さらには社内からも反発をまねいてしまいサプライチェーンの改革プロジェクトが全く進まない状況を扱っている。

　図中のEのサプライチェーンはどうであろうか。かなりフロンティア曲線に近い位置にいるのでEの現状はそれほど悪くないと考えてよいであろう。E固有の問題は、フロンティア曲線までの距離は短いのであるが、この距離を縮めるのが容易ではないことである。一般に、この距離を縮めるには多額の投資と複雑で高度な仕組みを導入する必要がある。その理由は、フロンティア曲線に近づけば近づくほど、トレード・オフの関係、つまり一方を下げれば他方が上がるといった関係に直面し、両方を同時に解決することが困難になるからである。在庫コストと製造コストの他にトレード・オフの例としては調達コストと在庫コスト、在庫コストとサービス・レベル（欠品率）といったものがある。トレード・オフの関係が発生するようになると、サプライチェーンにかかわる組織や企業の全員が同時に確実にハッピーになるというシナリオの達成は非常に難しくなる。サプライチェーン全体のコストが下がったとしても、一部の企業コストはかえって上昇してしまう、というシナリオがEというポジションでは一般的となる。さらに、Eの位置においては現状において明らかな無駄がなく、コスト削減といってもどこから手をつけていいのかはっきりしない場合が多く、期待できる削減額もそれほど大きくないことが多い。その一方で前述したように多額の投資と複雑な仕組みの導入が必要となるので、その複雑さに起因してプロジェクトが失敗に終わる可能性も大きい。プロジェクト開始時に数値目標を設定することもあるが、多くの場合、長期的で戦略的な目標（例えば、小売とメーカーの関係強化）を主体としてプロジェクトを立ち上げることが多いし、またその方が適切であろう。

図3－2　キャンベル・スープにおけるブルウィップ効果

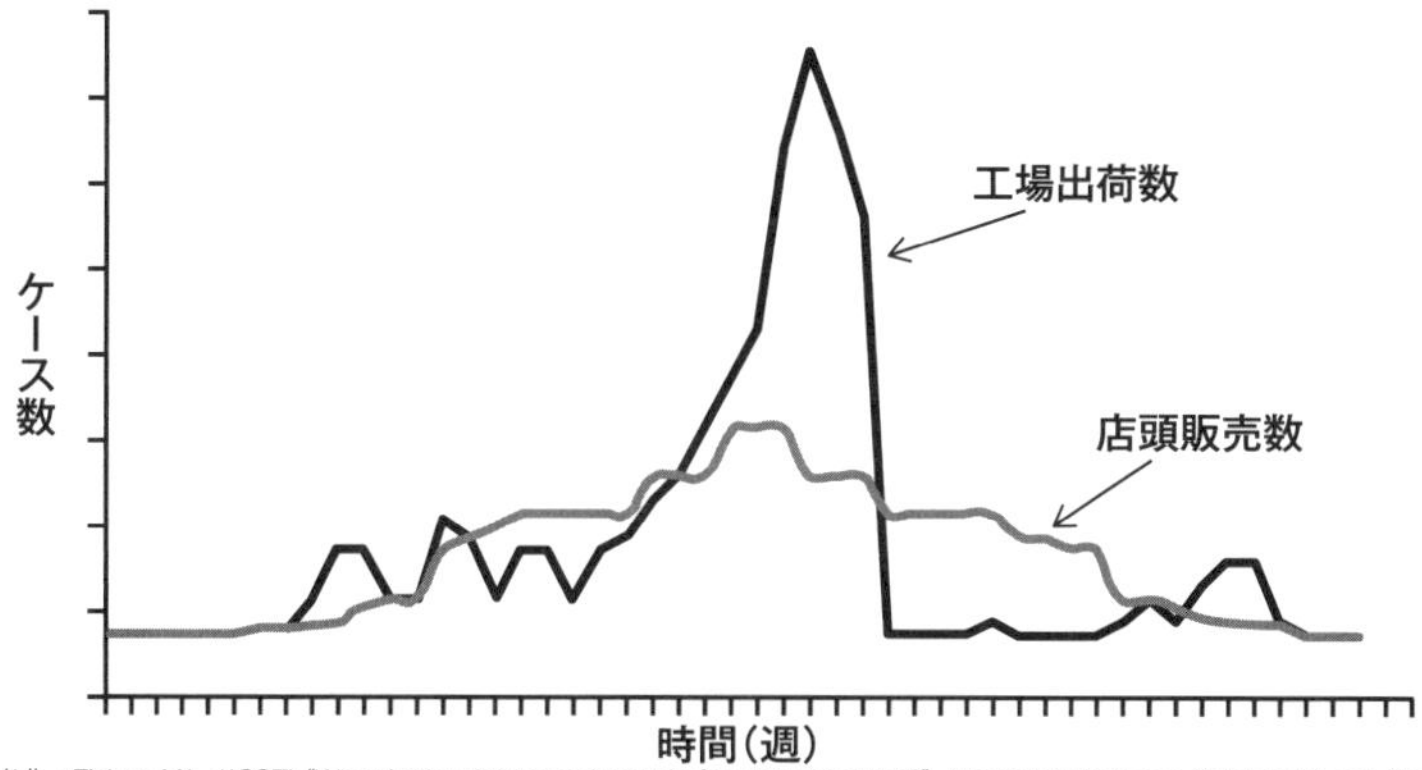

出典：Fisher, M.L. (1997) "What is the right supply chain for your product?", *Harvard Business Review*, March-April.

●ブルウィップ効果

どのような手法で現状把握をするにせよ、必ず押さえておきたいのはブルウィップ効果（bullwhip effect　※4、図3－2）がサプライチェーンにおいてどの程度発生しているか、という点である。ブルウィップ効果は、発注量の変動がサプライチェーンの下流から上流へと遡るに従い増大していく現象のことであり、多くのサプライチェーンで実際に観測されている現象である。ブルウィップ〝効果〟と訳されているが、ブルウィップ効果は経済的に好ましくない現象である。ブルウィップ効果による悪影響は主にサプライチェーンの川上側でより顕著になる傾向があり、それらには以下のものがある。

在庫量の増大によるコスト増：受注量が大きく変動している場合、大口受注による欠品を恐れる為、上流側に位置する企業（例えばメーカー）は必要以上に在庫量を保有することになる。結果的に在庫保有コストのみならず、売れ残りによるコストも増大することになる。

欠品時の対応によるコスト増：突然の大口受注により欠品してしまった場合、顧客満足度は下がる。この下がった顧客満足度を回復する為に様々なコストが新たに発生してしまう。欠品を穴埋めするための業務（例えば緊急の追加生産）がまず発生するが、一般にこれらの業務は通常業務より割高でもあり、本来であればしなくてもよいはずの無駄な追加業務である。また、欠品により商品を予定通り受け取ることができなくなった小売側としては商品確保を目的として、さらに発注量を増やすことも考えるであろう。そのような場合、メーカーにおける欠品の量はますます膨らみ、結果として欠品によるコストがさらに増幅されるといった悪循環に陥ってしまうことになる。

稼働率の悪化：受注量が激しく上下する場合、ある時は残業をしても処理しきれない量の仕事があるが、別の時はまったく暇である、という繰り返しが日常的に起こりうる。また、いつ忙しくあるいは暇になるかの予測が難しい場合が多く、効率的な業務計画を立案することが困難となる。しかたなく常に多めの人員配置をすることになるが、当然ながら稼働率は非常に低くなり、コストは上昇することになる。

過剰な設備やインフラへの投資：過剰な在庫を収容するために過剰な容量の倉庫が必要にな

ったり、過剰な受注量を処理するために過剰な生産ラインと人員が必要になったり、過剰な品物を届けるのに過剰なサイズと数の車両が必要になったりと、ブルウィップ効果は過剰な設備やインフラの投資の原因となり、結果として固定費と運営費を増大させてしまう。

忘れてはならないのは、ブルウィップ効果は上流に行くほど増幅される、という点である。下流側でのほんのわずかな増幅については、「この程度なら問題ないであろう」と思いがちである。しかし、そのわずかな増分がそのまま上流に伝搬することは稀であり、必ず増幅されて伝搬することを忘れてはならない。

●目標を実現するしくみの理解と設定

目標を設定したら、次はその目標をどのような〝仕組み〟によって実現するかを考える。ここですぐに「ＩＴを導入」と言い出してしまったら過去の時代と同じ失敗を繰りかえすことになる。ＩＴの導入は仕組みを実現する手段と捉えるべきであり、まずは目標に近づくための仕組みを理解し設定する必要がある。〝仕組みを理解する〟とは、どのような理屈によってサプライチェーンのどの部分にどのような効果が表れるのかを自ら考え理解することである。以降、サプライチェーンにおける代表的な仕組みについて説明する。

販売情報共有：販売情報共有には、小売の店頭での販売情報であるPoint of Sales（以降、Ｐ

ＯＳ）データをメーカーやサプライヤーと共有しメーカーやサプライヤーの製造計画や在庫計画を実際の店頭での売れ行きの程度に連動したものにすることでサプライチェーンにおける無駄を削減する、という狙いがある。想定される効果としては、売れている商品については、その売れ具合をすみやかに察知し欠品を最小化するように製造と在庫の計画を修正する、ということが期待される（※5）。あるいは、店頭では売れていない商品を、「おそらく売れているであろう」という楽観的想定のもと大量に製造してしまうことによる製造の無駄と過剰在庫の無駄の削減も期待できる。このような仕組みが機能するにはいくつかの条件が必要である。

まず、ＰＯＳデータを提供された企業（例えばメーカー）が、そのデータを使いこなせる能力があることが必要である。驚くべきことに、情報共有を可能にしたが、共有された膨大な量のデータを使いこなすことができずに失敗に終わってしまった事例が実は非常に多くある（※6）。販売情報共有をすれば自動的に何かが解決されるというのは幻想であることをまず理解すべきである。また、販売情報共有により直接の利益を享受できるのは提供された側である上流側の企業であることを理解しておく必要がある（※7）。例えばメーカーは小売から提供された情報をもとに製造の無駄と過剰在庫の無駄を小さくすることが可能である。このメーカーで発生した効果をどのようにサプライチェーン内で再配分するか、という点が重要となる。別の言い方をすれば、ＰＯＳデータを提供する小売側には、ただ情報を提供しただけでは直接の効果はほぼないのである。一般にはメーカーからの納品サービスレベルの向上による還元、例えば欠品率の削減やリードタイムの短縮といったものでの還元が多いが、それらはすべてメーカー側のＰＯＳデータを使いこなす能力と生み出された効果を還元しようとする協力の姿勢に大きく依存しているのである。

英国の大手小売のテスコの事例を紹介しよう。テスコはＰＯＳデータ共有の手段としてTesco Information Exchange（以降、ＴＩＥ）を自社で開発し、メーカーやサプライヤーは会社規模に応じて１００ポンドから10万ポンドをテスコに支払うことでウェブ上にてＰＯＳデータをほぼリアルタイムで閲覧できるようにした。このようにＴＩＥをタダ乗りではない手段にしたことで、メーカーやサプライヤーのデータ活用意識を高めることを可能とした。この活用意識の高まりは、新たな関係構築にも貢献することとなった。ＴＩＥ導入前はテスコから連絡があって初めてサプライヤーは欠品などの問題を認識する、という状況であったが、ＴＩＥが導入された現在では逆にサプライヤーから指摘されてテスコが問題に気づく、という双方が協力して問題を（時には事前に）発見し解決するという仕組みが構築されたのである。この仕組みをさらに進展させたものが次に紹介するVendor Managed Inventory（以降、ＶＭＩ）である。

ＶＭＩ：ＶＭＩにおけるVendorとは、上流側に位置する企業の総称である。例えばVendorがメーカーを指すとすると、ＶＭＩとはメーカーが小売に代わって需要予測と在庫管理をする仕組みのことを示す。従来の小売-メーカーというサプライチェーンにおいては、小売は自社で需要予測した上で自社の保有在庫量が適正になるようにメーカーへの発注量を決定する。発注を受けるメーカー側においては、小売からの発注量をメーカーなりに事前に予測をしておいて欠品しないように製造計画と在庫量の管理をしていることが一般的である。この場合、予測と在庫管理という機能が小売とメーカーで重複している。ＶＭＩの基本的な考え方はこれら重複している機能を一元化し、一元化した機能の運用をメーカーにまかせてしまおう、というものである。ＶＭＩにおいて小売はメーカーへ店頭販売情報を提供するだけであり発注行為はしないのが通常である。そのかわりメーカーは小売から提供されたＰＯＳ情報を活用して将来の店頭販売量を予測し、その予測に基づいて自社の製造と在庫の管理および小売の在庫管理をする。メーカーから小売へどのようなタイミングでどれだけの量の商品を届け、その結果として小売の在庫量をどの程度に維持するか、といった一連の意思決定をすべてメーカーが実施するのがＶＭＩである。

　ＶＭＩによる効果は、ブルウィップにより過剰気味になっていたメーカー保有の在庫量が大きく削減されることにある（※8）。またＰＯＳ情報により実際の店頭における販売の変動に応じた無駄のない生産計画の立案も可能になるので、生産コストの削減も期待できる。さらに、メーカーにとっては小売との関係強化という、戦略的効果が非常に魅力的である。ＶＭＩを共同で構築した場合、小売側としてもそのメーカーとの協力関係を将来にわたって長期的に重視せざるを得なくなる。一方の小売にとっての効果であるが、数万点にもなる商品の在庫管理をメーカーに移管することによる人件費の削減がある。また、商品が実際に最終顧客に売れるまでは商品はメーカーの資産としておく、ということもＶＭＩではよく行われる。もしそうなると、小売資産の在庫金額は大きく削減されることになる。

キャンペーンなどの売り出しを仕掛ける時期はＶＭＩをうまく活用するチャンスである。キャンペーン前から小売とメーカーが協力し、期間中に店頭での欠品を極力少なくすることで売上を最大化するような製造、在庫と商品供給の計画を立案しておくのである。それらの計画についてあらかじめ合意しておくことで、例えばメーカーとしては事前に在庫を積み増ししておくとか、製造ラインを空けておくといった準備が可能である。キャンペーン期間中は店頭の販売情報を活用してメーカーが適切に商品を小売に送り込むことで欠品を最小化でき、一方の小売側は安心して売上最大化に向けて店頭における販売活動に注力することができるのである。

注意点を挙げる。まず重要なのは、ＶＭＩという仕組みを使いこなし前述のような効果を生み出す能力がメーカーにあること。そのような能力がない場合にはＶＭＩの継続は困難となる（※9）が、事前にその能力を量るのは容易でない場合も多い。また、一般に、ＶＭＩで効果を出すにはある程度以上の物量が必要といわれている。この基準となる物量はクリティカル・マスと呼ばれている。物量がクリティカル・マス以下の場合、いくらＶＭＩのような取り組みをしようとも、会社全体から見ればそれはごくわずかな量の商品に対して特別な作業をしていることになり、割高で非効率的な作業となりうる。このような場合、特にメーカーにとってのメリットは薄いものになる。いずれにせよ、どのような状況であろうともある程度の効果がメーカーと小売の双方にもたらされるような、工夫された仕組みの導入が必要となる。事例として、実際にＶＭＩを機能させている英国の大手小売テスコとあるメーカーとの取り組みを次に紹介する。

●テスコにおけるＶＭＩの事例

英国最大の小売業であるテスコにおける、自社ブランドである〝ヴァリュー〟シリーズの商品を対象としたＶＭＩの仕組みを紹介する。ここで取り上げる商品はヴァリュー商品の中の、低価格を売りにしたロングライフ・ジュースである。この商品は常温で保管できるジュースで、賞味期限が非常に長く、厳しい鮮度管理は必要としない。店頭では常に定価で販売されている。テスコはこの商品を英国内の、メーカー兼ボトラーである1社（仮に、A社とする）に全ての製造を委託している。A社にとっては、テスコは最大の顧客である。ここで紹介する事例はA社の拠点（工場と倉庫）とテスコのディストリビューション・センター（以降、ＤＣ）間におけ

図３－３　テスコとA社によるVMI

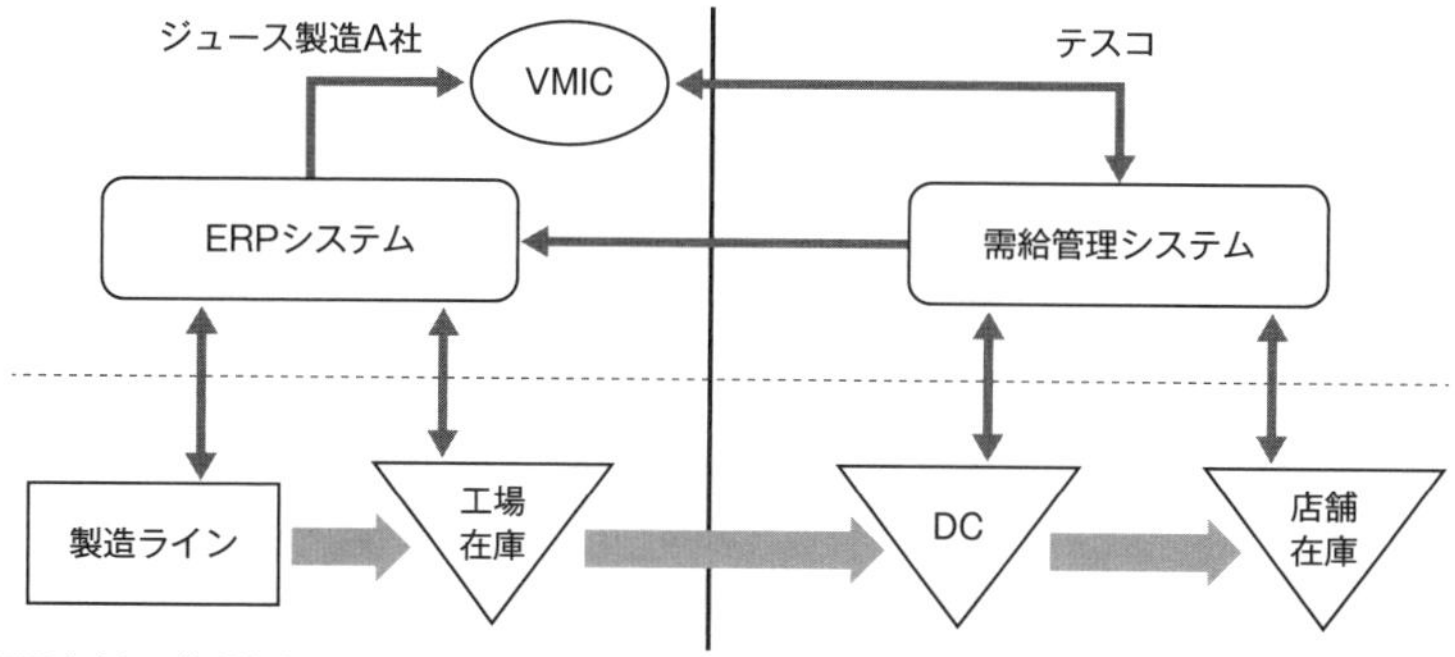

下記をもとに著者作成
※Potter A, Lalwani C, Hosoda T, Al-Kaabi H (2005) Vendor managed inventory in a grocery supply chain: What are the benefits? In : the 10th International Symposium on Logistics, 541–546.

るＶＭＩの取り組みである。図３－３はＶＭＩの全体を示す模式図である。

このＡ社とテスコとのＶＭＩにおいて最もユニークな点は、ＶＭＩといえどもテスコは依然としてＡ社に対して発注をしている点である。テスコはＰＯＳデータと在庫情報から発注量を自動的に算定し、Ａ社に対して発注をする。Ａ社ではＶＭＩコントローラー（以降、ＶＭＩＣ）と呼ばれる担当者が、テスコが決定した最初の発注量（以降、オリジナル・オーダー）を一旦、受け止める。「一旦」というのは、ＶＭＩＣは後でこのオリジナル・オーダーを変更することができるからである。

ＶＭＩＣに課されたタスクは、テスコＤＣにおける在庫日数を４～９日間分のレベルに維持することである。このレベルから逸脱した場合、

Ａ社はペナルティを受ける。このタスクを維持するためにＶＭＩＣにはオリジナル・オーダーを増減させる権限が与えられている。オリジナル・オーダーを増減するに際し、ＶＭＩＣは以下の項目を考慮する。

・当該商品の全国的売れ行き
・テスコＤＣにおける現在庫量
・Ａ社工場倉庫における現在庫量
・Ａ社工場における当該商品の生産計画
・Ａ社工場からテスコＤＣへのトラック積載率

例えばＡ社工場の在庫が過剰気味であった場合、オリジナル・オーダーを増加させテスコＤＣへ出荷してしまうことで、Ａ社の工場在庫を減らすということも可能なのである。別の例としては、Ａ社保有在庫ではオリジナル・オーダーを満たせない場合、オリジナル・オーダーを保有在庫で満たせる量にまで減らすこともある。いずれにせよテスコＤＣにおける在庫日数を４～９日間分のレベルに維持すればいいのである。また、トラック積載率を考慮してオリジナル・オーダーを増減させることもある。変更されたオリジナル・オーダーは、一旦テスコ側のシステムに戻され、再度、テスコ側から変更されたオーダーがＡ社へ正式なオーダーとして発注される。Ａ社は受注した正式なオーダーをＥＲＰシステムで処理し、在庫出荷指示の生成と

図３－４　Ａ社と主要顧客２社との関係

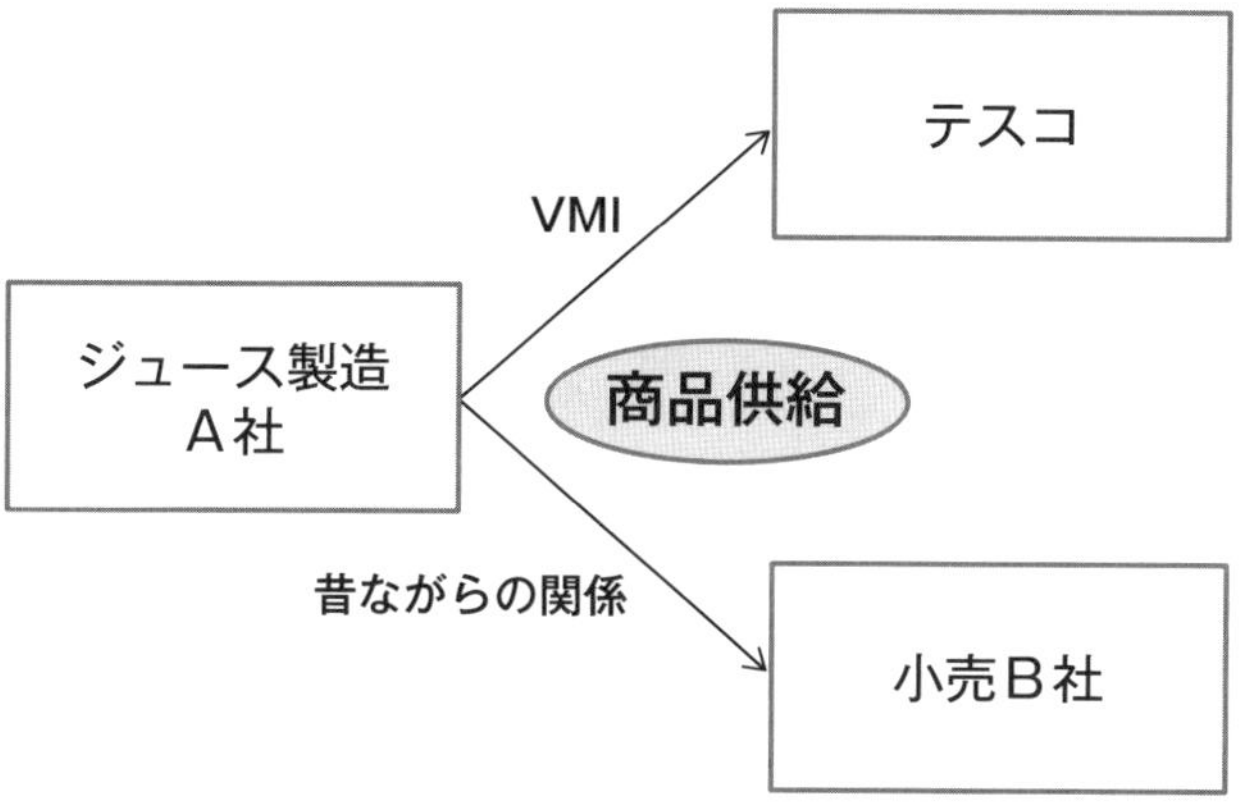

生産計画および資材・原料在庫計画へ反映している。

　このテスコ－Ａ社間のＶＭＩにおいて、テスコの役割は情報システムのインターフェース提供と、ＰＯＳ情報の提供である。テスコにとってのメリットは、在庫管理業務の移管による業務削減と、より効率的な在庫管理の実現である。安価なロング・ライフ商品であることから在庫量を減らすことよりは、いかに低い運用コストで店頭での欠品をなくすかがテスコにとってより重要であるが、このＶＭＩによって生産から販売まですべての情報を把握可能となったＡ社に管理を委託することで、より効率的に低い欠品率を実現することが可能となった。

　一方、このＶＭＩにおいてＡ社側のメリットは、テスコとの関係強化以外に何があるのだろうか？　新たにＶＭＩＣを置いたことによるコスト増は、何によって補填されているのであろうか？　我々が調査した結果、Ａ社側のメリットは当初想定していた程には大きくないことが判明した。

Ａ社にとっての効果が小さい理由の一つに、Ａ社の別の顧客、小売Ｂ社の存在がある。Ａ社は小売Ｂ社に対してもＢ社ブランドのロングライフ・ジュースを製造し供給していた。

小売Ｂ社とＡ社の間は、昔ながらの関係、つまり小売Ｂ社が必要な時に必要な量をＡ社へ発注する、というものであり、相互に協力する関係ではなかった（図３－４）。

小売Ｂ社からの発注の量とタイミングは店頭での販売とはあきらかに異なるものであり、そのような発注が年間を通じて数多く観測された。つまりブルウィップが発生していたのである。小売Ｂ社からの大きなブルウィップにより、テスコとのＶＭＩの取り組みによって生じた効果がかき消されてしまった可能性は高い。このＡ社の場合のように、複数の顧客の一部とだけＶＭＩに取り組んでも、ＶＭＩによる効果は残りの顧客への非効率な対応によって薄まってしまう可能性があるのである（※10）。

テスコ－Ａ社間のＶＭＩが仕組みとして巧みなのは、Ａ社にとって最低限のメリットが出るように、もう一つ別のしかけも導入されていた点である。そのしかけは、ファクトリー・ゲート・プライシング（以降、ＦＧＰ）と呼ばれているものである。ＦＧＰとは、商品は工場のゲートを出た時点で輸送コストを含まない価格（つまり、ファクトリー・ゲート・プライス）でテスコ側が買い取り、その後の輸送コストはテスコが負担する、というものである。従来はＡ社からテスコＤＣまでの輸送についてはＡ社が管理し費用負担していたが、ＶＭＩ開始を機に管理と費用負担はテスコへと移管された。これにより、Ａ社は出荷に関しての輸送業務から解放されたのである。また、テスコはＤＣまでの輸送について自社で管理できるようになったことにより、より少ないトラック台数で効率的な輸送を実現する可能性ができた。

　ＶＭＩだけではＡ社にとってのメリットは、小売Ｂ社からの影響もあり、全くなかったかもしれない。Ａ社にとってはＦＧＰのおかげでロジスティクス部門を縮小することができ、新たな負担であるＶＭＩＣへ資源を配分することが十分に可能となったのである。また、全ての意思決定をＩＴで完全自動化するといったことを無理にせず、意思決定プロセスのキーとなる部分を柔軟な対応が可能な人間（つまりＶＭＩＣ）に担当させた点も評価すべきである。複雑な要因がからむ意思決定を自動化しようとしていたら、システム開発だけで相当のコストと時間を浪費していただろう。このように、新たな企業間の協力関係を結ぶにおいて、関係する当事者の状況に合わせてなんらかの効果が必ず生じるシンプルな仕組みを新たに考え運用する、という姿勢は見習うべきであろう。

3. サプライチェーンを成功に導く3つの〝I〟

たとえ同一企業内であっても、異なる事業部間で同じ目的に向かって協力するということはなかなか難しいものである。よって歴史や規模、企業文化や慣習が異なる企業間で協力関係を築くということは、一般に非常に大きな困難を伴うことが多い。サプライチェーン・マネジメントにおいて協力関係を築くには次の3つの〝I〟が少なくとも重要であることを理解しておく必要がある。

●最初のI：Initiative

最初にどの企業がどのような態度で協力関係の構築を言い出してプロジェクト全体をリードしていくのかによってサプライチェーンの協力関係が実現するかどうかの可能性が大きく異なってくる。つまり、どの企業（あるいは事業部）が改革のイニシアチブを執るのか、である。

例えば、近年では小売サプライチェーンにおいては小売が大きな影響力を持っていることが一般的である。影響力の大きい小売がイニシアチブを執って改革を進める場合と、相対的に影響力が小さいメーカーが執る場合では、どうしても前者の場合の方が進展のスピードも早く成功の可能性も高くなる。先に事例として挙げたバリラのケースにおいても、メーカーであるバリラがイニシアチブを執ろうとしたことがそもそもの失敗の原因であったとも言えよう。

企業の中の誰がイニシアチブを執るのかという点も非常に重要である。サプライチェーンにおける協力というのは、従来の企業間のビジネスのやり方を大きく変更する、という側面を必ず持つ。よって、そのような大きな話をするにあたっては、ふさわしい職位の人がイニシアチブを執るということが非常に重要となる。「新しいビジネスのやり方に移行しましょう」という話が取引先にできるのは、一般には社長クラスの人である。これは協力を依頼する側だけでなく、協力を受ける側でも同じである。トップ同士が合意して初めて協力関係が構築できる可能性が生まれるのである。新しいビジネスのやり方に移行する、ということに対して、必ず社内で反対する人たちが出てくる。それを乗り越えて会社全体、そしてサプライチェーン全体を取りまとめるのができるのは、各企業のトップ、あるいはそれに近い人である。

●2つめのI：Incentive

次に重要となるのはインセンティブである。協力する、ということは協力する側にとっては新たな負担（初期投資やランニング・コスト）の発生を意味することを忘れてはならない。サプライチェーン・マネジメントに参画することで、どのような仕組みでどれだけのメリットが享受できるのか、という点について明確であればあるほど相手企業のインセンティブは高まり、協力関係が実現する可能性は高くなる。ここでのメリットは、なにも金銭的なことだけを意味しているわけではない。例えば、主要顧客との関係強化、などといった目に見えない定量化が難しいものも含まれる。

しかし、同じサプライチェーンの中で企業間のインセンティブが対立してしまう場合も多々ある。例えば、売れ残りによる損が大きな商品（ファッション性の高い衣料）について考えてみる。小売側からすると、売れ残りの量があまりに多いと損が膨らむので、あまり多くの量は仕入れたくない。しかし、メーカーからすると、できるだけ多く仕入れてもらって店頭に陳列してもらわないと売れるものも売れない。この対立を解消する為に、どのような契約を小売とメーカーの間で結んでおくと良いか、という契約についての研究が最近進んでいる。代表的なものに買い戻し契約（buy-back contract）がある。これは、売れ残った商品による損を恐れている小売に対し、メーカーは売れ残った商品をある価格で買い戻すことを事前に約束する。そうすれば、売れ残りによるリスクが小さくなった小売はより多くの商品を仕入れるようになる。結果として店頭に商品在庫が増えたことにより欠品が減り結果として小売の売上と利益が増え、同時にメーカーにとっても小売からの仕入れ量が増えることで売上が増え、仮に買い戻しをしたとしても利益も増える、というものである。どのような状況においていくらで買い戻しをすればどの程度の効果があるのか、という点については現在様々な研究が進められている状況である。

●3つめのI：Infrastructure

最後のＩはインフラストラクチャであるが、前の２つと同程度に重要である。ここでのインフラストラクチャは広い意味で「協力関係を築くために必要となる基盤」という意味で使われている。サプライチェーンに参画するそれぞれの企業や組織にどの程度の基盤が整っているか、そしてそれらの基盤がどの程度相互に調和しているかが協力関係を築くにあたって重要なポイントとなる。基盤には３つの種類がある。ＩＴの基盤、信頼関係の基盤、戦略の基盤である。

－ITの基盤：サプライチェーンに参画する各企業が最低限のＩＴをすでに保有し活用しているということが、協力関係構築において重要なポイントとなりうる。特に、高度なことを施行しようとすればするほど企業間をオンラインで結ぶということが必要になってくるが、その場合、想定しているネットワークに自社のＩＴが対応できるのかどうか、そして共有を想定している情報がすぐに取り出せるように電子化できているか、などといった点が重要となる。どの程度の基盤整備を必要とするかについては実現しようとするサプライチェーンの仕組みにもよるが、この部分がネックとなってとん挫してしまったプロジェクトも多い。

－信頼関係の基盤：力による強力な上下関係が無い限り、サプライチェーンの成功には相互の信頼関係が不可欠である。サプライチェーンにおいて信頼関係が生まれる要因には次のものがある。まず会社規模。協力関係を構築し維持するには、ある程度のリソース（人、時間、資金など）の投入が必要となる。そのような余裕があるかどうかが重要となる。また、サプライチェーンにおいては常に予期せぬ問題が突然起こりうる。何か起きたときに解決に向けてある程度のリソースを投入できる会社同士でないとなかなか信頼関係を結ぶことはできない。投入可能なリソースの程度は一般に会社規模に比例する。次に取引量。ここでの量とは金額と数量の両方を含む。クリティカル・マスを超える取引量があれば、協力関係を結ぶ意味も出てくるし、お互いに効果を享受できる可能性があり、結果として信頼関係を結ぶことも可能である。ある程度の取引量がないと、お互い様と思える関係になりにくいのである。最後に、これまでの取引を通じて信頼関係を構築できているかどうか、という点が重要である。キャンベル・スープ（※11）とバリラのケースを対比するとよくわかる。どちらもメーカー主導でＶＭＩを新たに導入しようとするケースであるが、キャンベル・スープは卸と友好的な関係を従来から続けてきた恩恵で、メーカー主導であってもＶＭＩに向けてプロジェクトを容易に進展させることが可能であった。一方のバリラであるが、キャンベルのような友好的な関係を築いていなかったため、いくら金銭的効果を前面に出してもＶＭＩに協力してくれる卸はなかなか現れなかったのである。キャンベル・スープのケースは、信頼の基盤があればイニシアチブの点で不利であっても協力的なサプライチェーン・マネジメントの実現は可能であることを教えてくれている。

戦略の基盤：例えば、在庫をできるだけ多く持つことが競争優位の必要条件である、という考えの会社は少なからず存在する。一方で、過剰な在庫は悪である、という考えの会社も多い。どちらの企業も顧客価値を高めることが重要という点では一致していたとしても、前者の企業は、品揃えや欠品が無いことが顧客価値を高めると考えており、後者はできるだけ低価格で商品を提供することが顧客価値を高めると考えている。つまり目的の実現方法となると全く異なる考えを持つという場合である。この両社が、在庫削減という目的で協力するということは容易ではないであろう。これはマーケットにおける企業のポジショニング、つまり企業戦略の基盤がそもそも違うのであり、どちらが正しいか、という問題ではない。このような場合は協力の糸口を見つけることさえも困難になりやすい。このような事例がある一方、企業戦略が合致すれば、サプライチェーンによる経済的効果が事前にそれほど明確でなくても協力しあうというケースもある。先に事例として挙げた、テスコとＡ社の事例がまさにその例である。

●テスコにおけるVMIの3I分析

図３－５は、テスコとＡ社のＶＭＩについての取り組みをこれまで説明した３Ｉ’ｓに従って整理したものである。どのＩについても望ましい条件がそろっていたことがわかる。ではそも

図３－５　テスコとA社のVMIについての3I分析

Initiative	●サプライチェーンの中で最も大きな影響力を持つテスコがイニシアチブを執った。
Incentive	●テスコにとっては在庫管理業務を移管できるというメリット以外に、ジュースの販売動向に深い知識を持つA社に在庫管理をまかせることで在庫コスト削減も期待できた。 ●テスコにとってはFGPによる輸送コスト削減の可能性があった。 ●最大顧客であるテスコとの関係強化は、A社の戦略上非常に重要であった。 ●A社はFGPの導入によりロジスティクス部門を縮小することができ、VMICの負担増は結果的にコスト増にはつながらないと判断できた。
Infrastructure	●導入するITはテスコが自社開発したものであり、A社の要望があれば細部の変更までテスコ内部で比較的容易に対応することができた。 ●VMI開始前からテスコが開発したTIEを活用していたこともあり、すでに十分なITと活用のノウハウをA社は保有していた。 ●TIE導入時からテスコとA社は信頼関係を持続していた。 ●テスコとA社はお互いに協力してサプライチェーンのコストを下げると同時に売上も伸ばす、という点で目標が合致していた。

そも、なぜこのような条件がそろったのか？　このような結果になったその源泉はなんだったのだろうか？

　１つには、テスコのＶＭＩに臨む姿勢があるであろう。テスコは取引先に提供する情報システムの多くを自社開発している。このことにより、テスコのシステム担当は自社システムに詳しいだけでなく、取引先の要望を必要となれば速やかに反映することが可能である。ＶＭＩの成功事例をいろいろと調べてみると、取引先の要望に従ってシステムのアップグレードを頻繁にしている場合が多く見受けられる。また、システムを自社開発しているということは、ＶＭＩに対しての本気度を意思表示していることでもあり、結果として取引先からもヤル気を引き出すことにつながる。また、テスコの一貫した協力的姿勢というのも重要な点であろう。長期的でかつお互いのメリットを意識しつつ、常に協力的な姿勢でリーダーシップを執りながらＡ社とＶＭＩ構築を進めたことが、ＶＭＩが今でも継続的に運用されている大きな理由であろう。

　本章における一貫したメッセージは、いわゆる紋切型の仕組みを導入してもサプライチェーンの改革を成功に導くことは難しい、という点である。現状を把握した後に、自社と相手先企業との実態に合致した独自のシンプルな仕組みを考え、その仕組みを実現するのにふさわしい手段を選定して効率的なサプライチェーンを協力的に構築する、という姿勢をぜひ実践していただきたい。

第2章 エリアマーケティング

1. エリアマーケティングとは

日本の小売業界におけるここ数年の特徴として、人口が減少しているのに対して全国における店舗総面積は増加し続けているという点が挙げられよう。つまり店舗の供給過剰状態となっているのである。その結果、限られたパイをめぐって業態・業種を跨いだ競合が行われており、競合は複雑化・激化の一途を辿っている。このような状況においては、勘や経験だけではもはや店舗の売上や利益を最大化することは期待できない。そこで注目されてきているのがエリアマーケティングである。エリアマーケティングの定義には様々なものがあるが、本章では、エリアマーケティングを「地域の顧客、地域の競合、自店の特徴についての定量的定性的情報に基づき、売上を最大化する基本政策を策定・実行し、検証するまでの一連の活動」と定義する。

図3－6　エリアマーケティングの手順

①オープンデータによる地域特性の把握
↓
②調査の設計と実施
↓
③調査結果の分析
↓
④基本政策の策定
↓
⑤アクションプランの立案
↓
⑥アクションプランの実行と検証

●手順の概要

エリアマーケティングは、既存の店舗（以降、既存店）に対して実施する場合と、これから新規の出店（以降、新店）の計画段階で実施する場合とでは具体的な手法や手順は異なってくる。しかしながら、主な手順はどちらの場合も図3－6のように整理することができる。

個別店舗のエリアマーケティングは、主に営業部門などマーケティングに関する部署主導で実施される場合が多いが、エリアマーケティングから得られるものは様々な部署で活用することができる。例えば、個別店舗の品揃えや、複数店舗を包含するエリアの問題解決やドミナント戦略、共同販促などの検討などである。よって営業部門だけでなく他の部署、例えば商品部門や開発部門にも役立つ調査と分析をするよう

図３－７　部署別エリアマーケティング活用例

部署	既存店	新店
店舗	●チラシ配布エリアや販促の改善 ●MDや売場の改善 ●競合店対策 ●活性化	●チラシ配布エリアや販促の立案 ●MD政策・売場の構築 ●競合店対策立案
マーケティング統括部門	●全店、エリア別の大きなトレンドの把握 ●比較基準データの整備 ●個店の顧客構成、購買活動、営業数値の定点観測	
エリア管轄部門	●ドミナント戦略 ●エリア戦略	●新規出店戦略
開発部門 デベロッパー部門	●店舗分類 ●活性化	●売上推定 ●エリア分析

に配慮しておくことは、部署を跨いだシナジーの醸成を勘案するために重要である（図３－７）。以降では、店舗にフォーカスすることとし、本章では既存店に対して実施する手順について説明をする。

●適切なタイミングについて

エリアマーケティングの実施タイミングについては、店舗ライフサイクルの中の各段階に応じた課題を把握し、それに応じた適切な調査を実施することが望ましい。例えば、ショッピングセンター（以降、ＳＣ）の場合、出店前の商圏調査、定期的な（通常年１回）の来店客調査、出店後決められた年数でテナントとの契約が満了となることによる活性化調査といった流れが、店舗のライフタイムバリューの最大化につながることとなる。

2. エリアマーケティングの手順：既存店の場合

すでに営業している店舗（以下、既存店）における顧客は2つの種類に分類することができる。それらは、すでに来店していただいている顧客（以降、来店客）と、商圏内に居住されているにもかかわらず、なんらかの理由でまだ来店されたことがない潜在的顧客（以降、非来店客）である。非来店客には、過去には来店していたが現在は来店していない顧客も含めることとする。来店客に対しての調査は店頭で実施が可能であるが、非来店客に対しては別の方法でアプローチをせざるを得ない。また、調査の目的が来店客と非来店客とで大きく異なるので調査内容も別のものとなるのが通常である。そこで以降では、まず来店客への調査（以降、来店客調査）について、図3－6の順序に従って具体的に説明する。その後に、非来店客についての調査（以降、非来店客調査）について説明をすることとする。

●既存店における来店客調査手順

（1）オープンデータによる地域特性の把握

オープンデータとは、国などの公的機関により調査され公開されている情報である。図3－

図３－８　主なオープンデータの種類

オープンデータの種類	データの内容	エリアマーケティングにおける活用例
国勢調査	人口・世帯数	人口・世帯数の増減傾向、分布の状況を把握。
	年齢構成	どの年齢が多いのか、また全国、県の傾向と比べてどういう特徴があるのかを把握。
	世帯人員・家族構成	世帯人員、家族構成、世帯主年齢別家族構成の特徴把握（全国、県の傾向との比較など）。
	住居形態	住居形態（持ち家、公営、公団・公社の借家、給与住宅）、住居種類（一戸建て、長屋建て、共同住宅）の特徴把握（全国、県の傾向との比較など）。
	産業	居住者がどういった産業に就業しているのかの把握。
	女性有職率	女性の有職率の把握。
	通勤・通学の状況/流出・流入	どの地区からどの地区に通勤・通学しているか。
	昼夜間人口	居住エリアであるのか、通勤エリアであるのかの把握。
住民基本台帳	人口・世帯数・平均世帯人員	最新の人口・世帯数の増減傾向、分布の状況を把握。
	人口増減の推移	経年で足元、該当都市の自然増減、社会増減を把握。
	可住地人口密度	人口密度が全国、県平均比でどの程度かを可住地ベースで計る。
商業統計	小売業売場面積推移	小売業売場面積と伸び率の把握、1㎡当り人口の全国、県平均比により競合環境の厳しさを把握。
	小売業年間販売額推移	販売額の推移により、マーケットのトレンドを把握。
	商業力指数の推移	商業流入エリア・流出エリアかの把握（当該都市の人口1人当りの小売販売額が、県人口1人当りの小売販売額に比してどの程度増減しているかを表す。商業力指数が100を上回っていれば、周辺の都市から吸引力があって商圏が広いことを意味し、逆ならば他都市へ流出していると考えられる）。
	商業人口の推移	商業人口とは買物人口がどの程度かを示す。商業人口＝当該市区町村の年間小売販売額÷（県年間小売販売額/県行政人口）で算出（当該市区町村の人口に商業力指数を乗じ100で除した数値）。
家計調査	家計消費支出	1世帯当り支出金額の把握。総支出金額、シェアの算出などに活用。
住宅土地統計調査	世帯年収	年収区分別の世帯分布の把握。
2010年市町村税課税状況の調査	1人当り課税対象所得額	市区町村別の納税義務者における、1人当り課税対象所得額を把握（全国、県の傾向との比較など）。
建築統計年表	新設住宅着工戸数	新設住宅着工戸数の把握。
市区町村別自動車保有台数（国土交通省自動車交通局）・市区町村別軽自動車車両数（全国軽自動車協会連合）	車保有率	乗用車および軽乗用車の保有状況の把握。

図3－9　人口メッシュマップの例

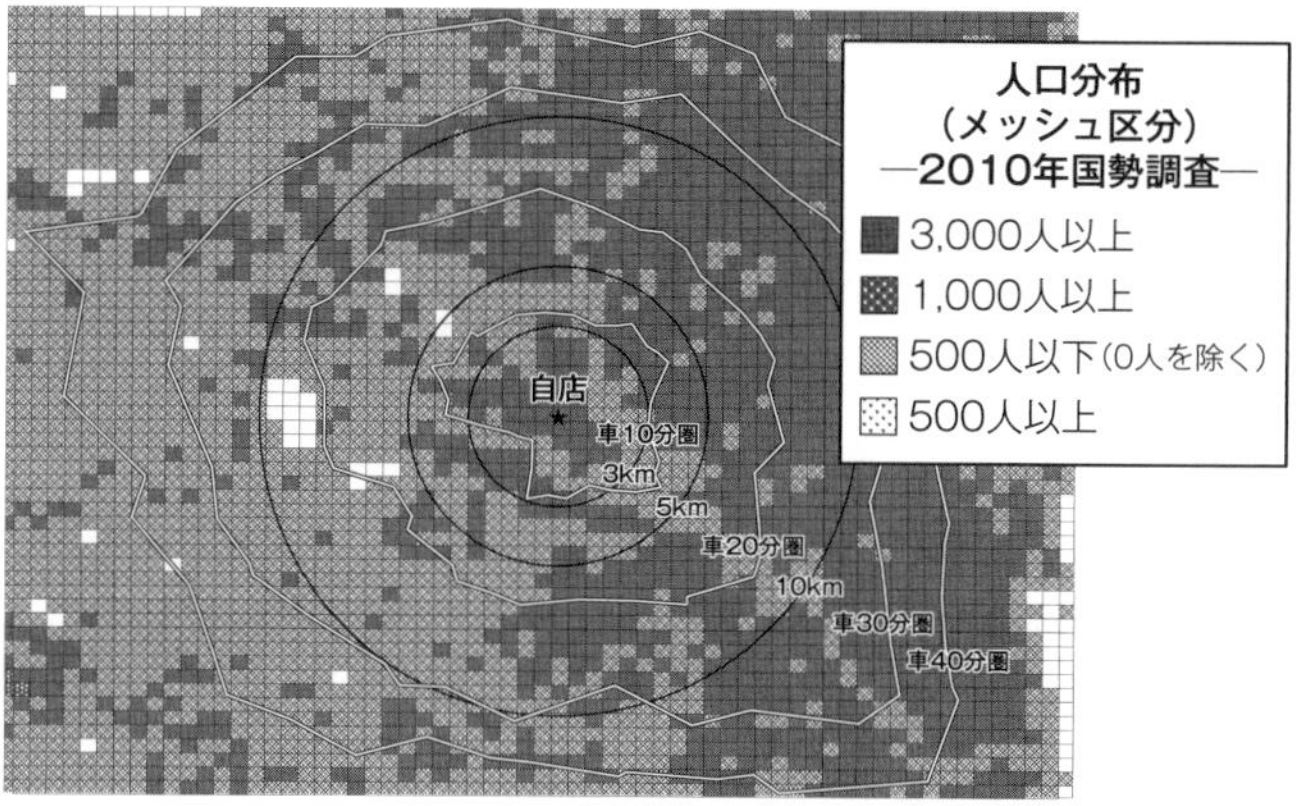

8にオープンデータの種類と内容、活用例を示す。例えば、当該エリアのどこにどのような属性の人がどの程度居住しているか、また小売業売場面積から他社の出店規模を把握することができ、次の段階となる調査設計に活かすことができる。

　地理情報システム（Geographic information system、略してGISと一般に呼ばれる）を用いることにより、前述のオープンデータを地図上にグラフィカルに表すことができる。図3－9は500m四方の各マス目にどの程度の人口がいるかを色分けした例である。この事例では、自店（中心部分）の周辺に人口が比較的多いことがわかる。さらに細分化し、どの世代がどの地域にどの程度住んでいるかといった世代別人口のデータを図に変換することで、世代別地域別

図３－10　その他やるべき事項

時期	内容
調査設計	調査日時の決定
	調査人員の確保（店舗スタッフのシフト調整やアルバイトの募集）
	調査人員への事前教育（目的や調査方法の統一、応酬話法など）
資材準備	調査資材の手配（机・椅子・筆記用具など）
	粗品の手配
	アンケート調査票の準備（印刷など）
調査時	会場の設定（机・椅子、筆記用具、アンケート用紙、粗品などの配置）
	調査員への説明・調査後半でのモチベーション管理
	アンケート取得状況の確認（計画通りのサンプル数が取れているか、調査員の声掛けに偏りがないかなど）
	その他、不測事態への対応（調査員のドタキャンなど）

の販売戦略を考える際の資料を作成することも可能である。

(2) 調査の設計と実施

調査においては、調査票の設計とサンプリングが非常に重要となる。事前に計画し、考えておくべき事項を図３－10に示す。

来店客調査の調査票設計のポイントは、主に4点ある。図３－11に調査票の具体例を示す。

① 調査目的を反映した設問設定

調査の目的を明らかにし、それを実現するための設問を設定することが重要である。何となく知りたい、という理由だけで設問を盛り込むことは、調査のコストが高くなるだけでなく、本来の調査の目的が達成できなくなる可能性もある。

図３－11　調査票見本

お客さまアンケート

Q1　お客さまの年齢を教えてください（1つだけ）。

①12～14才　②15～18才（高校）　③19～24才　④25～29才　⑤30～34才
⑥35～39才　⑦40～44才　⑧45～49才　⑨50～54才　⑩55～59才
⑪60～64才　⑫65～69才　⑬70～79才　⑭80才以上

Q2　本日は、お客さまを含めて何人で来店いただきましたでしょうか？（1つだけ）。

①１人　②２人　③３人　④４人　⑤５人　⑥６人以上

Q3　ご自宅から当ショッピングモールまでの、普段の主な交通手段を教えてください。

①徒歩のみ　②自転車　③バイク　④自動車　⑤シャトルバス　⑥タクシー

Q4　当ショッピングモールに来られた目的をお教えください。

①お買い物（衣料品・雑貨・家具・家電など）　②お買い物（食料品・日用消耗品など）
③ウィンドウショッピング　④ランチ・カフェ（昼）　⑤ディナー・飲酒（夜）　⑥シネマ
⑦遊ぶ（ゲームセンター・スポーツ施設など）　⑧学ぶ（カルチャースクールなど）
⑨癒す（リラクゼーション、エステ・美容、風呂・スパ、健康など）　⑩病院　⑪その他

Q5　当ショッピングモールにお越しになる頻度をお教えください。

①週に2回以上　②週1回　③月2～3回　④月1回　⑤2～3ヶ月に1回　⑥半年に1回　⑦初めて

Q6　大型の商業施設で当ショッピングモール以外に利用されるのはどこですか（いくつでも）。

①競合店A　②競合店B　③競合店C　④競合店D　⑤競合店E　⑥その他（　　　　　　）

Q7　本日、当ショッピングモールでどのくらいの時間を過ごされましたか。

　　　　　分

Q8　本日、当ショッピングモールでお買上の金額をお教えください。

	衣料	食料品	住居関連	飲食	アミューズメント	サービス
買上金額	十万 万 千 百　00円	十万 万 千 百　00円	十万 万 千 百　00円	十万 万 千 百　00円	十万 万 千 百　00円	十万 万 千 百　00円

Q9　当ショッピングモールのセール・イベント等の情報はどのようにしてお知りになりますか（いくつでも）。

①　②　③　④　⑤　⑥　⑦　⑧雑誌

ご協力ありがとうございました

②回答者の負担への配慮

設問のわかりやすさと回答に要する時間について配慮することが重要となる。設問のわかりやすさについては、文章のわかりやすさだけでなく、設問の順序、フォントサイズや調査票全体のレイアウトなどのデザイン面にも気を配る必要がある。時間は、設問数と回答方法（選択式か記述式か）に大きく影響を受ける。来店客の時間を必要以上に取らない調査票とすべきである。途中で回答拒否にならないように、回答に要する時間はできるだけ10分を超えないようにすることが望ましい。

③設問の標準化

いくつかの設問を標準化し、同じ設問を複数の店舗での調査に使用することで、他の店舗との比較ができるようになる。一方、設問を標準化するということは、店ごとの具体的な課題については対応しきれなくなることを意味する。使用目的により標準化の程度を判断すべきであろう。特に近年においては、競合する相手が従来から急速に変化してきており、その変化を把握し対応する為には、設問の変更や追加について常に考慮しなければならない場合が増えてきている。

④サンプリング

調査設計において重視すべきことの1つとして、サンプル計画が挙げられる。まず母集団

図３－12　サンプル曲線例

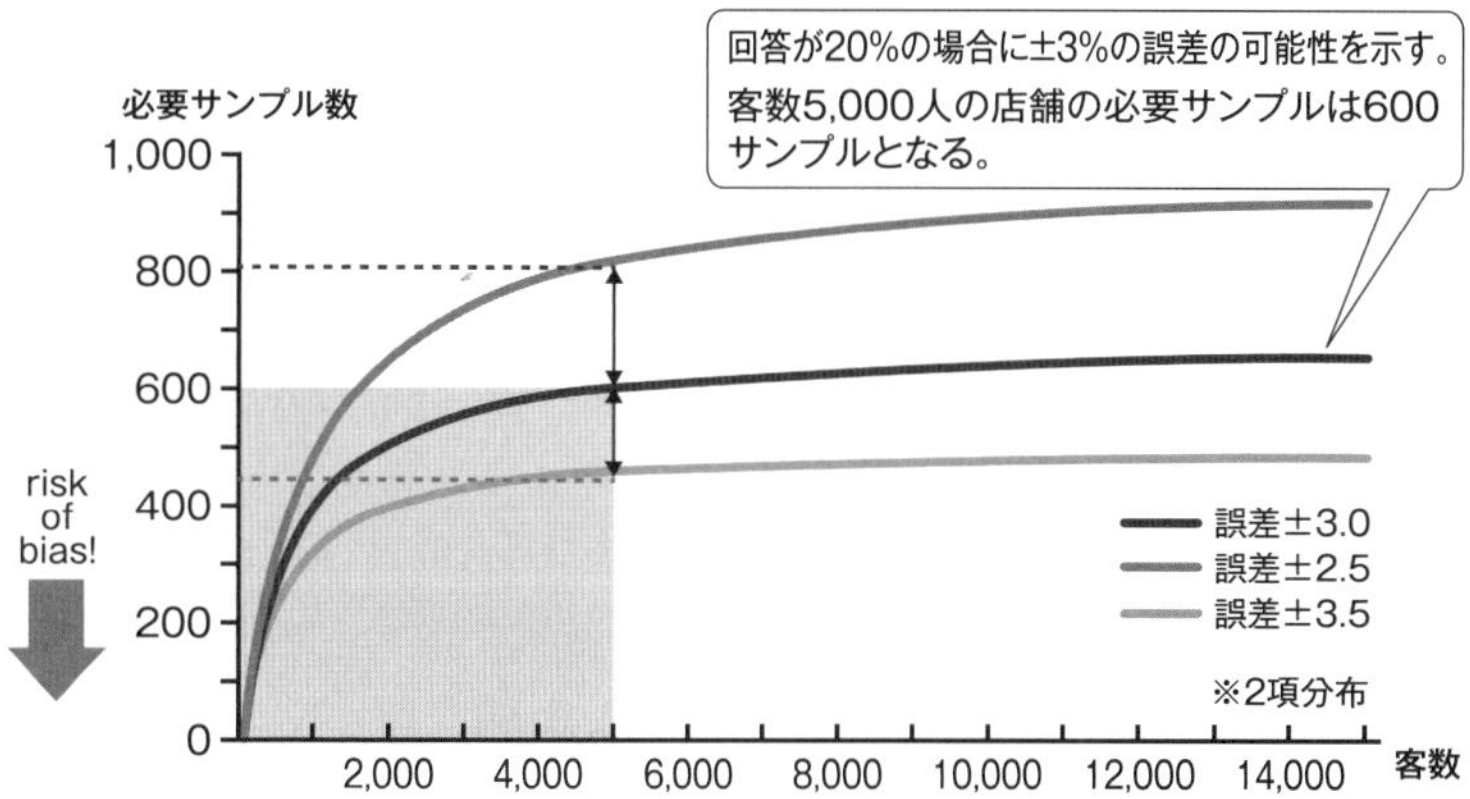

（※12）を特定し、その母集団からどのように、またどの程度のサンプル数を抽出するかを検討する。母集団を1日当たりの来店客数全体とし、その客数に応じて必要サンプル数を設定する。客数データが無い場合は、アンケート調査の前にまず客数の計測を実行して来店客数を把握することが望ましい。

調査の精度を上げるにはサンプル数を大きくすることが必要である。限られた調査費用の範囲内で実施する際には、サンプル曲線における、カーブが緩やかになるポイント（サンプル数を増やしても精度の上昇が限定的になるポイント）にサンプル数を設定することで、費用対効果の高い調査をすることが可能である（図３－12）。

サンプル数を決定した後、既存店内のどの場所でどの程度のサンプル数を取得するかを計画する。「どの場所で」というのは意外に重要である。例えば、自転車置き場近くの店舗入口で調査が行われた場合、サンプルが自転車で来店した近隣の顧客のみに偏る可能性が高くなる。結果として、商圏は意外に狭かった、といった間違った結論を導く可能性がある。さらに、自転車で来店した客は自動車で来店した客よりも一般に購買金額は少なくなるので、購買金額も想定より小さかった、と結論づけてしまうことも大いにありうる。このような偏ったデータを分析し結果を導きだしても、それは実態を正確に反映していることにはならず、適切なものとは言えない（図3－13）。

　別のことが原因でデータが偏る場合もある。カード会員になっている来店客についてはすでに入会時に店側が把握していることもあり、調査のしやすさの点から調査対象をカード会員のみに限定するケースが見受けられる。しかしながら、この方法が有効となるのはカード会員全体が来店客全体を代表している場合のみである。カード会員メンバーに何らかの偏り（年代や性別など）がある場合、カード会員のみを調査・分析して判明した結果は、来店客全体の傾向や特徴を捉えているとは言えないので注意が必要である。

図３－13　バイアスの例

無作為抽出（ランダムサンプリング）

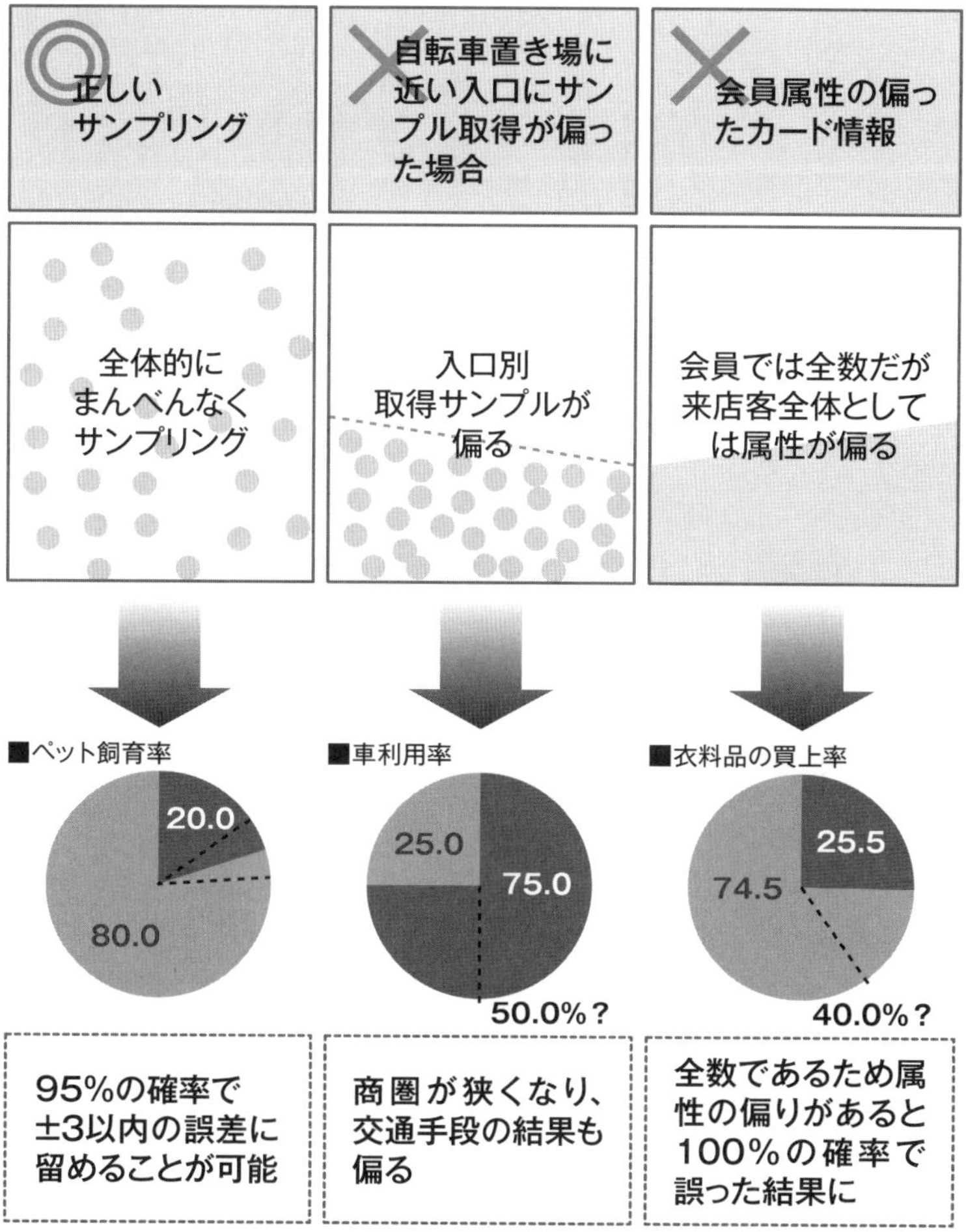

（3）調査結果の分析

①商圏定義

商圏を定義する、というのは、どの地域から顧客が来店しているかを明確化することである。商圏定義の仕方の代表例として「80パーセンタイル商圏」を説明する。80パーセンタイル商圏は来店客調査等の結果を用いて、自店から近い順に来店客を並べた際に、累計で80％に当たる人が居住している地区が車時間で何分圏に当たるかを測ったものである。つまり8割の顧客が来店している範囲が車時間でどの程度かという指標である。一般に、「A店の80パーセンタイル商圏は車15分圏」などと表現する。

図3－14の例では、車時間距離で30分圏の時点で来店構成比が80％を越えているため、80パーセンタイル商圏は車30分圏となる。

②客層・購買行動の把握

来店客の年齢、家族構成などのデータと、商圏内居住者のオープンデータとを比較することで、来店客と居住者の間にどの程度差異があるかを把握することができる。顧客のニーズと、自店の商品構成やプロモーションとの間のミスマッチを発見することが可能である。

図3－15および図3－16を使って、実際の例を示す。居住者には60代が多いものの、自店への来店は少ないという結果が判明した（図3－15）。その要因を探るに当たり様々な調査デー

図3－14　80パーセンタイル商圏の例

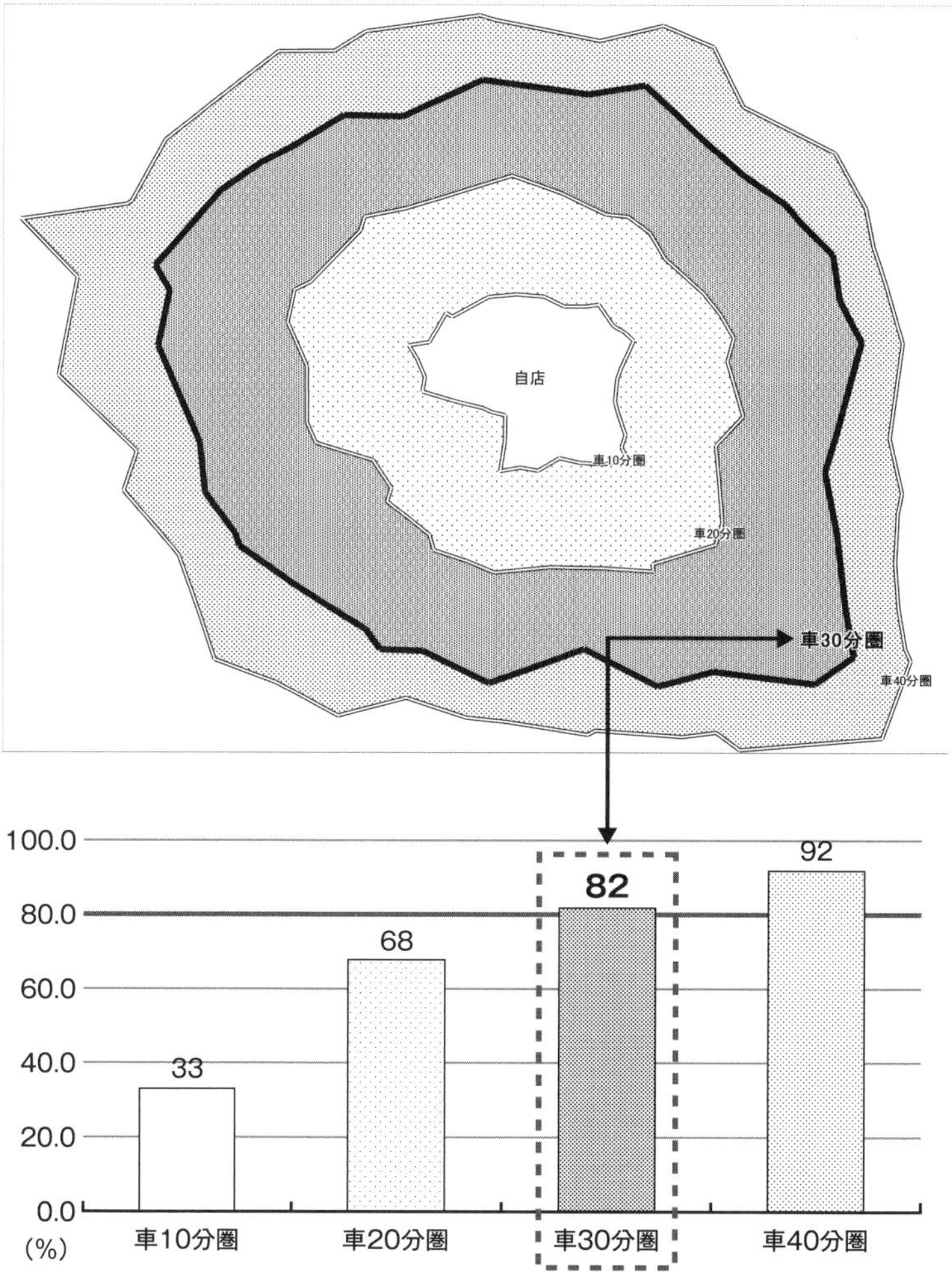

タを分析したところ、60代来店客の衣料品売場への立寄率が全体に比べ低いことが判明した（図3－16）。また、他の調査データでは、60代来店客は、衣料品においてはC百貨店の利用が多いという結果も出ており、60代向けの衣料品の品ぞろえに課題があるのではないかという仮説を立てた。それを受け、この店舗ではシニア衣料品強化による60代の集客力向上を検討している。このように、年齢や年代別立寄率など、複数の項目に共通する傾向を見出し、仮説を立てることが重要である。

③競合環境の把握

競合環境の把握の具体的な方法として、最初にシェアマップを作成する。図3－17にシェアマップの例を示す。シェアマップとは、地区別の自店の売上シェアを地図上に表現したものである。地区別のシェアとは、来店客調査で得られた地区別購入金額を基に自店の年間販売額を各地区に振り分け、それをオープンデータである地区別総支出金額で除した数値である。この結果を活用して、ＧＩＳにより自店の地区別シェアを可視化する。衣料、食品、住居等の商品ライン別や、更に細分化した商品カテゴリー別にシェアを算出することで、自店の強み弱みを把握することもできる。また、地区別シェアを競合店の立地と照合・確認することにより、どの競合店に対し、どの商品が相対的に弱いかなど、競合の状況をより具体的に把握することができる。

図３－15　客層の把握　オープンデータと来店客調査結果による比較

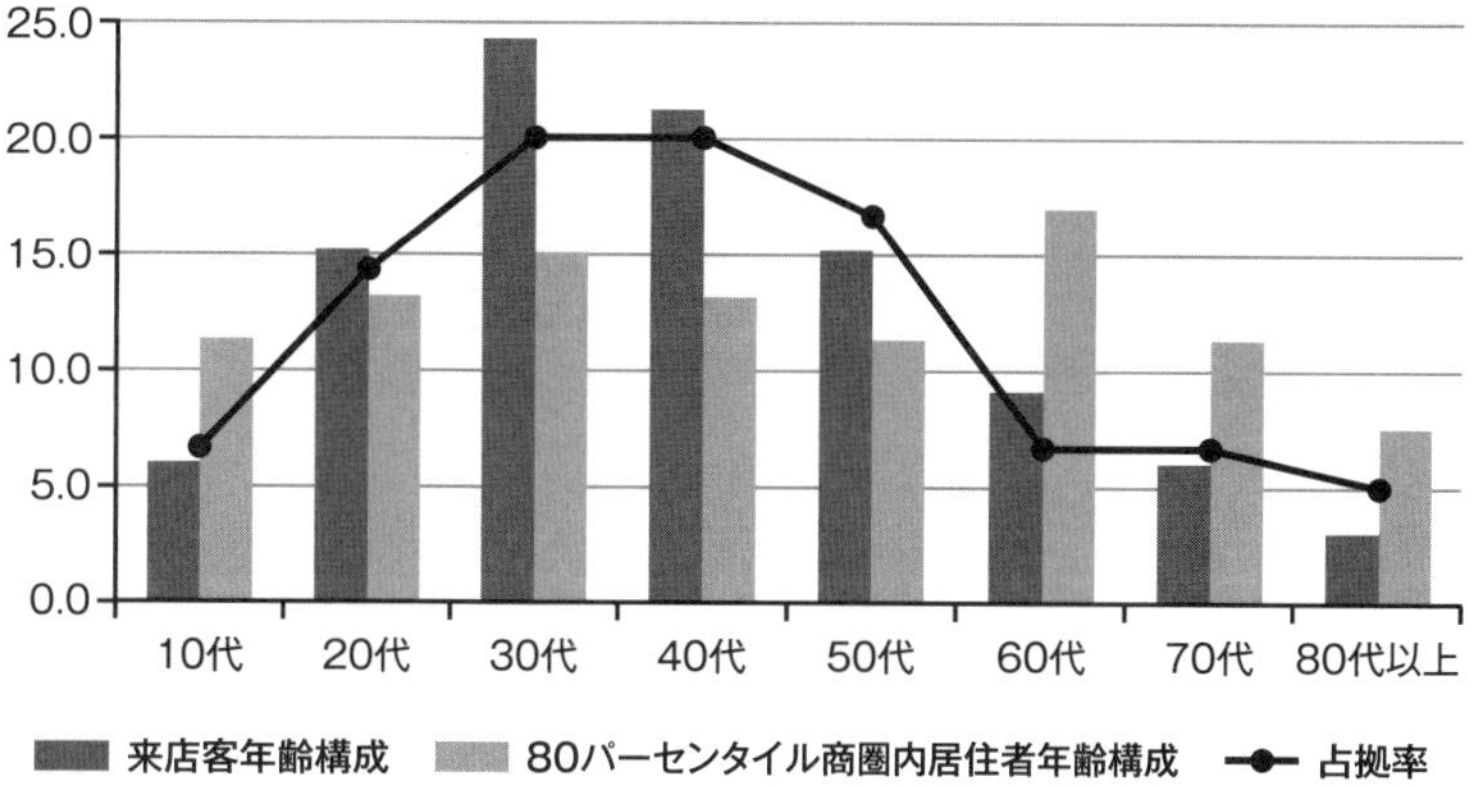

図３－16　客層の把握　客層別売場別立寄率の例

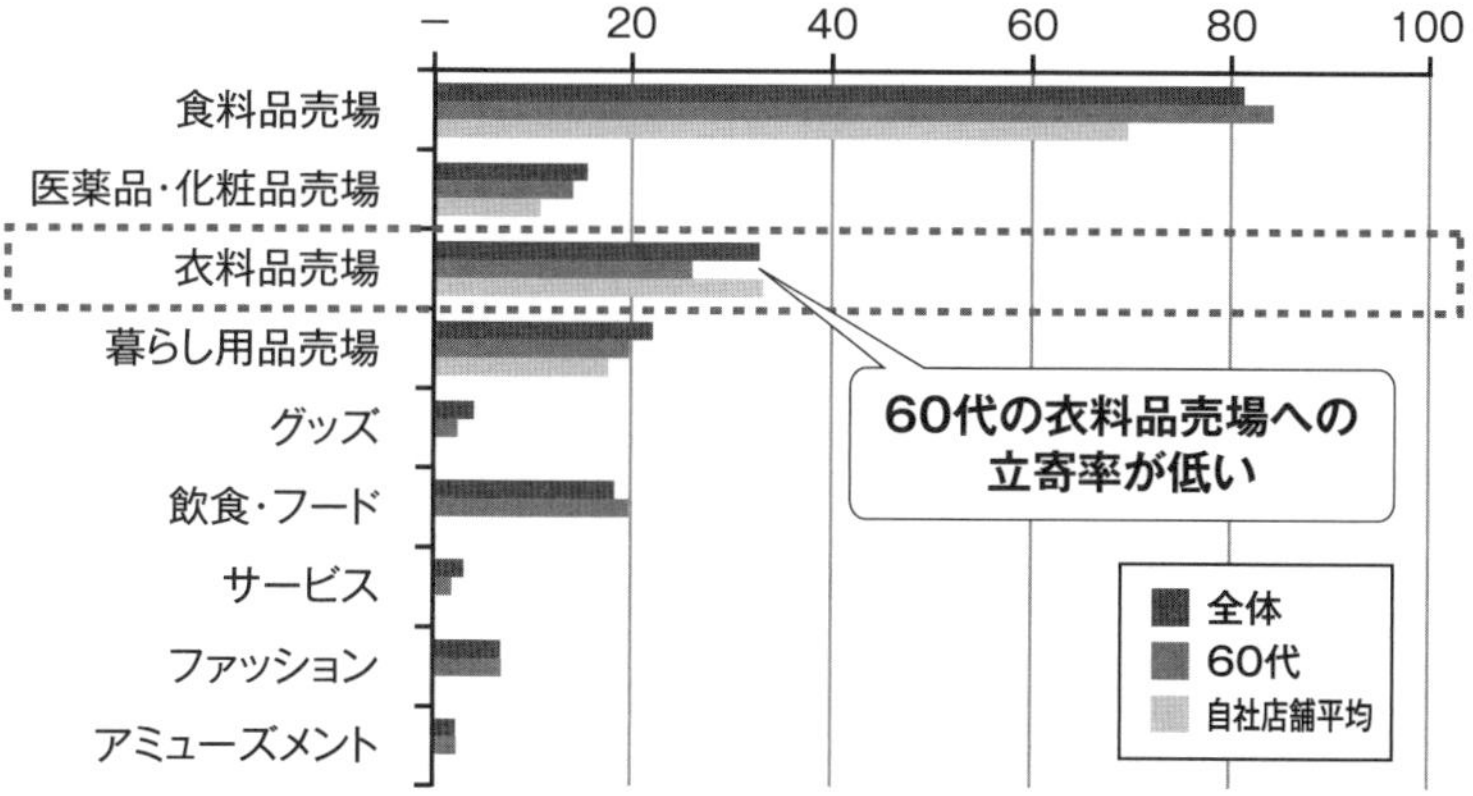

図３−17　シェアマップの例

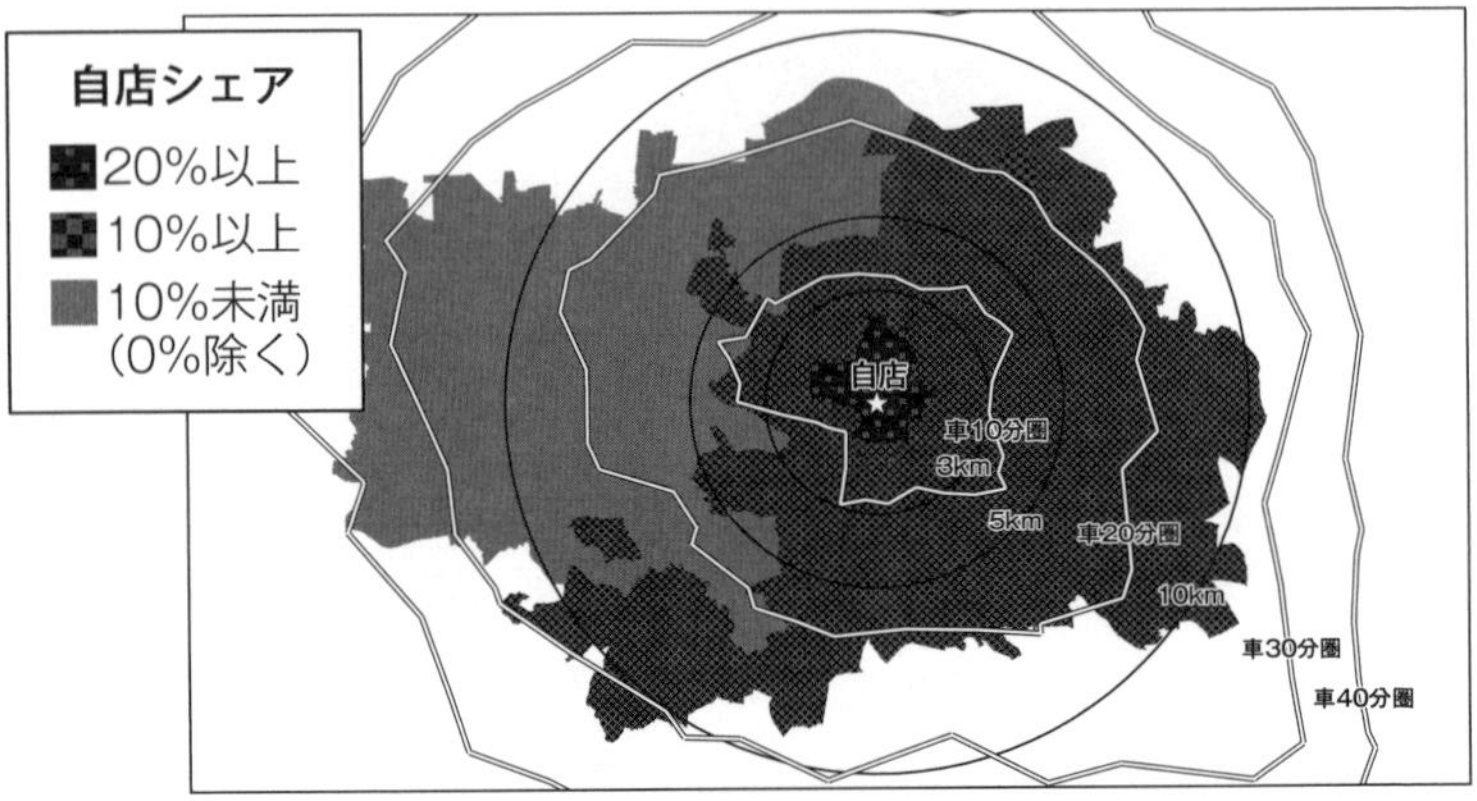

　シェアマップで重要なのは、地区別のシェアを競合店の立地場所と合わせて把握することである。例えば、自店の近くにもかかわらずシェアが低い地区があったとする。その地区には競合するＡ店という他社の店舗がある場合、そのＡ店によりシェアが奪われている可能性が考えられ、その場合にはＡ店は強力な競合店と想定することが妥当であろう。その反対に、自店のシェアが高い地区というのも把握できる。どの地区において自店がどれだけ強い（あるいは弱い）のかを可視化するのがシェアマップである。

　調査票において競合店について尋ねていても、その結果からだけでは真の競合店を見つけ出すことは困難である。なぜならば、来店客調査は来店している客だけを調査対象としているので、自店で「Ａ店にもよく行く」と回答する客は、

図３－18　3C分析とその構成要素

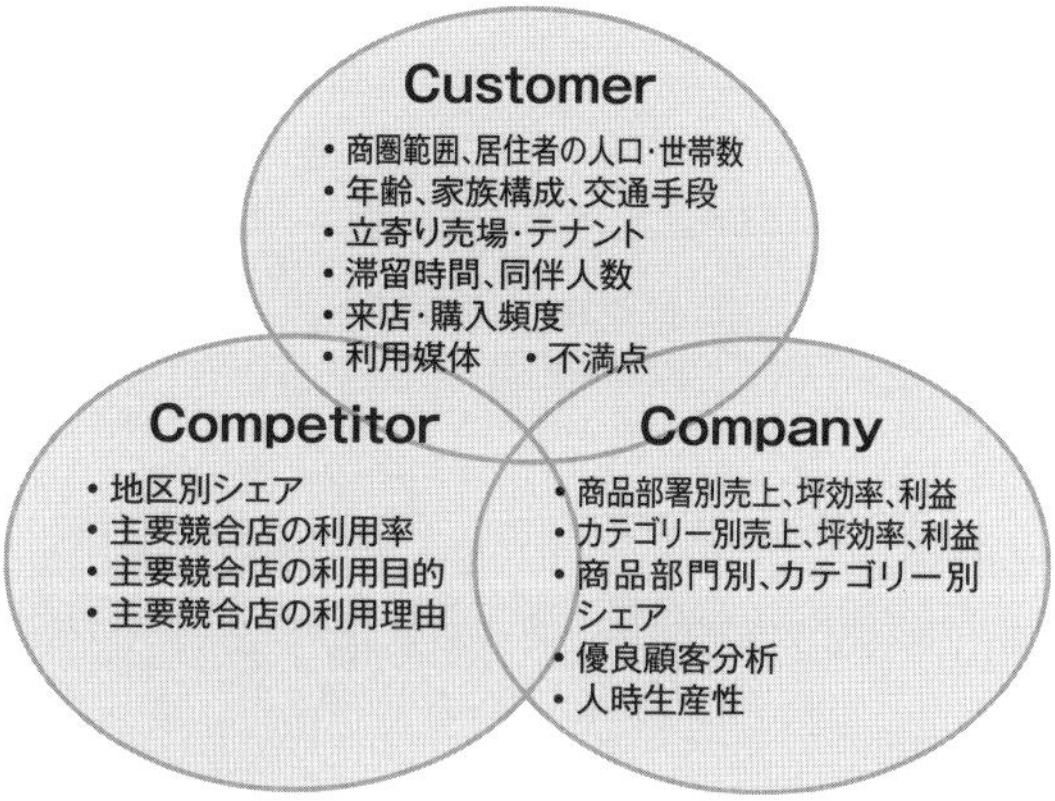

自店もＡ店も利用している客だけであり、その数は実際にＡ店に行っている客全体のほんの一部だけの可能性があるからである。真の競合店を把握するには、シェアマップと調査票による結果の両方を活用することが必要である。

⑷ 基本政策の策定

基本政策の策定においてはまず、重要となる要素を３Ｃの視点から整理することから始める（図３－18）。具体的要素は、顧客（Customer）では商圏、人口・世帯数、居住者年齢、居住者家族構成、来店客年齢、来店客家族構成、交通手段、立寄り売場・テナント、来店・購入頻度、不満点などがある。競合環境（Competitor）では、地区別シェア、競合店の強み弱みがある。自店（Company）では、衣料、食品、住居等の

図３−19　ピラミッドストラクチャーの例

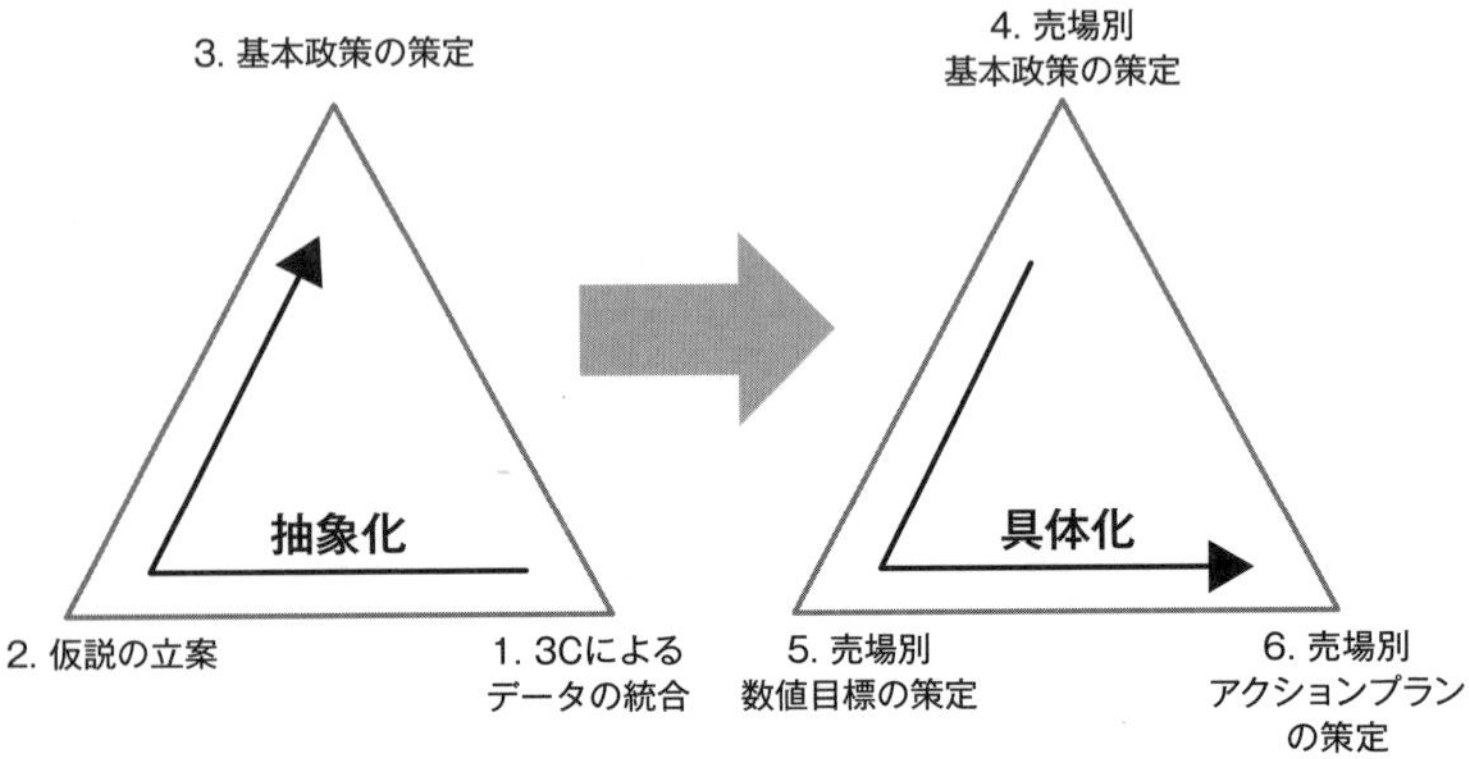

商品部署別、カテゴリー別の売上額や売り場面積効率を活用する。

３Ｃ分析で整理した要素を統合する方法論としてはピラミッドストラクチャー（図３−19）が挙げられる。

図中、左側の三角形では、最初に３Ｃで整理したバラバラの要素から、それらを一つに統合する仮説をつくり上げ、最終的に店舗単位の基本政策を策定する。右側の三角形では、その基本政策を売場別の基本政策に落とし込んだ上で、売場別に数値目標を策定し、最終的にはその数値目標を達成する売場別のアクションプランに落とし込む。ピラミッドストラクチャーの利点は、ステップを踏みながら抽象化と具体化を進めていくことにより、飛躍することなく論理的なストーリーをつくりやすいことである。

図3－20　SWOT分析例

	SWOT分析	
内部環境	**Strength（強み）** ・SCの集客力。 ・幅広い年齢層に訴求する品揃え。 ・食品の購入頻度が自社店舗平均比で高い。	**Weakness（弱み）** ・飲食店の満足度が低い。 ・特定の年齢層の満足度がやや低い。
外部環境	**Opportunity（機会）** ・マーケットは肥沃。 ・30・40代が多く居住するエリア。 ・大型店舗面積1㎡当たり人口が全国、県と比べて多い。	**Threat（脅威）** ・自社競合も含め、競合店が多い。 ・自店東部は新幹線、在来線、南部は高速自動車道が阻みシェアの広がりが少ない。 **・競合他社によるSCの新規出店。**

仮説構築時においては、以下で説明するSWOT分析で内部環境、外部環境を整理し、どの顧客に対し、どの競合店とどう戦うかという、自店が戦うための土俵を再確認する。SWOT分析とは、内部環境である自店の強み（Strength）、弱み（Weakness）、外部環境である機会（Opportunity）、脅威（Threat）を整理することである（図3－20）。この結果、商圏における自店の状況とこれから目指すべき方向性が明確になる。

事例1：脅威の把握に基づく自店ポジションの移行

比較的店舗面積が大きく、人口の多い地域に立地するAというショッピングセンター（以下SC）では、主にファミリー向けに訴求するテナント展開を行っていた。ある時、競合他社B

が車30分圏内に20・30代ファミリー向けの非日常利用ＳＣの建設を予定しているという情報を得た。Ｂ社はファッションテナントの店揃えや、ファミリー向けアミューズメント等を強みとするＳＣを数多く運営している。Ａ社は３Ｃ分析の結果から、現状30代以上のシェアが低い地区が多いことに注目した。Ｂ社ＳＣ開店によるダメージを最小化するには、品揃えや広告の戦略を見直すことで30代以上のシェアを上げることが必要、という仮説を設定した。基本政策は「30代以上のファミリーが、より日常的に利用できるＳＣ」というポジションへの移行を示したものであった。

　このように基本政策は、今後店舗全体が目指すべき方向性や店舗のコンセプトを表現した文章が望ましい。つまり、店舗・ＳＣのトップの視点での課題と進むべき方向性の明確化である。

（5）アクションプランの立案

　売場のトップが基本政策に合致したアクションプランを立案することができれば、店舗の戦略から現場の個別の打ち手までの一貫性を担保でき、エリアマーケティングの効果を最大化することができる。また各部署のリーダー、スタッフの視点で課題を明確化するという姿勢も重要となる。衣料、食品、暮らし用品など売場別部署と、４Ｐ（product, price, place, promotion）のアクションに関する項目を２軸にとったマトリックスで、各象限別に行うべきアクションと

図３－21　部署別アクションプラン立案例

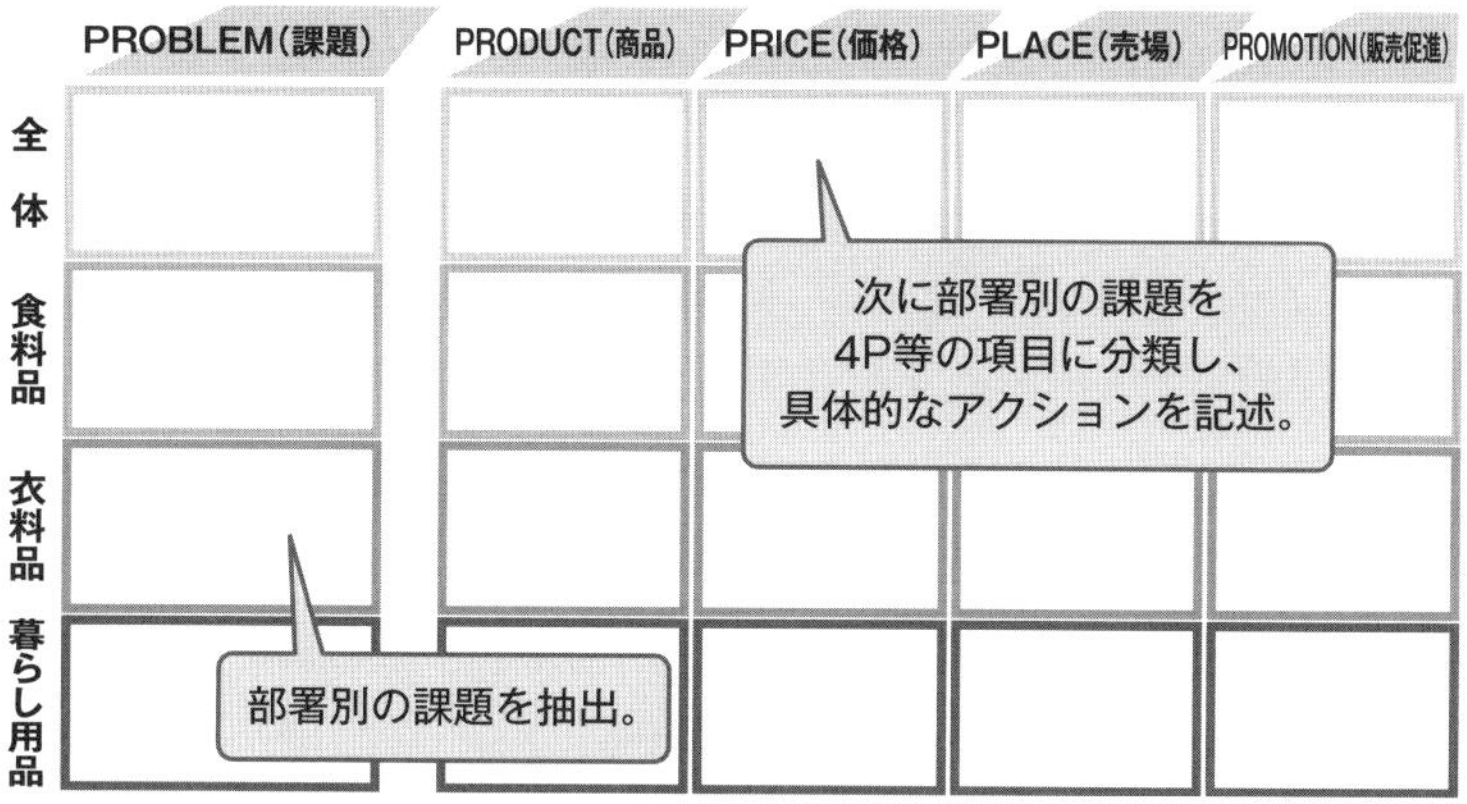

図３－22　ディシジョンテーブル例

		実現性					
		短期		中期		長期	
		項目	重要性	項目	重要性	項目	重要性
効果性	大						
	中						
	小						

プライオリティを記述する（図3－21）。

（6）プランの実行と検証

売場ごとのアクションプランを、実現可能性と効果のマトリックスによりプライオリティ付けすることで、効果の高い項目を迅速に実行に移すことが可能となる（図3－22）。ディシジョンテーブルの具体的な手順の例としては、まず部署別に各アクションの項目を縦に並べたリストを作成し実現可能性と効果のスコアを記入していく。次にリストに従い、ディシジョンテーブルの各マス目にアクション項目を記入する。なお、図3－22の例ではディシジョンテーブルの左上に位置するアクションプランのプライオリティが高いことになる（短期で実現でき、効果も大きい）。よって左上から右下に向けて実行済みのマークがどれだけついたかを見ることで、アクションプランの実行状況を把握することができる。

事例2：部署別アクションプラン策定の意義と副次的効果

C店では、売場を活性化させる目的で来店客調査を実施した。その結果を基に策定された基本政策からアクションプランを設定し、優先順位をつけ、商品の部署別に競合店の視察や、売場づくりなどといった活動をスタッフ全員が分担して行った。自店が目指すべき姿を全員が共通認識として持つことができていたので、見えない敵と戦う場合と比べて各自が自身の役割の意味をよく理解していた。よって、組織全体にも連帯感が生まれ、個々のスタッフが仕事に対して主体的に取り組めたという意見も挙げられ、副次的効果も多いということがわかった。

ここまでは、来店客調査についてその概要を説明してきたが、この調査は万能ではない。あくまで来店された顧客、つまり自店支持者による意見の集積であるため、あるべき店舗と現状とのギャップの把握は限定的にしかできない。また、さらに売上を上げるためにはどうしてもまだ来店されていない潜在顧客に来店していただく必要がある。どうしたら来店していただけるかの深堀りを行うには、以降に説明する非来店客調査が必要となる。

●既存店における非来店客調査手順

非来店客調査の目的は、商圏内の非来店客に、なぜ来店していただけないのか、どうすれば来店してもらえるかを直接問い、把握することである。よって、調査項目は競合店と自店との比較が中心となる場合が多い。自店および競合店の強み弱みを把握するための設問としては、来店客調査のように利用理由を用いる場合もある。より違いを明確化するために、商品、施設、サービス等、複数の項目についての満足度を5段階評価してもらうことで店舗の総合的な評価を行うこともある。

非来店客調査の手順は、その性格上、図3－6とは若干異なる箇所がある。具体的には図3－6の手順のうち、「②調査の設計と実施」、「③調査結果の分析」、及び「④基本政策の策定」が異なり、以降においてそれぞれ説明する。

(1) 調査の設計と実施

非来店客調査は、来店客調査と違い、居住者を訪問して調査をする。調査設計段階では、オープンデータによる居住者特性の把握あるいは過去の来店客調査結果等の情報を基にして、どの地域を調査するか、どの程度サンプルを取得するかを設定する。また、来店客調査を事前に行っていれば、商圏定義や、地区別シェア、競合店と比較した場合の強み弱みなどの情報から、設問を設定することもできる。非来店客調査に使う調査票の例を図3－23に示す。非来店客調査では競合店に関する評価を細かく聞き、求める商品の内容、売り方、価格等に関して詳細を把握できるように設問が設計されている。

非来店客調査の調査方法としては、通常留め置き調査が採用されるが、ほかにもインターネットを活用したＷｅｂ商圏調査も使われる場合がある。

留め置き調査：留め置き調査とは、訪問式のアンケート調査である。調査員が居住者を訪問

図３－23　非来店客調査 調査票例

●お店のイメージについてお伺いします。

【問６】あなたがよく利用するお店・エリアのイメージを教えて下さい。
よく利用するお店を下記より２つ選び、番号を（　）内にご記入の上、お気持ちに近いもの
それぞれ１つだけ、番号に○印をおつけ下さい。

（1）A店　（2）B店　・・・

	（　　　）	（　　　）
	当てはまる－やや当てはまる－どちらとも言えない－あまり当てはまらない－当てはまらない	当てはまる－やや当てはまる－どちらとも言えない－あまり当てはまらない－当てはまらない
※記入例	5 － ④ － 3 － 2 － 1	5 － 4 － ③ － 2 － 1
(1) センスの良い物・ブランドがある	5 － 4 － 3 － 2 － 1	5 － 4 － 3 － 2 － 1
(2) ……	5 － 4 － 3 － 2 － 1	5 － 4 － 3 － 2 － 1
⋮	⋮	⋮
(9) 駐車場が使いやすい	5 － 4 － 3 － 2 － 1	5 － 4 － 3 － 2 － 1
(10) ……	5 － 4 － 3 － 2 － 1	5 － 4 － 3 － 2 － 1
⋮	⋮	⋮
(17) お買い得感がある	5 － 4 － 3 － 2 － 1	5 － 4 － 3 － 2 － 1
(18) ……	5 － 4 － 3 － 2 － 1	5 － 4 － 3 － 2 － 1
⋮	⋮	⋮
(30) 夫・妻と一緒に楽しめる	5 － 4 － 3 － 2 － 1	5 － 4 － 3 － 2 － 1
(31) ……	5 － 4 － 3 － 2 － 1	5 － 4 － 3 － 2 － 1
⋮	⋮	⋮

●食料品について教えて下さい。

【その他の食品について】

遺伝子組み替え食品は…	①気にせず買う　②やや抵抗があるが買う　③買わない
健康食品への関心は（アトピーなど）	①非常に関心がある　②関心がある　③あまり関心がない
…	…
⋮	⋮

●衣料品について教えて下さい。

【問13】下のような衣料品を買われる場合、大体いくらくらいのものを選ばれますか。
金額をご記入下さい。

【婦人】	①スカート　［　　］円	③ワンピース　［　　］円	⑤靴　［　　］円
	②ブラウス　［　　］円	④バッグ　［　　］円	⑥スーツ　［　　］円

【問14】衣料品はいつ頃購入しますか（しましたか）。当てはまる時期をご記入ください。

春物［　　］
夏物［　　］
秋物［　　］
⋮

1．1月上旬	2．2月上旬	3．3月上旬	4．4月上旬	5．5月上旬
6．6月上旬	7．7月上旬	8．8月上旬	9．9月上旬	10．10月上旬
11．11月上旬	12．12月上旬	13．1月中旬	14．2月中旬	15．3月中旬
⋮				

図３－24　移動状況例

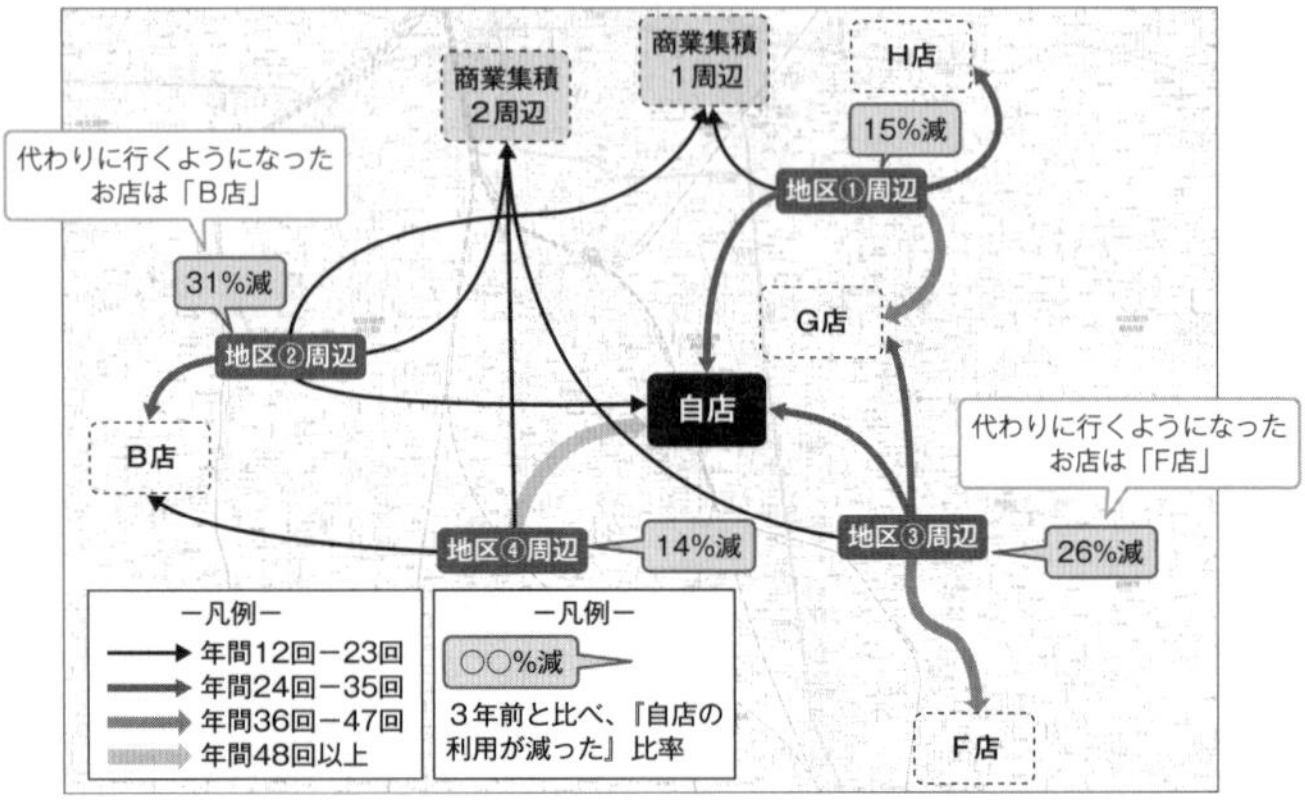

し調査票の記入を依頼し、後日回収する。留め置き調査のメリットとしては、設問量が多くても対応してもらいやすい点が挙げられる。また、対面でお願いするため、回答率が比較的高いことなどがある。一方、デメリットとしてはオートロック付の集合住宅といった建物のタイプでは訪問が難しい事や、調査員の人件費がかかるなどが挙げられる。

Ｗｅｂ商圏調査：Ｗｅｂ商圏調査とは、インターネットを利用したアンケート調査である。自店商圏内のモニターと呼ばれる回答者が、Ｗｅｂ画面を通じて設問に回答する。Ｗｅｂ商圏調査のメリットは、調査員人件費等のコストを抑えることができる、回答を依頼してから集計までの時間が短い、依頼取得サンプル数が事前に分かるなどがある。デメリットとしては、調

図３－25　重回帰分析による強み弱みの把握例

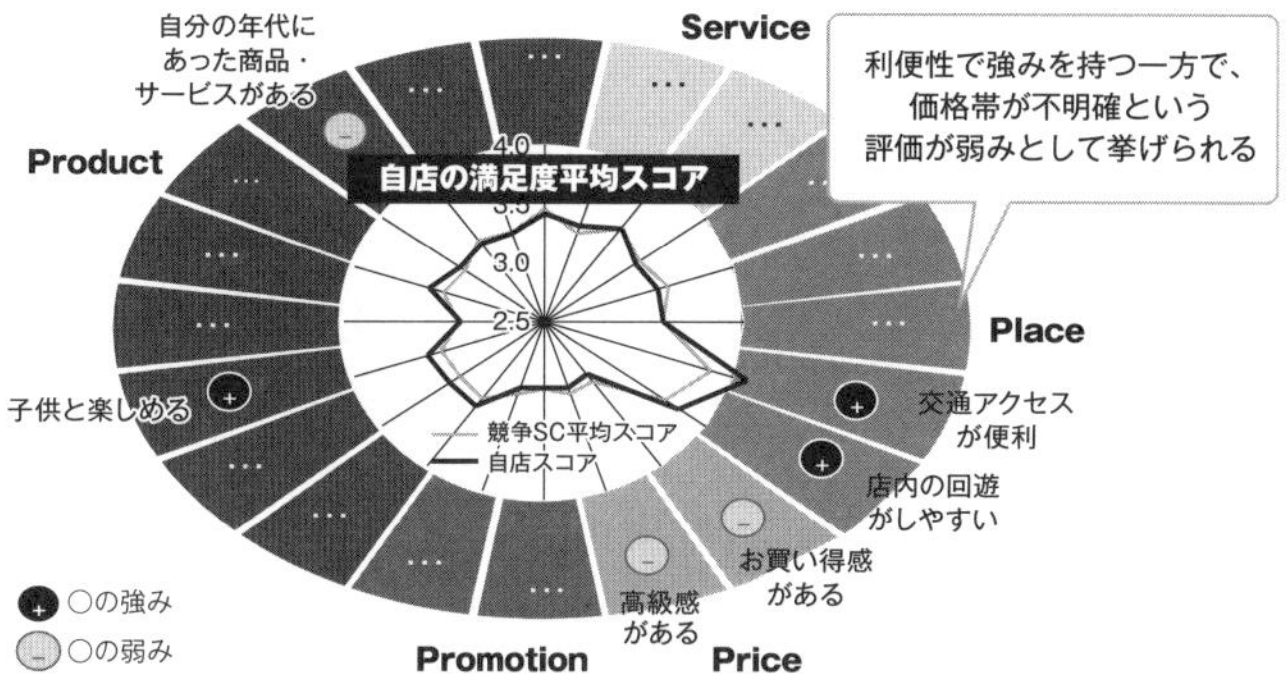

※総合満足度への影響度へ関連があり、競合SC 平均スコアよりも満足度が高い項目が強み、低い項目が弱み。

査対象がＷｅｂ利用者に限られることに起因したバイアスがデータにかかる可能性があることなどである。

(2) 調査結果の分析

非来店客調査においては、どの地域からどの店舗・ＳＣに人が流れているか、自店はどの地域からの来店が少ないかなどの状況を、幹線道路、鉄道、河川といった地理的要因、競合店立地などとの関係性とともに視覚的に把握することを目的とし、非来店客の買い物目的での移動状況を調査する場合もある（図３－24）。調査票による調査結果と合わせて、真の競合店を見極める材料となり、非来店客の不満を自店が解消した場合の想定される効果を試算することも可能となる。

（3）基本政策の策定

非来店客調査により競合環境を深堀りし、基本政策に競合店に対する優位性の構築ポイントを盛り込むことが重要である。競合環境の深掘りを実現する方法の一つとして、重回帰分析による強み弱みの把握がある（図3－25）。その手順の概要は、満足度調査の結果からどの項目が総合満足度に影響の大きい項目か、またどの項目が競合店平均と比べて高いかを調べ、競合店と比較した場合の強み弱みを把握するというものである。

図3－25の例では、総合満足度に対する影響度の高さ、平均比での満足度の高さでともに高い項目を自店の強み、総合満足度に対する影響度が高いにも関わらず満足度が平均比で低い項目を弱みとした。また、それらの項目をPlace、Price、Promotion、Product及びServiceといった自店の打ち手ごとにレーダーチャート化し、施策のプライオリティを示している。

これまでの分析結果から、エリア別移動状況や相対的な強み弱み等を統合して、どの競合店のどの強みが自店のどの弱みに直接影響しているか、どのエリアではどの店舗が支持されているか、よって自店の課題としてはどのようなものがあるかを整理し対策案を立案する。

図3－26のまとめの例では、移動状況等、顧客の行動を勘案した競合環境の把握などを踏まえて、各店舗の強み弱みと、それぞれの強みがどの店舗のどの弱みに作用しているかを矢印で

図３－26　非来店客調査まとめの例

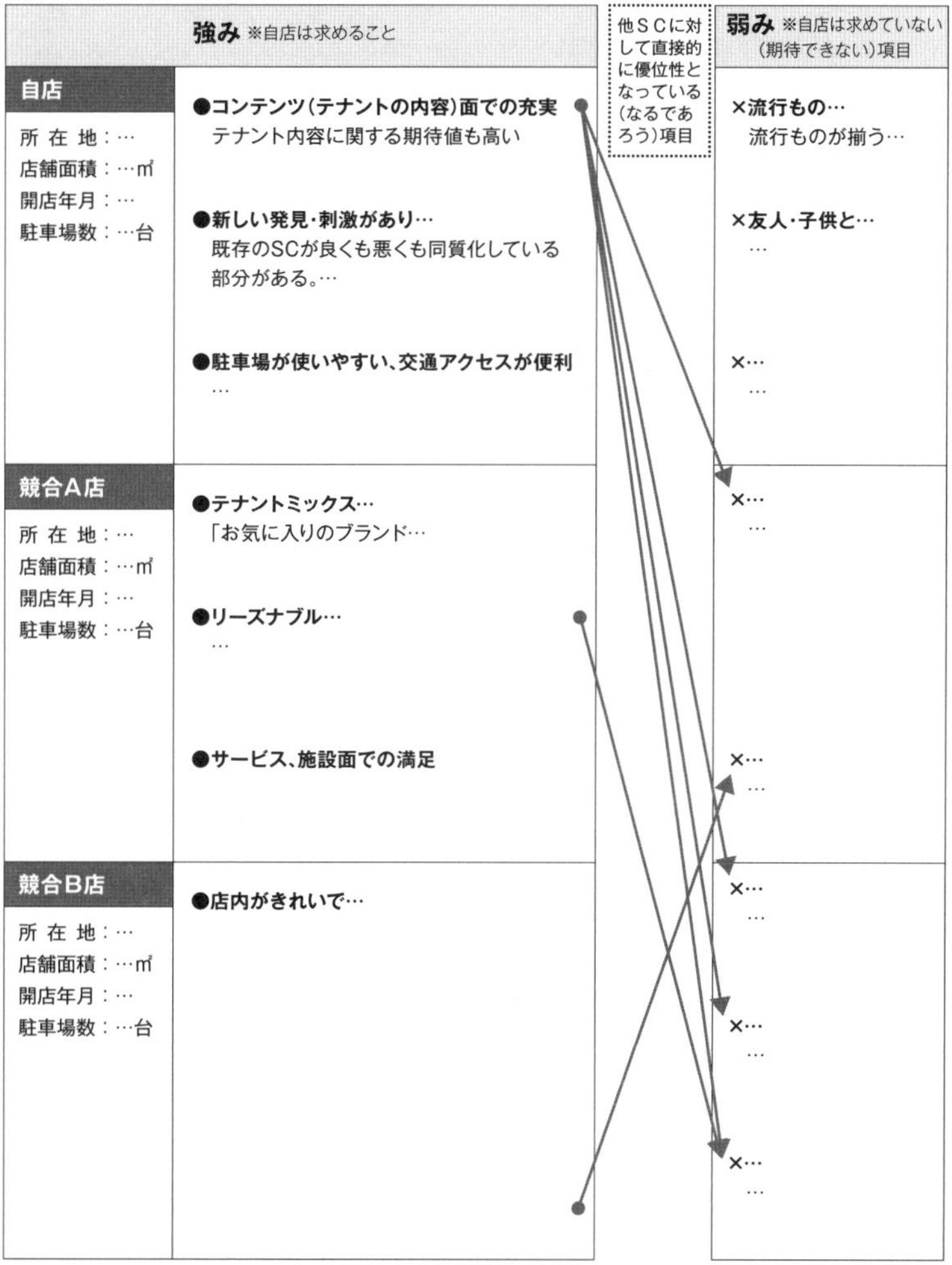

強み ※自店は求めること
他ＳＣに対して直接的に優位性となっている（なるであろう）項目
弱み ※自店は求めていない（期待できない）項目
自店
所 在 地：…
店舗面積：…㎡
開店年月：…
駐車場数：…台
●コンテンツ（テナントの内容）面での充実
テナント内容に関する期待値も高い
●新しい発見・刺激があり…
既存のSCが良くも悪くも同質化している部分がある。…
●駐車場が使いやすい、交通アクセスが便利
…
×流行もの…
流行ものが揃う…
×友人・子供と…
…
×…
…
競合A店
所 在 地：…
店舗面積：…㎡
開店年月：…
駐車場数：…台
●テナントミックス…
「お気に入りのブランド…
●リーズナブル…
…
●サービス、施設面での満足
×…
…
×…
…
競合B店
所 在 地：…
店舗面積：…㎡
開店年月：…
駐車場数：…台
●店内がきれいで…
×…
…
×…
…
×…
…

図3−27　ハフモデルについて

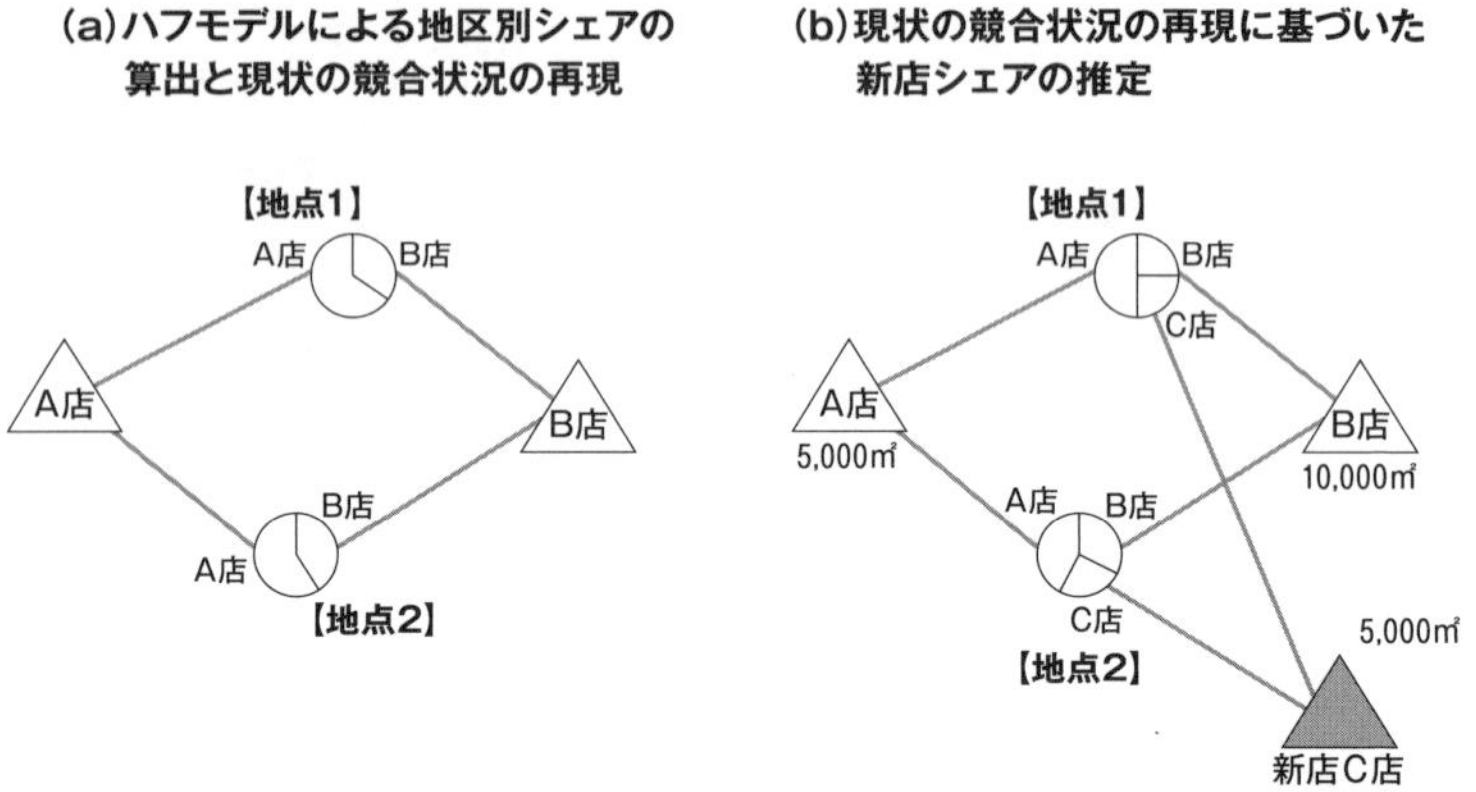

(a)ハフモデルによる地区別シェアの算出と現状の競合状況の再現

(b)現状の競合状況の再現に基づいた新店シェアの推定

結ぶことで明確化し、基本政策につなげている。

●売上・商圏予測

新店開設時に行うこととして、売上・商圏予測が挙げられるが、この手法は既存店に対しても有効である。売上・商圏予測の目的は、商圏範囲がどこまで広がる可能性があり、どのくらい売上が見込めるのか予測することである。売上・商圏予測の手法の一つである「ハフモデル」を用いることで、競合店出店による自店への影響を予測できる。

ハフモデル（※13）とは、重力吸引モデルで、「大きな店舗」には、「多くの人」が集まり、「距離が遠くなる」と人の集まりが「少なくなる」といった「店舗の規模に比例して、距離に反比例」になるモデルである（図3−27）。手

図３－28　ハフモデルのアウトプットの例

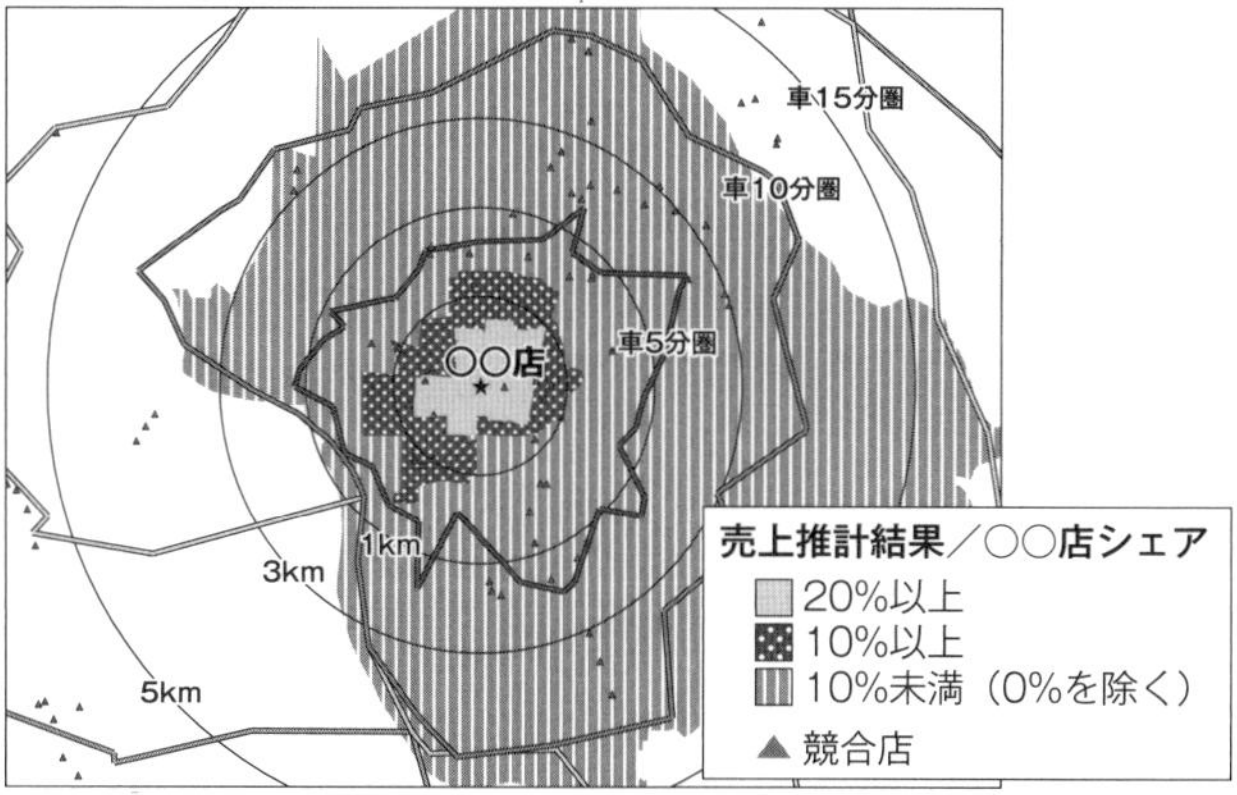

順として、まず最初に現状の競合関係をハフモデルにて再現をし（図３－27－a）、その後再現モデルに競合新店を追加することで、競合新店の売上と商圏を予測する。その際に、自店の現状の売上がどの程度減少するのか、どのエリアのシェアが低下するのかを予測することができる（図３－27－b）。ハフモデルのアウトプット例を図３－28に示す。現状の再現においては、売場面積と距離からだけでは限界がある場合が多く、それ以外のデータ活用やハフモデルそのものの改良などの工夫で、より現実に近づける必要がある。

売上予測に関しては単一の手法に頼らず、ハフモデルと重回帰分析など、各種手法のメリット・デメリットを理解した上で複数の手法を併用して評価するという姿勢が大切である。また競合店出店後に来店客調査を実施し、予測とのギャップを把握し、その原因を追求するといった検証を欠かさないことが重要である。商圏内での競合店の入れ替わりが近年激しいこともあり、常に最新のデータを使用することも注意点として挙げられる。

第3部のまとめ

第3部においては、オペレーションズ・マネジメントの中核をなすサプライチェーン・マネジメントについて、企業の壁を越えた効率化の観点から考察するとともに、その末端でありかつ消費者とのインターフェイス部分となる小売店舗におけるエリアマーケティングの手順や手法を紹介した。

ここではまとめに代えて、文脈からのアプローチの重要性を指摘しておきたい。

どの分野でも同じようなことが言えるが、サプライチェーンやマーケティングにおいても成功の方程式といったものは存在しない。もしそのようなものが存在すれば、世界中の全企業がその方程式に従い、その結果世界中の企業が成功する、というあり得ない状況になる。しかし、成功の方程式は存在しないとしてもせめて成功事例や反面教師としての失敗事例をいくつか知りたい、というのは誰しも考えることであろう。事例で役に立つタイプは、単に結果だけでなく、結果に至るまでの経緯（あるいは文脈）を詳細に描写しているものである。どのような文脈をたどって結果まで至ったのか、という点がサプライチェーンやマーケティングの成功（あるいは失敗）を理解する上で非常に重要だからである。導入した仕組みの描写だけ、といった表面上の記述をしただけの事例から学べることは非常に少ない。ＡＢＳでは、このような視点から教材を選定して活用している。みごとに成功（あるいは失敗）した事例はもとより、結局成功したのかどうかよくわからない事例を実施する場合もある。問題に直面した当事者に身を置き文脈をたどりながらの疑似体験を幾度もすることで、文脈に潜む成功や失敗の要因を見極めるスキルが身に付くようになる。このスキルはどのような業界や企業にでも応用できるものである。事例から学ぶ場合は、文脈からのアプローチが基本であり重要なのである。

考えてみよう

オペレーションズ・マネジメントについて

□自社のサプライチェーンについて、あなたの評価をまとめよ。

□自社のサプライチェーンが抱える課題に対して、その原因を整理し、対策をまとめよ。

□自社のサプライチェーンにおいて、ブルウィップは発生しているか？　発生している場合、その原因は？

□自社が置かれている状況を３つのＩの視点から分析し、課題となる点と対策をまとめよ。

エリアマーケティングについて

□勘と経験に大きく依存して出店立地場所や規模などを決定していた時代があった。そのような手法とエリアマーケティングとを比較し、それぞれの長所短所を整理せよ。

□エリアマーケティングと、それ以外の定量的売上推計手法とを比較し、それぞれの長所短所を整理せよ。

□エリアマーケティングの結果は、どのように自社内部の意思決定に使われるべきか？

※１ Lambert, D.M., Cooper, M.C.(2000) "Issues in supply chain management", *Industrial Marketing Management* 29: 65-83.（日本語訳は著者による）

※２ Simchi-Levi, D., Kaminsky, P., Simchi-Levi, E.(1999) *Designing and Managing the Supply Chain: Concepts, Strategies, and Case Studies*, Irwin McGraw-Hill.（日本語訳は著者による）

※３ Barilla SpA(A), Harvard Business School, Product no. 9-694-046

※４ Bullwhipは牛追い鞭のことである。鞭をもった状態で手首を少し動かせば鞭の先端は大きくしなることになぞらえて命名された。

※５ Hosoda, T., Naim, M. M., Disney, S. M. and Potter, A.(2008) "Is there a benefit to sharing market sales information? Linking theory and practice" Computers & Industrial Engineering 54, 315-326.

※６ 例えば
Schwarz, L.B., Zhao, H.(2011) "The unexpected impact of information sharing on US pharmaceutical supply chains", *Interfaces* 41 (4) : 354-364.

※7　Hosoda, T. and Disney, S.M.（2006）“On variance amplification in a three-echelon supply chain with minimum mean square error forecasting”, OMEGA: The International Journal of Management Science 34(4), 344-358.

※8　Hosoda, T. and Disney, S.M.（2006）“The governing dynamics of supply chains: The impact of altruistic behaviour”, Automatica 42(8), 1301-1309.

※9　例えば
Mathews, R.（1995）“Spartan pulls the plug on VMI”, *Progressive Grocer*, 74（11）：64-65
にあるようにメーカー側の対応能力不足によりVMIを途中で中断したケースもある。

※10　Hosoda, T.(2010)“What is the benefit of establishing VMI scheme with one of two retailers?” In: 16th International Working Seminar on Production Economics.

※11　Campbell Soup Company: A leader in continuous replenishment Innovations, Harvard Business School, Product no. 5-601-149

※12　調査対象の集団全体。

※13　複数の変数から構成されるデータプールの背景にある多数の因子を取り出して、それをいくつかの共通因子に絞り込むことによって特性をつかむ分析方法。

第4部

人材マネジメント

須田 敏子

第4部で学ぶこと

□人材マネジメントは経営機能のひとつであり、**社員のパフォーマンス向上を通じて組織パフォーマンスの向上を目指す**ものである。

□人材マネジメントが含む領域は、**採用、評価、昇進など人事部門が担当する全社施策分野**と、ラインマネジャーが部下に対して行う**目標設定や人事評価など日常のライン人材マネジメント分野**の2つに大別され、両者が車の両輪となってはじめて高いパフォーマンスを実現できる。

□第4部では、**「ワークモチベーション」**と**「パフォーマンス・マネジメントと人材評価」**にテーマを絞り、ラインマネジャーが必要とする視点から理論と実践方法を紹介する。

□流通業はパートタイマーなど非正規雇用の割合が高く、正社員でも地域限定社員が多いなど**雇用形態や社員区分が多様化**している。雇用形態や社員区分によって働く目的やモチベーション要因などが大きく異なり、パフォーマンス向上のためには、それに応じて**人材マネジメントを変化**させなくてはならない。

序論

流通業の人材マネジメントの特色

本文に入る前に、流通業の人材マネジメントの特色として指摘しておきたいのが、パートタイマー、契約社員、派遣社員など非正規雇用の割合が高いという雇用形態の多様化である。例えばスーパーマーケットなどでは正社員の割合は2割程度で、それ以外はパートタイマーやアルバイト、契約社員などというケースが多い。正社員でも地域限定社員の割合が高いのも流通業界の特色である。加えて、百貨店の場合には取引先や派遣会社からの派遣社員など、間接雇用社員が多く、雇用形態の多様化度が増すと同時に人材マネジメントも困難度を増していく。

雇用形態によって働く目的やモチベーション要因などは大きく異なってくるため、パフォーマンス向上のためには、働く目的やモチベーション要因に応じて人材マネジメントも変化させなくてはならなくなる。長期雇用前提の正社員の場合には、組織の利害と社員個人の利害が一致しやすいため、特別な配慮や対応をしなくても社員の組織へのコミットメントやワークモチベーションは高いままで維持できる可能性が高い。だが長期雇用を前提としないパートタイマーやアルバイト、契約社員、派遣社員などの非正規社員は、正社員に対するコミットメント・モチベーション向上のロジックは通用しないのである。正社員とは異なるきめ細かな人材マネジメントが要求されることとなる。

長期的な関係を前提とした正社員の場合には、いまうまくいかなくても長期的に考えればなんとかなるというタイプの心理的契約が生まれやすいし、同時に長期的に同じ企業にとどまるのだから、評価が落ちては大変という意識が働き、多少のことがあってもモチベーションを落とすことは少ない。これに対して、長期雇用を前提としない非正規社員の場合には、今やっているその仕事や評価、上司との関係などその時々で仕事内容や成果達成・職場環境などにモチベーションを感じ続けることが重要なのだ。公平感のタイムスパンで考えると、正社員の場合は、長期的タイムスパンでのモチベーション向上が機能するが、非正規雇用となると短期的タイムスパンでのモチベーション向上が必要で、人材マネジメントはずっと難しくなる。

現実の企業では、このタイムスパンの違う正社員と非正規社員が混在して存在し、しかも流通業では人材マネジメントの難しい非正規社員が大半を占めるのである。

第1章 ワークモチベーション

1. モチベーション理論の概要

●ワークモチベーションとは何か

「モチベーション」は日本語では一般的に動機づけと訳されている。これは人が行動を起こすこと、あるいは行動したいと思うこと、という意味となる。もっと簡単に言えばやる気である。これを仕事に応用すれば（英語ではワークモチベーション）、人が仕事という行動を起こすこと、あるいは仕事という行動をしたいと思うことである。どんなに知識やスキル・経験などの職務遂行に必要な能力を持っている人でも、その人が仕事に対するやる気がない、つまり仕事に対するモチベーションがなければ、人は仕事をしなくなってしまう。ワークモチベーションは企業にとって非常に重要なことで、長年にわたってモチベーションに対する研究が行われている。

もっとも仕事をしなければ、評価が下がり、その結果降格・降給が発生したり、退職勧奨の対象となるなど、困難な状況に直面する可能性があり、実際にはモチベーションがなくても仕事をしなくてはならない。この背後には給料をもらっているからには義務として仕事をしなければならないという現実がある。とはいえ、やはりモチベーションの有無はパフォーマンスに大きな影響を与えるものであり、すべての組織においてワークモチベーション向上が重要課題となっている。

●モチベーション理論の前提

本章では、ワークモチベーション向上の方策として有名なモチベーション理論を紹介していくが、その前提として、モチベーション理論全般が有するいくつかの特色を指摘する。

第1は、現実にはモチベーションが高くても（同時に知識、スキル、経験などがあっても）、環境が悪くてパフォーマンスは向上しない場合がある。だが環境要因を考慮していくと、環境要因は無数に存在するため、モチベーション理論では環境を一定と捉えて、「モチベーション向上→パフォーマンス向上」という暗黙の合意の下で、モチベーションを論じることが一般的である。環境要因とパフォーマンスとの関係については、コンティンジェンシー理論など他の理論領域で対象とするのが、研究の世界の対応法である。あれもこれも考慮していたら、それこそ収拾がつかなくなってしまうためだ。しかし現実には、モチベーションとパフォーマンスが常に直結するものではないことは、読者の方もご存じのとおりだ。

第2は、モチベーション向上要因やプロセスは、国、性別、宗教、年齢、学歴、社会階層などの社会的なカテゴリー、職種や職務内容、パーソナリティやキャリア段階など個人による違いはあるものの、ある程度は万人に適用できる要因があるとみなしているということだ。モチベーションを向上させるための方法は、ある程度万人に共通であり、すべての組織やすべての社員にある程度適用できるベストな方法が存在する、という前提に立ってモチベーション理論は構築されている場合が多い。

だがもちろん、実際にはモチベーション構造は社会環境や職務内容、個人によって異なることは言うまでもない。中でも、非正規雇用が拡大している日本、特に非正規社員の割合の多い流通業においては、雇用形態の違いは特に注意しなくてはならない。

●モチベーションの2つのタイプ：外的モチベーションと内的モチベーション

モチベーションは、外的モチベーションと内的モチベーションの2つに大別される。外的モチベーションとは、外部からのモチベーション向上要因であり、昇進や昇給、ボーナスなど金銭的報酬や秘書がつく、送迎車がつくなどのステータス向上、オフィス環境や就業条件の向上などが含まれる。公式にはマネージャーではなくても、名刺に課長などの肩書きをつけることも外的モチベーションの刺激策となる。これに対し、内的モチベーションは自分の内面から生じるモチベーション向上要因である。達成感を感じる、責任感を感じる、人から頼られていると感じる、能力が向上したと感じる、などがこれに当たる。

　以上のようにモチベーションには２つの側面があり、両者の関係に関してはこれまで多くの学者が議論を行っており、その中には外的モチベーションが内的モチベーションを阻害するとの主張もある。純粋に仕事の達成それ自体がモチベーション要因となっている人に対して、仕事の達成に昇進やボーナスなど外的モチベーションを連動させると純粋な職務達成欲求が阻害されてしまうといった主張である。逆に、昇進や昇給、ボーナスなどによる外的モチベーションによって、本人が達成感をより明確に自覚することもある。これは外的モチベーションによって内的モチベーションを向上させる効果であり、この面では外的・内的モチベーションの両者は相乗効果を持つといえる。

　このように外的・内的モチベーションの関係は複雑で、一概には論じることはできないが、筆者は、モチベーション向上には外的・内的モチベーションの両方を向上させることが重要との立場をとり、部下など社員のモチベーションを考える場合には、常にこの両方の側面を考慮する必要があると主張したい。同時に個人によって外的モチベーションと内的モチベーションのいずれが強いかは異なってくるので、これも注意すべきことである。

モチベーションの関連概念のひとつにリワードがある。リワードとは、働くことによって得られるものすべてであり、モチベーション同様に、外的リワードと内的リワードの2つに大別される。外的リワードは、外部から得られる報酬で、昇進・昇給・ボーナスなどの金銭的報酬と、オフィス環境や上司から褒められるなど非金銭的な報酬がある。内的リワードは、内面から発するもので、達成感や成長感、有能感などがある。

なお、リワードに類似した日本語には報酬や処遇などがあるが、報酬・処遇は外的リワード面を対象として使う場合が多く、リワードの概念のほうが広いと思われ、本書ではリワードという言葉を用いる。なお外的リワード面に焦点をあてて用いる場合には、報酬・処遇などの言葉も用いていく。

●モチベーション理論の2つのタイプ：内容理論と過程理論

モチベーションが内的モチベーションと外的モチベーションの2つに大別されるように、モチベーション理論も内容理論と過程理論の2つに大別される。

内容理論（Content Theory）は、人に職務行動を起こさせる要因は何か、人のワークモチベーション要因は何かを追究する理論であり、主に人間内部の欲求要因、つまり内的モチベーション要因に焦点をあてて研究を行うタイプの理論である。

もう一方の過程理論（Process Theory）は、人はどのようにして職務行動を起こそうとするか、人はどのようにしてワークモチベーションを向上させるのかというモチベーション向上プロセスを追究するもので、主に外部環境要因、つまり外的モチベーションに焦点をあてて研究を行うタイプの理論である。

以上のように内容理論は内的モチベーションに、過程理論は外的モチベーションに焦点をあててはいるものの、両者とももう一方の側面も無視しておらず、考慮していることは言うまでもない。

2. マズローの欲求階層説（Maslow's Needs Hierarchy）（※1）

●マズローの欲求階層説の概要

マズローは人が持つ何かをしたいという欲求を、以下の生理的欲求、安全的欲求、社会的欲求、自尊的欲求、自己実現的欲求の5つの次元に分類した。

①生理的欲求：空腹、渇きといった衣食住に関わる基本的な肉体的欲求
②安全的欲求：物理的および精神的な障害から保護と安定を求める欲求。安全や安定、秩序を得る、恐怖や不安から自由になるなどの欲求
③社会的欲求：愛情、所属意識、受容、友情などを求めるなどの欲求

図４－１　マズローの欲求階層説が仮定する欲求構造

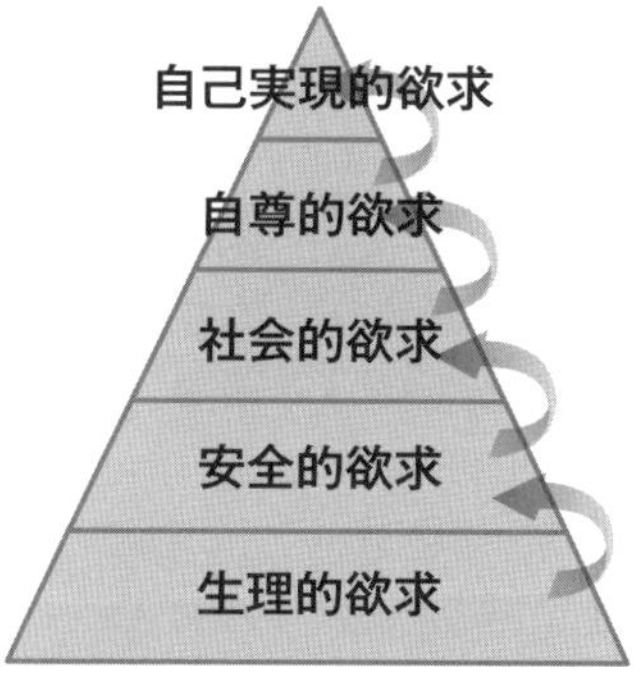

Vecchio,R,P.(1995) Organizational Behavior (3rd ed) Dryden Pressなどを基に筆者作成

④自尊的欲求：自尊心、自律性、達成感など内的要因、および地位、表彰、注目など外的要因による欲求

⑤自己実現的欲求：自分がなれるものになりたいという欲求、成長したい、自己実現したいといった欲求

　この5つの欲求は階層化しており、まず低次の欲求が発生して、その欲求がある程度満たされると次の段階の欲求が現れる。つまり、欲求段階は生理的欲求から一番高次の自己実現的欲求までそれぞれの段階で順番に出現する。いずれの段階でもその段階の欲求がある程度満たされなければ、次の次元の欲求が出現することはないのである（図4－1）。

●欲求階層説に対する批判（※2）

以上の欲求階層説の主張には「そう言われてみればそんな気がする。なんとなく納得する」という方も多いのではないか。このような理論や主張に対して「言われてみればそんな気がする」と多くの人が感じることを学問の世界ではFace Validity（表面的な妥当性）が高いという。世の中にアピールしたり、人を納得させるためにはFace Validityの高さは重要だ。欲求階層説は、どうやらFace Validityが高い理論と言えそうだ。

ではFace Validityだけでなく、実際に多くの人がマズローの指摘したとおりに、欲求が階層的に表れているのだろうか。欲求階層に関する研究からみてみると、残念ながら、欲求階層説を支持する研究結果はあまり得られていない。つまり、多くの人が、マズローの主張のように欲求が階層的に上がっていくとは限らないのである。例えばある段階の欲求がとても強い人がいて、その段階の欲求が充足しても上位段階の欲求が出現してこない人がいる。自尊的欲求が非常に強くて、自尊的欲求が満足しても自己実現欲求が出現してこないといった具合である。

社会によっても欲求構造に違いがあるとの指摘もある。たとえばマズローが生活したアメリカではマズローの指摘したとおりの5階層の欲求が表れる人の割合が比較的高いが（もちろんすべてのアメリカ市民に5階層の欲求が表れるわけではない）、国によってはマズローの主張のような5階層の欲求構造が表れる人の割合が高くない国もあり、人の欲求構造は社会の影響も受

図４－２　マズローの欲求階層説の職場での実践

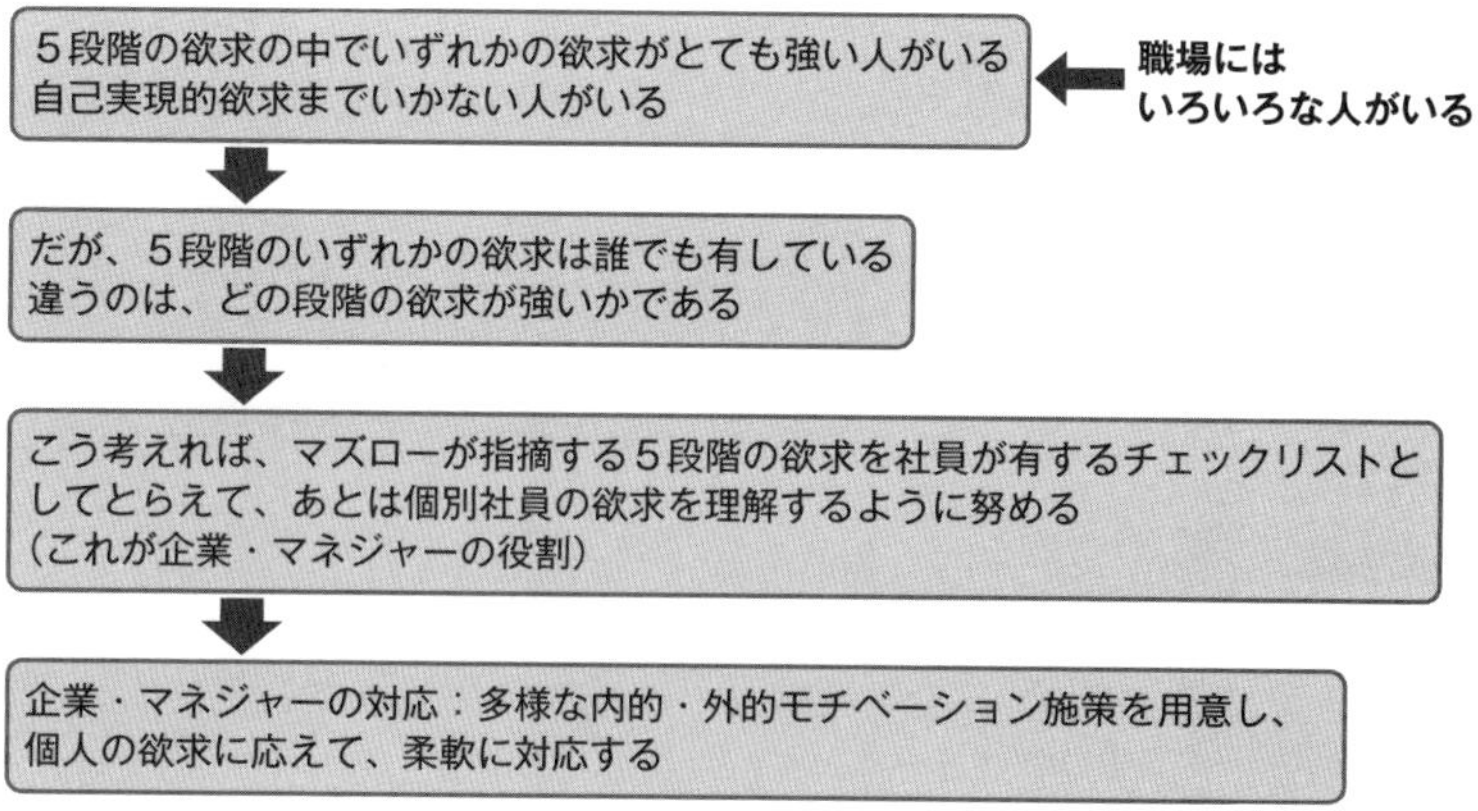
５段階の欲求の中でいずれかの欲求がとても強い人がいる
自己実現的欲求までいかない人がいる
職場には
いろいろな人がいる
だが、５段階のいずれかの欲求は誰でも有している
違うのは、どの段階の欲求が強いかである
こう考えれば、マズローが指摘する５段階の欲求を社員が有するチェックリストとしてとらえて、あとは個別社員の欲求を理解するように努める
（これが企業・マネジャーの役割）
企業・マネジャーの対応：多様な内的・外的モチベーション施策を用意し、個人の欲求に応えて、柔軟に対応する

けているようだ。モチベーション理論は、ある程度は万人に適用できるモチベーション構造があるとの前提に立って理論が構築されていると先に紹介したが、現実には人のモチベーション構造はある程度社会の影響を受けるものである。

以上のようにいくつかの問題はあり、マズローの主張どおりではないとしても、やはり人の欲求構造について否定できない側面をついており、無視できない理論であろう。そこで、筆者から欲求階層説の職場での実践方法として以下を提案したい（図4－2）。

具体的施策として、企業が導入する施策と日常のマネジメント行動の両面から、内的・外的モチベーションの具体的施策をいくつか紹介する。

◆内的モチベーション向上のための施策

ＱＣサークルなどのチーム活動、提案制度、公式のパフォーマンス・マネジメントスキーム、長期的なキャリア開発制度、キャリアカウンセリング制度、メンター制度、社内公募、社内ＦＡ制度、部下と上司の公式・非公式の頻繁なコミュニケーション、充実感・達成感を感じる仕事の割り振り、困難な仕事に挑戦する部下へのサポート、部下の成功や働きぶりなどでよい点を誉める、ｅｔｃ。

◆外的モチベーション向上のための施策

昇進・昇格・昇給・賞与などの金銭的報酬、昇進に伴うステータス向上（秘書がつく、個室が与えられる、送迎のハイヤーがつくｅｔｃ）、フレックスタイム・裁量労働などの柔軟な勤務体制、ワークライフバランスを考慮した勤務体制（勤務地限定、育児休業・介護休業、育児や介護に対する短時間勤務）、福利厚生の充実（保険・年金・社宅・社員寮・その他福利厚生施設などの充実ｅｔｃ）、オフィス環境の整備、ｅｔｃ。

3．達成モチベーション理論（Achievement Motivation Theory）（※3）

マクレランドは人の基本的な欲求として、達成欲求、パワー欲求、親和欲求の３つがあると主張した。３つの欲求の内容は以下のとおりである。

①達成欲求：ある一定の標準に関して、それを達成し、成功しようと努力すること
②パワー欲求：他の人々に影響を及ぼしたいという欲求
③親和欲求：友好的で密接な対人関係を結びたいという欲求

　マクレランドは、さらにこの３つの欲求のうちのどの欲求を強く持つかは人によって異なると主張した。つまり、マクレランドによれば、人には高い達成欲求を持つ人、高いパワー欲求を持つ人、高い親和欲求を感じる人の３つのタイプがいるということになる。さらにマクレランドは個人がこの３つのうちどの欲求を強く持っているのかを知るために、ＴＡＴ（Thematic Apperception Test）図版と呼ばれる絵を見せて、この絵に関するストーリーを語ってもらうという方法をとった。この方法は主題統覚検査と呼ばれており、語られるストーリーの内容から、３つの欲求のうちいずれが強いかを分析するものである。

　研究の初期段階では、マクレランドは達成欲求、パワー欲求、親和欲求の３つの欲求の中でも、達成欲求が仕事の成功に重要な影響を与えると考え、ＴＡＴによって達成欲求が強いと診断された人たちの特性を分析していった。この結果、達成欲求が強い人の特色として以下を含む内容を特定した。

■中程度の困難度をもつ目標を好み、目標達成にモチベーションを感じる
■自分の達成したパフォーマンスに対して達成直後のフィードバックを好む

■達成は自分の努力によって決まるものであると考え、パフォーマンスに責任を持つ

達成モチベーション理論のもうひとつの特色は、欲求は生まれつき備わっているものではなく、経験によって習得していくものとしている点である（達成モチベーション理論はLearned Need Theoryとも呼ばれている）。そのため人が持つ欲求は社会や文化の影響を受けることとなり、国や社会によって3つの欲求のうちのどの欲求を強く持つ人が多いかは異なってくると主張している。そして達成欲求をもつ人が多い社会は、個々人が仕事で成功を収めるだけでなく社会全体としても経済的な成功を収める傾向が強いとしている。

達成欲求は経験によって習得されるため、マクレランドは学習によって習得は可能であるとして、達成欲求向上のための具体策を提案した。例えば部下の達成欲求を強めるためには、マネジャーは部下に対して以下のような行動をとるべきとしている。

■達成したパフォーマンスに対してフィードバックを行う。また部下自身が自分のパフォーマンスを知ることができるように職務を設計する
■高いパフォーマンスを達成した人をロールモデルとして活用する
■どのようにして目標を達成するかの条件や方法を明確化する

以上のように、マクレランドは当初は仕事の成功に影響を与える要因として達成欲求に注目していたが、研究を続けるうちに達成欲求の高い人が必ずしも組織のマネジャーとして成功す

るとは限らず、パワー欲求が強く影響すると主張を変化させていった。つまり、大組織の経営者やマネジャーには達成欲求よりもパワー欲求のほうが成功の要因として強く影響するとし、特に「パワー欲求が強く、自己肯定的で、職務遂行型の人」を、大組織の経営者やマネジャーとして成功する人材の要件と主張した。また親和欲求は一般的に組織の経営者やマネジャーとしては適さないが、マネジャーの中でも人事部長のような親和欲求を要求する職務もあるとした。

さらにマクレランドは研究を続けていき、１９７０年代以降、現在日本でも普及しているコンピテンシーに関する研究を開始した。コンピテンシーとはハイパフォーマンスにつながる行動であり、マクレランドはハイパフォーマンスにつながる具体的な行動特定の研究を進めていった。コンピテンシーについては「パフォーマンス・マネジメント」の節で紹介する。

4. 目標設定理論（Goal Setting Theory）（※４）

パフォーマンスに対する目標設定に注目してモチベーション理論を展開したのが、ロックなどが主張した目標設定理論である。目標設定理論では以下の仮説を主張している。

①とにかくがんばれといった全般的な目標ではなく、具体的で特定の目標を設定したほうがパフォーマンス向上の可能性が高い

②目標は本人が達成可能であると感じる範囲内であれば、困難な目標のほうがパフォーマンス向上の可能性が高い

③目標に対して本人が合意した場合のほうが、パフォーマンス向上の可能性が高い

④本人が合意しなくても、目標設定プロセスに本人を参画させただけでもパフォーマンス向上の可能性が高い

仮説①については、多くの調査で、全般的な目標よりも具体的で特定の目標を設定した場合のほうが、パフォーマンスが向上するという結果がでている。

仮説②から④については、3つの仮説すべてについて調査の結果は、ハイパフォーマンスを達成した場合もあり、そうでない場合もある。特に②の「本人が達成可能と感じた範囲であれば、難しい目標のほうがパフォーマンス向上の可能性が高い」については、調査結果は、困難な目標設定がハイパフォーマンスにつながる場合もあり、そうでないものもあり、結果はまちまちである。どうやら、難しい目標のほうがハイパフォーマンスが見込まれるかどうかは、仕事の内容や状況、個人特性などによって異なるようだ。例えば知的刺激や達成感が感じられる仕事の場合には、目標設定理論の主張どおりとなる場合が多い。また自分の達成したパフォーマンスが自覚できるような職務設計であることも重要である。

また③の目標設定への本人参画についても、パフォーマンスが向上するとは言いきれない。

④の目標に対する本人合意も、合意した場合のほうが目標達成の割合が高くなる場合が多いが、必ずしもパフォーマンスが向上するとは言いきれない。こちらも仕事の内容や状況、個人特性などによって異なってくる。

このように②～④の仮説を個々に見ると、その後の研究結果はさまざまだが、3つの仮説を組み合わせると、「目標設定に参画したほうが、目標に対して本人が合意する割合が高くなり、合意すれば目標達成意欲が増して、パフォーマンスが向上する可能性が高くなる」、ということが言える。さらに「目標が困難なほど、目標達成に対する抵抗が強くなるため、目標設定への本人参画と合意がより重要となる」ということも言えるだろう。つまり、②～④の仮説の組み合わせによって、②～④で主張している内容がパフォーマンス向上に貢献する可能性が高くなる（※5）。

いずれにしても目標設定理論は、パフォーマンス・マネジメントとして職場で多く応用されている理論であり、実践面で影響力の大きな理論である。職場での実践に関しては、第2章「パフォーマンス・マネジメント」で紹介していく。

5. 公平理論（Equity Theory）（※6）

●公平理論の概要

モチベーションに公平感を持ち込んだのが、アダムスが発表した公平理論である。アダムスは、人は自分が仕事に投入したもののすべて（努力・経験・スキル・知識など。これを公平理論ではインプットという）と仕事から得たもののすべて（昇進や昇給、昇進に伴う特権・社会的ステータスの向上など。これを公平理論ではアウトプットという）の割合と、他者が仕事に投入したインプットと仕事から得たアウトプットの割合を比較して、この両者の比率が同じだと感じたときに公平感を感じ、モチベーションを向上させると主張した。人がインプットとアウトプットの割合を比較する他者を比較他者（comparison others）という。

公平理論における3つのパターン

1. 公平感を感じる場合→モチベーション向上

$$\frac{\text{自分のアウトプット}}{\text{自分のインプット}} = \frac{\text{比較他者のアウトプット}}{\text{比較他者のインプット}}$$

2. 不公平感を感じる場合

a）自分のインプット・アウトプット比率のほうが低いと感じた場合

$$\frac{\text{自分のアウトプット}}{\text{自分のインプット}} < \frac{\text{比較他者のアウトプット}}{\text{比較他者のインプット}}$$

b）自分のインプット・アウトプット比率のほうが高いと感じた場合

$$\frac{\text{自分のアウトプット}}{\text{自分のインプット}} > \frac{\text{比較他者のアウトプット}}{\text{比較他者のインプット}}$$

公平とは何か

公平は英語ではfairness（あるいは equity, justiceなど。アダムスの公平理論は、equityという言葉を使っているが、ここではfairnessを代表として用いる）に相当する概念として議論していく。Fairnessに似た概念にegalitarismがある。Egalitarismは貢献に関係なく平等に与えられるものである。例えば選挙権がこれに当たる。国に対する貢献度とは関係なく平等に1人１票ずつ選挙権が与えられる。Egalitarismは日本語で言うと平等に相当すると思われる。これに対して、個人の貢献度に応じて得られるものに差がつくこと、つまりリワードに差がつくことがfairnessなのである。組織でモチベーションを考える際には、egalitarismではなくfairness重視が重要であるため、公平理論も含めてモチベーション理論では、fairness達成を目的に理論を構築している。これは暗黙の前提となっているが、年次管理に基づく年功制を行ってきた日本企業にとって、公平（fairness）と平等（egalitarism）を混同してしまう場合も多い。

同時にアダムスは、人は自分のインプットとアウトプットの比率と、比較他者のインプットとアウトプットの比率を比較して、両者が異なっている場合には不公平感を感じると主張した。興味深いのは不公平感を感じるのは、他者と比較して自分が損をしている場合だけでなく、得をしている場合にも不公平感を感じると主張している点である。

アダムスは不公平だと感じる場合には、その人は公平感を感じられるようにさまざまな働きかけを行うと主張している。働きかけは自分が損をしていると感じた場合と、得をしていると感じた場合に分けられ、自分のほうが損をしていると感じたときに行う働きかけは、①自分のインプットを下げる、②自分のアウトプットを上げる、③比較他者のインプットを上げる、④比較他者のアウトプットを下げる、の4つであり、自分が得をしていると感じた場合に行う働きかけは、①自分のインプットを上げる、②自分のアウトプットを下げる、③比較他者のインプットを下げる、④比較他者のアウトプットを上げる、の4つである。以上の行動によって自分と比較他者のインプット・アウトプット比率を同じにして、人は公平感を感じようとするのである。

以上の行動をとって、公平感を感じた場合には、人はモチベーションを向上させる。だが以上の行動をとっても、公平感を感じられない場合には、次に人は、①別の比較他者を選ぶ、②離職する、③モチベーションを落としたまま組織にとどまる、という行動をとる、というのが公平理論の主張である。

●比較他者は誰か：雇用形態によって比較他者は異なる

人が公平感を感じるときに比較の対象とする「比較他者は誰か」は大きな問題である。比較他者は組織内部の人と組織外部の人の２つに大別でき、前者を内部公平感に関する比較、後者を外部公平感に関する比較、という。組織内部の比較他者の例としては、同じ部門など近くにいる職場の同僚、同期入社や上司、部下などがあり、組織外部の比較他者は、他社で同一職種や類似職務についている人、大学の同期など友人がいる。

重要なのは、比較他者のタイプによって不公平感を感じたときの行動に、以下のような違いがある点である。

内部不公平感を感じた場合：比較他者が同じ企業に勤める社員の場合には、不公平を感じても、職種や職務内容が異なるため、転職できる可能性が低く、モチベーションを下げたまま、組織にとどまることが多い。

外部不公平感を感じた場合：比較他者が他社で働く人の場合。特に同一職種や類似職務についている人と比較して不公平感を感じた場合には、転職することが多くなる。これに対して、大学の同期など友人の場合には、職種や職務が異なれば、不公平感を感じても転職可能性が低いため、転職行動に出ることはまずなく、モチベーションを下げたまま、組織にとどまる。外部不公平感の場合には、このように比較対象タイプによって行動が異なってくる。

正社員の人材流動性が低い日本では、正社員の場合、比較他者は同じ企業に勤める社員である場合が多くなる。比較他者が同期入社の場合には、経験年数が同じであるため、インプットを同じと考えることが多くなるため、アウトプットが同じレベルとなると公平感を感じ、アウトプットに差があると不公平感を感じることが多くなると思われる。だが、同期であっても明らかに職務内容やパフォーマンスに差があると思えば、不公平感を感じる可能性は低くなる。

他方、上司や部下の場合は、インプットが異なると感じる場合が多いため、アウトプットが異なっても不公平感を感じることは少ないだろう。逆に上司や部下の場合には、地位や給与レベルなどアウトプットが異なることが通常であるため、インプットの高低で比較する場合が多くなる。例えば「給与を多くもらっているのに部長は、あまり仕事をしていない」「上司なのだから、部下よりも多く働くのは当然だ」といった日常の感覚がこれにあたる。

これに対して、非正規社員の場合には、組織内外の両者を比較他者とする場合が多いと思われる。内部公平感と外部公平感の両方が重要というわけだ。内部公平感では、職場の同僚の間や同じ仕事に従事しているパートタイマーなど非正規社員の間、および正社員と非正規社員の間という2つのタイプの公平感を確立することが重要となる。同時に、他のスーパーマーケットタイマーのパートの時給やその他各種施策（パートタイマーに対する人事評価や昇進・昇給・ボーナスなど）に関する継続的な比較検討による外部公平感の確立が重要になってくるだろう。

●公平理論への批判：自分のほうが得をしている人が不公平感を感じるか？

アダムスの主張は、自分が損をしていると感じた場合には理解できるが、自分のほうが得をしていると感じた人が、自分が損をするような行動をとるとする主張には理解できない面もある。実際にこれまでの調査からは、自分のほうが損をしたと感じた多くの人が何らかの行動を起こすことが発見されているが、自分のほうが得をしたと感じた場合に、人は公平感を取り戻すための行動を起こすとは限らない、という結果が出ている。もっともすべての人が自分のほうが得をしたと感じたときに、何もしないわけではなく、比較他者に対して申し訳ないという気持ちから、同じ給与水準でこれまでより努力するなどの行動に出る人もいることが、研究から明らかになっている。自分のほうが得をしたと感じたときにとる行動は人によって異なるようだ。

●手続きの公平感（Procedural Justice）（※7）

公平理論は、報酬（外的リワード）の結果に対する公平感、言葉を換えると分配の公平感

（distribution justice）に関する理論だが、公平感には別の側面である手続きの公平感（procedural justice）がある。手続きの公平感とは、どのように報酬が決定されるかに関する公平感だ。

分配の公平感と手続きの公平感の関係について調査を行ったブロッナーとワイズフェルド（※8）によれば、分配に対して公平感をもっている場合には、人は手続きの公平感に対して関心を持たないが、分配の公平感が崩れると手続きの公平感に対する関心を持つようになる、そして手続きの公平感が保たれている場合にはひどくモチベーションを低下させることはないが、分配の公平感も手続きの公平感も実現できないとモチベーションを低下させるという結果が出ている。企業には資金にもポジションにも制限があるため、組織のすべての人が公平感を感じるような昇進や昇給を実現する、つまり分配の公平感を実現することは困難だが、この調査からは手続きの公平感が実現できれば人はモチベーションを維持することになる。これは重要な点であろう。

そこで問題となるのが、具体的に手続きの公平感を実現するにはどうすればいいかということだ。主な方法としては、評価内容やプロセスの透明性を高めるということが挙げられる。評価内容の透明性の向上には、評価項目や評価基準の公開、評価者の公開、評価結果の公開などがある。つまり被評価者にとっては、誰がどのような項目を使ってどのような基準で評価しているかを知ったほうが、知らない間に評価されるよりも公平感が高まるということだ。

また評価プロセスの透明性向上には、評価プロセスへの被評価者の参画がある。被評価者の参画は納得感・公平感の向上に非常に重要な役割を果たす。具体的な方法としては、自己評価の提出や上司との評価に関するミーティングの実施（パフォーマンス・マネジメントにおけるパフォーマンス・レビュー）などである。これらの施策によって、被評価者は評価に自分の意見を入れることができる。自己評価が最終的に決定された評価に大きな影響を与えられれば、被評価者はより公平感や納得感を高めるだろうが、たとえ最終的な評価結果に対する影響は微々たるものであったとしても被評価者が自分の意見を評価者に表明できたこと、状況を説明できたことだけでも被評価者の公平感向上に役立つのである。さらに評価ミーティングでは評価内容や基準を話し合う、評価者が評価理由を説明することによって、被評価者の納得感・公平感は向上することになる。以上のように手続きの公平感はすべての人に実現することが可能であり、人材評価において非常に重要な点となる。ただし、もちろんすべての人に公平感を実現できるかどうかは、あくまで可能性であり、実現できることを保障したものではないことを忘れてはならない。やり方次第では、多くの社員の公平感を低下させる要因ともなりうるのである。

手続きの公平感は、目標設定理論の主張と多くの部分で重複しており、両者の関係は、同じ事象を異なる側面から議論している、ともいえる。

●関係の公平感（Relational Justice）（※9）

関係の公平感とは、評価プロセスにおける人間関係に焦点をあてて公平感を論じるもので、被評価者が自身を尊重してもらったと感じる度合いである。関係の公平感は手続きの公平感に含めることもできるが、ここでは別に取り上げることとする。例えば評価プロセスで自分が提出した自己評価の結果について正当で丁寧なフィードバックがあれば、人は自分を尊重してくれたと感じるであろう。またパフォーマンス・レビューにおいて評価者が被評価者の意見を真摯に聞こうという姿勢で臨めば、たとえ評価結果に合意できなくても、被評価者の持つ評価ミーティングへの印象はいいものとなるであろうし、これによって公平感の向上は可能である。このように関係の公平感は、被評価者との直接接触において発生するもので、関係の公平感向上に重要な役割を果たすのは評価者であるマネジャーである。マネジャーの責任は非常に大きいといえる。

公平理論（分配の公平感）、手続き・関係の公平感の職場での実践については、目標設定理論同様に「パフォーマンス・マネジメント」の章で紹介する。

6. 期待理論（Expectancy Theory）（※10）

●期待理論の概要

仕事から得られるリワードに対する「期待」に注目してモチベーションの理論を開発したのがブルームである。ブルームは、人は仕事に対するパフォーマンス達成の可能性、パフォーマンス達成によってリワードが得られる可能性、そして得られるリワードに対する好み、の3つの要因を主観的に判断して、その結果によって仕事に対するモチベーションを向上させると主張した。つまり、パフォーマンスを達成できる可能性が高いと判断し、パフォーマンスを達成した場合にリワードを得られる可能性が高く、そして得られるリワードが自分の好みにあっていると判断した場合には、人は仕事に対するモチベーションを向上させるというのである（図4－3）。

期待理論としてもうひとつ有名な理論に、ローラーとポーターが提案した期待理論がある。ローラーとポーターの期待理論も人が仕事に対するモチベーションを向上させるプロセスについてブルームの期待理論と同じような仮説を提案しているため内容については省略するが、ブルームがどちらかというと外的なリワードに焦点を当てたのに対して、ローラーとポーターはやりがいや達成感、能力向上など内的なリワードも含めているという違いがある。この点では

図4－3　期待理論が仮定するモチベーションプロセス

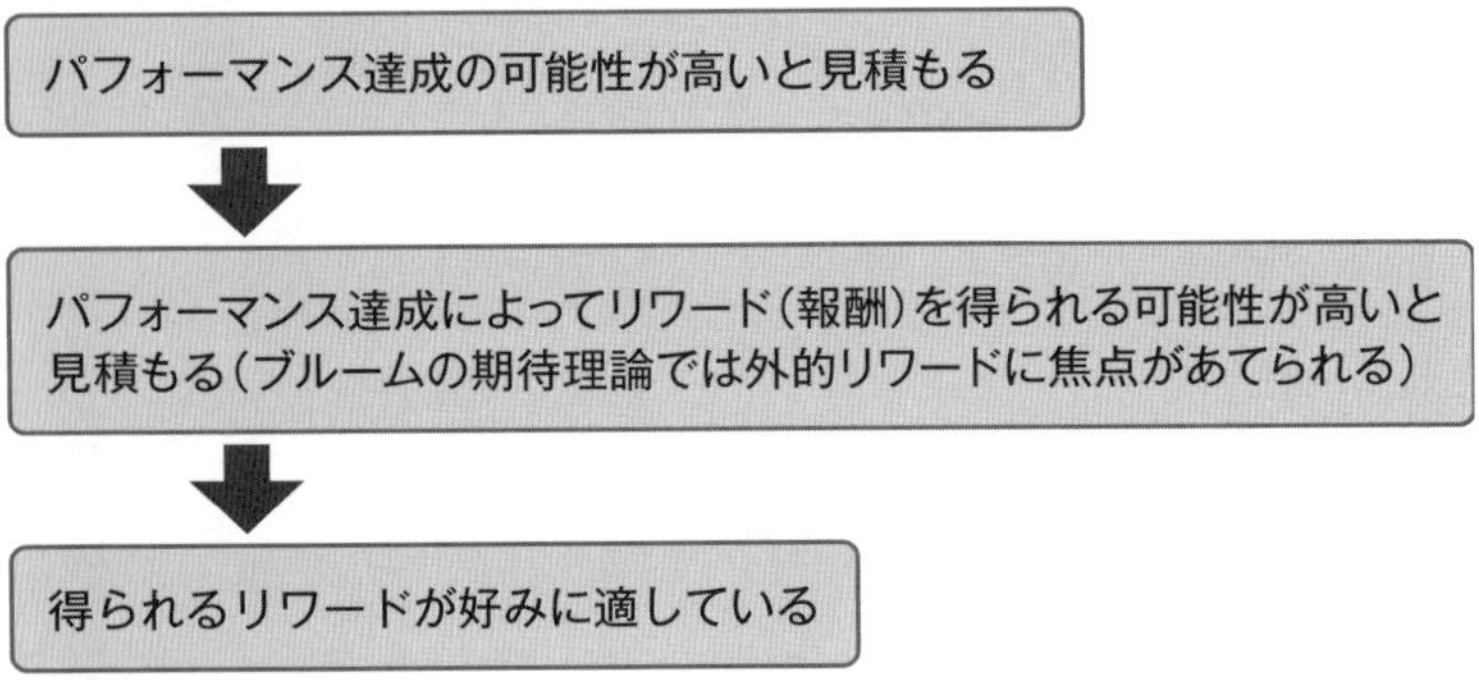

パフォーマンス達成の可能性が高いと見積もる
パフォーマンス達成によってリワード（報酬）を得られる可能性が高いと見積もる（ブルームの期待理論では外的リワードに焦点があてられる）
得られるリワードが好みに適している

Gibson, J, Ivancevich, M. Donelly, Jr and Konopaske, R.（2003）
Organizations; Behavior, Structure, Processes,（11th ed.）などを基に筆者作成

ブルームの期待理論よりも内容が幅広いということになる。

●期待理論に基づく施策・行動

期待理論に基づいて、部下がモチベーションを向上させるために必要な組織の施策とマネジャー行動をいくつか紹介する。

①部下が達成可能性の高さを感じる職務内容やパフォーマンス目標を設定することが重要である。期待理論によれば達成可能性の高さがモチベーション向上の第1段階の条件であるため、これは極めて重要だ。そのための具体策としては、目標達成のための具体的な方法を提示する、困難な目標の場合にはいくつかの段階に区切る、どこまで目標を達成しているかに関する情報を収集し、頻繁なフィードバックを行う、などが

期待理論に基づくモチベーション向上のための施策例（各段階別）

第１段階：パフォーマンス達成の可能性を上げるための施策

- 達成までの方法・プロセスを明確化する
- 目標達成のための経営資源・トレーニングの提供
- 目標の段階化（困難な目標の場合は段階化する）
- 成功体験を積ませる

第2段階：パフォーマンスとリワードの連動強化

- 成果給・業績賞与など個人パフォーマンスと連動した報酬
- 組織パフォーマンスと連動した業績賞与・ストックオプションなど
- パフォーマンスフィードバックと昇進など次のキャリアステージへの具体的道筋を示す

第3段階：個々人の好みにあったリワードの提供

- 職種や職務に対するこだわりが強いか
- 短期的な金銭的報酬に対する欲求が特に強いか
- 出世・昇進に対する欲求が特に強いか
- 育児休業・介護休業、フレックスタイム、短時間勤務などフレキシブルな勤務形態の重要度が高いか
- 勤務地限定など勤務地に対する重要度が高いか

挙げられる。

②達成可能性の見積もりは、あくまで個人の主観によるため、パーソナリティを含めた部下一人ひとりの状況を知ることが重要である。周りから見たら、達成できると思える目標であっても、自信のない部下もいる。あくまで部下一人ひとりへの目配りが重要となる。

③組織が望むパフォーマンス内容やパフォーマンス達成プロセスを明確にする。パフォーマンスを達成し、それが組織内で評価され、リワードに結びつくためには、組織の価値観や行動基準などを明確化し、それを部下に認識・徹底してもらうことが必要となる。

④部下の個人目標が組織全体の目標と一致していれば、部下は自分の目標達成によって組織全体の目標が達成され、それに連動して自分はリワードを得られる可能性が高いと感じるようになる。そのため組織全体の目標と個人の目標を明確な形で連動させることが重要となる。

⑤部下の望むリワードを用意する。どのようなリワードを望むかは人によって異なるため、個人にあったリワードを設定することが必要となる。非正規社員の多い流通業において、望むリワードは雇用形態によっても大きく影響を受けるため、雇用形態に応じた多様なリワードの設定は重要である。

7. モチベーション理論をいかに職場で実践するか：期待理論の実践方法

では具体的にモチベーション理論をどのようにして職場での実践に結び付けるか。モチベーション理論の数は多く、それぞれの理論で実践方法を考えたら、それこそ数えきれないくらい存在するが、ここでは期待理論を例にとって、ごく一部しか取り上げることはできないが、実践方法を考えてみる。

期待理論は、モチベーション向上プロセスとして以下の3段階を想定し（図4－3）、3段階すべてが実現できたときに、モチベーションが向上すると主張している。

以上の3段階を非正規社員に当てはめると、**第1段階**は、非正規社員が自身の責任範囲のパフォーマンスを達成できる（「担当業務を十分に遂行できる」と言い換えてもよい）と感じてもらうようにするということだ。具体策の中からいくつか挙げてみる。

（1）OJT体制の確立

社員がパフォーマンスの達成可能性が高いと感じるためには、職場の教育が不可欠であり、そのための体制や施策づくりなど工夫が必要だ。以下にそのうちのいくつかを挙げる。

①ＯＪＴで活用する業務マニュアルの整備は欠かせない。常にリニューアルした状態にしておこう。これに関しては「（2）仕事のマニュアル化の推進」の項でもう一度取り上げる。

②リーダーに対する具体的な役割・権限・責任の明確化。加えてリーダー本人だけでなく職場メンバー全体でリーダーの役割・権限・責任に対する理解を共有する。

③OJTの成果や評価の実施。パフォーマンス測定と評価なしには、OJTに取り組むモチベーションはわいてこない。

④OJTリーダーに対する人材マネジメント施策を明確化する。OJT活動やOJTリーダー経験がキャリア開発全体の中でどういった位置づけとなるかを社員個人と話し合い、明確化することが重要だ。これもOJTに取り組むモチベーションのためには必須である。

(2) 仕事のマニュアル化の推進

前項でも指摘したが、パフォーマンス達成可能性が高いと感じるためには、業務マニュアルは欠かせない。重要な点をいくつか挙げておく。

①図表や写真を入れるなど、記載方法にもわかりやすさの配慮が必要。

②時間のない中で効果的に活用できるように、必要事項のみを検索できるインデックス化や、デジタル化してPCなどでアクセスできるようにする。

③職場でのチーム活動の項目に加えるなどして、業務マニュアルの実効性を向上する。

(3) コミュニケーション促進

わからない時や困った時に相談できる、効果的・効率的に情報交換ができるなど、コミュニケーション促進は、パフォーマンス達成見積もりの向上には重要となる。コミュニケーション促進の対象や内容には、さまざまな側面がある。対象面では、マネジャーである自分自身と非正規社員との間や、部下の正社員と非正規社員との間などがある。内容面ではパフォーマンス・マネジメントサイクルにおける期首の目標設定面談、期中の面談、期末の評価面談などの公式面談の進め方や内容、非公式の日常的なコミュニケーションの推進など。公式・非公式の双方で1対1とグループでのコミュニケーションを組み合わせるなどのさまざまな工夫もある。

第2段階は、パフォーマンス達成によってリワードが得られる可能性が高いと本人が感じるということである。前提として捉えてほしいのは、本書で紹介したブルームバージョンの期待理論では、外的リワードに焦点をあてているが、内的リワードも含めて総合的にリワードを捉えることが有効だ。

「リワードが得られる可能性が高い」ということは、まず社員本人がパフォーマンス達成によってなんらかのリワードを得た、と実感してもらうことがスタートとなる。これは非常に重要な点だ。リワードを広く捉えて、パフォーマンス達成した時にはすぐ誉める、しかも具体的に誉める（接客業ならば、「あなたの接客のこういう点がお客様にこういうような理由で好印象を与えた」など）、職場のミーティングや連絡メモ（最近ではフェイスブックなどのSNSの活用も考えられる）などで職場の仲間にパフォーマンス達成を紹介し、称える、といった方法も重要だ。

また「職場仲間へのサポートを行った」「業務マニュアル作成に協力し、情報を積極的にインプットした」なども含めて、パフォーマンスの幅も広く捉えて対応することが必要である。もちろん正式の人事評価で高い査定をつける、昇給・賞与、職場リーダーや主任などに任命するなど昇格・昇進で報いる、など公式なリワードは必須である。

誉めることや人事面での処遇などリワードを与えるために欠かせないのは、社員個人の行動を含めたパフォーマンス情報を幅広く収集することだ。上司の見ていないところでも優れた行動を行い、パフォーマンスを向上させたいと社員に感じてもらうためには、日ごろから職場の仲間同士や他部門などから幅広く情報収集しておくことが必要となる。近年は360度フィードバックなどが普及しているので、これらのツールを非正規社員に対しても効果的に活用するなども考えられる。

パフォーマンスとリワードの具体的で密接な関連づけを行うことも忘れてはならない。これも本人がリワードを得たと実感するための必要要件である。誉めるのはパフォーマンス達成直後（すぐれた行動の直後など）に誉める。ずっと後になってあの時はよかったと言っても効果は低下する。ちなみに悪い行動などに対する注意の場合は、この即効性はより重要である。公式な人事面においては、面談の場などで評価理由を具体的に挙げることが非常に重要だ。そのためには、日ごろの行動やパフォーマンスについて、自分で見聞きした情報、職場の仲間・他部門などから得た情報を書き留めておくのもよい方法である。

第3段階が、得られるリワードが自分の好みにあっている、という点だ。非正規社員の中には、一家の大黒柱として賃金で生活を支えている人もいれば、専業主婦だった人が子育て終了後に家計の助けとして働くケース、学生アルバイトとして比較的短期間働く人もいる。このように働く目的・状況が異なるため、個々人のモチベーション要因も大きく異なってくる。高い評価を受けて昇進・昇格を果たしたい、職場でリーダーシップを発揮したい、など上昇志向の社員もいる一方で、夫の扶養控除適用範囲の年収に留めたいという社員もいる。また、すでに就職先が決まり、卒業旅行の資金を貯めるために短期的にアルバイトをしている学生もいるかもしれないし、中には職場の仲間との交流が生きがいとなっており、これが仕事を続ける有力な要因となっているという社員もいるだろう。このように非正規社員のモチベーションは多様であり、それぞれの社員の状況や意識に合わせたモチベーション施策が必要となる。そこで、社員個々人の状況や意識を把握していることが重要となる。第1段階・第2段階と同様に第3段階においても、情報収集やコミュニケーションの仕組みづくりや、実行が不可欠なのだ。

非正規社員に対する会社としての正式な人事面での対応も非常に重要であり、スーパーマーケット業界では人事施策的にも正社員と非正規社員の差が少ない会社が多い。多くのスーパーマーケットで、非正規社員にも人事評価を実施し、人事評価に連動して昇給や昇進などを行っている。このように会社側としては非正規社員の活用に積極的だが、前述のとおり、非正規社員の働く目的や状況などは多岐にわたり、一律に捉えることはできないため、ラインマネジャーの役割はより一層重要となる。

また、非正規社員の場合、働く目的・意識、モチベーション要因が社員間で異なるため、職場でのコンフリクトが発生しやすくなるのも問題のひとつである。非正規社員には、短時間勤務のパート社員が多いため、直接コミュニケーションの機会が少ないことも問題だ。期待理論の実践方法としてこれまで紹介してきた方法は、これらの問題解決のためにも有効であろう。

第2章 パフォーマンス・マネジメント

1．パフォーマンス・マネジメントの概要

●パフォーマンス・マネジメントとは何か

以前はＭＢＯ（Management by Objectives）と言われていたスキームが、欧米では近年、パフォーマンス・マネジメントと呼ばれるようになっており、本書では近年の動向を踏まえて、パフォーマンス・マネジメントの名称を用いる。名称にちなんで、まず欧米におけるパフォーマンス・マネジメントについて紹介する（※11）。

パフォーマンス・マネジメントとは組織マネジメントに関するアプローチのひとつで、組織構成員のパフォーマンス向上を通じて、組織パフォーマンスの長期的・継続的な向上を目的としたものである。社員個人のパフォーマンス向上を通じた組織パフォーマンス向上施策であるため、評価や開発、処遇など人材マネジメント面に密接に連動した組織マネジメント・アプロ

ーチである。

ここで重要な点は、パフォーマンス・マネジメントは、組織パフォーマンス向上を目指した組織マネジメント・ツールであるということだ。日本では、人材評価や人材開発など人材マネジメント分野の活用が主目的となっている場合が多いが、活動サイクルの中で人事面での活用はできるが、あくまで目的は組織パフォーマンス向上である。そのため主体は人事部門ではなく各部門であり、責任者はラインマネジャーである。

なお人材マネジメント面では、パフォーマンス・マネジメントの普及に伴い、欧米では多くの企業で、以前はアプレイザルと呼ばれていた人材評価ツールが、パフォーマンス・レビューという名称に置き換わっている。

●パフォーマンス・マネジメント・サイクルと目的

パフォーマンス・マネジメントの概要をまとめると以下のようになる。

組織全体のパフォーマンス目標を部門さらに個人へと下していき（これを英語ではカスケーディング・プロセスという）、組織全体の目標に連動した個人目標を設定する。個人目標達成のサイクルをパフォーマンス・マネジメント・サイクル（通常1年）といい、サイクルの期首に個人目標を設定する。個人目標の設定にあたっては組織目標を一方的に押しつけるのではなく、個人から出された目標と組織からの目標の間で摺り合わせを行うことが重要となる。そのため目標設定にあたっては、マネジャーと本人との間で目標設定のための話し合いが行われ、期末にパフォーマンス達成度合いを測定・評価する。パフォーマンスの測定・評価についても、目標設定と同様にマネジャーが一方的に行うのではなく、部下との話し合いを持った上で実施する。

　パフォーマンス・マネジメントの人事面での目的は、判断目的（Judgmental Purpose）と開発目的（Development Purpose）の2つに大別される。判断目的の主な領域は、昇進・選抜を含む人員配置（人員配置には開発目的も入る）や金銭的報酬（昇給・賞与など）などからなる。パフォーマンス・マネジネントと判断目的の連動は、期首で設定した目標の達成度合いを期末に実施されるパフォーマンス・レビューで評価する。その結果が配置や昇進、昇給などの金銭的報酬の参考材料となる。人材開発については、人材開発に特化した目標を設定して目標達成を通じて人材開発を図るというルートと、人材開発に特化した目標を設定することはないが、パフォーマンス目標の達成を通じて人材開発を図るというルートがあり、この両者を組み合わせて実施することが多い。

　目標を達成し、個人・組織双方のパフォーマンスを向上させるためには、パフォーマンス・マネジメント・サイクルを通じてマネジャーと社員が頻繁に話し合いを行うことが必要となる。

図４－４　パフォーマンス・マネジメント・サイクル

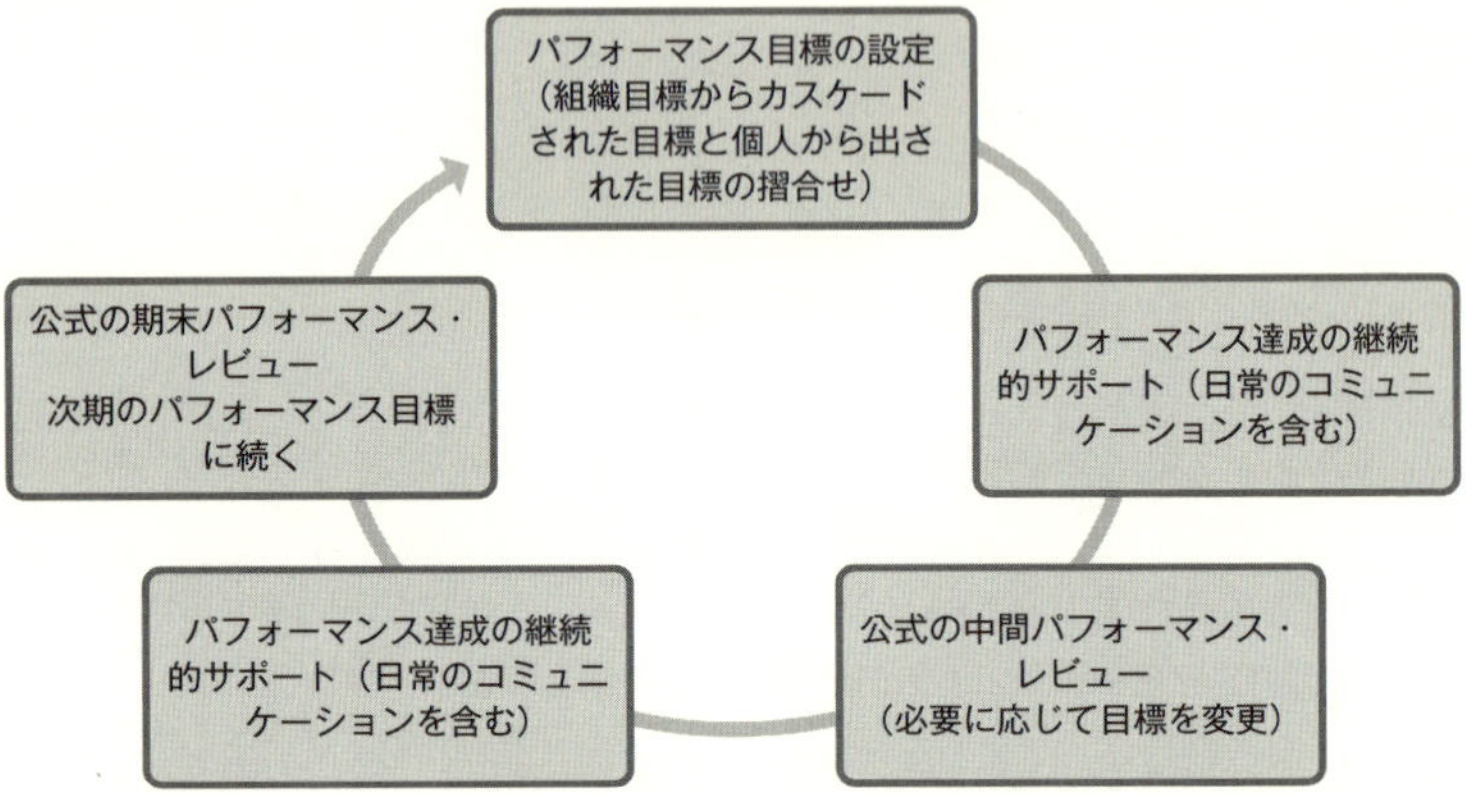

頻繁な話し合いはパフォーマンス評価に対する合意と納得性を向上させる面でも重要であり、話し合いには公式のパフォーマンス・ミーティングと非公式の日常のコミュニケーションが含まれる。

経営環境が激しく変化する現在、組織・個人の両面で目標が短期間に変化する可能性がある。そのため、いったん目標を設定しても現実の状況に柔軟に対応し、ビジネスの状況に合わせていくことが必要であり、公式ミーティングや非公式コミュニケーションを通じて、必要に応じて目標の変更を行っていくこととなる。

以上の内容を、目標設定から評価の流れ、次のサイクルへの流れなどパフォーマンス・マネジメントの連続的な流れとして示したのが図４－４である。

2. パフォーマンスとは何か

次にパフォーマンス・マネジメントの対象となるパフォーマンスとは何かである。パフォーマンス・マネジメントが対象とするパフォーマンスは組織パフォーマンスと個人パフォーマンスの2つに大別される。組織パフォーマンスの具体的な内容は、製品・サービスの品質、顧客満足、事業部や事業所ごとの売上や収益、最終業績など多岐にわたる。本書では個人パフォーマンスに焦点をあてて内容を見ていくこととする。

個人パフォーマンスは大きく分けると、結果（リザルト）とコンピテンシーの2つに分けられる。コンピテンシーの概念が普及する前は、パフォーマンス・マネジメントにおけるパフォーマンスは結果を意味することが多かったが、コンピテンシー・アプローチが普及していくに従ってコンピテンシーも対象に含まれるようになってきた。

●結果面の個人パフォーマンス

個人パフォーマンスとしてはじめに結果面について見ていく。結果面の個人パフォーマンスの測定は、期首に目標を設定して、期末にその到達度合いを測定・評価するという前述のパフォーマンス・マネジメント・サイクルに則って行われる。以下に結果面のパフォーマンス測定・評価における必要条件を2つ指摘する。

第1の条件は、目標設定に関する条件である。目標を設定し、その目標達成度に基づいてパフォーマンスの測定をするためには、職責や職務内容が明確化されていなくてはならないということだ。職責や職務内容は通常、職務記述書（Job Description）に明記されるが、これらの内容が明確化されておらず、職務記述書もない、といった場合には、なぜ個人目標として特定の内容・レベルの目標を設定したかに関する根拠がなくなってしまう。それでは恣意的に目標が設定されたことになり、目標設定も評価も公平感を欠くこととなり、パフォーマンス・マネジメントは有効性を失ってしまう。

目標設定の前提が成立したら、次は具体的な目標設定の段階となる。目標設定は組織全体の目標から部門へ、さらに個人へと目標がカスケードされていく。そして個人にカスケードされた目標と、個人側から出てきた目標との擦り合わせを行う。この際、重要なのは個人側から出てきた目標といっても個人の主観的な希望ではなく、明確化された責任範囲、職務内容、社員等級・報酬レベルなどの労働条件をまとめた職務記述書の内容に基づいているということだ。職務内容の明確化がなされていない企業の多い、日本の問題を「日本におけるパフォーマンス・マネジメントの問題」の項でさらに議論していきたい。

もっとも、設定される目標は必ずしも現在の職責や職務内容の範囲でなければならないということではない。企業全体や部門の状況に応じて職務内容は変化するため、それに応じて現在決められている責任範囲を超える、あるいは職務内容以外の項目が目標として設定される場合もある。ただし、そういった場合には職務内容の変更ということとなり、職務記述書が書き直される必要がある。さらに職務内容の変更が昇給を伴うかどうかをチェックし、昇給を伴うものであれば、その時点で報酬レベルについて考えることとなる。

　またパフォーマンス・マネジメントには人材開発目的があるため、長期的なキャリア開発を目指して本人が現在の決められた内容以外の職務にもチャレンジしたい、あるいはマネジャーがレベルの高い職務をチャレンジさせたいという場合も発生する。こういった場合にも昇給を伴うほど現在の職務内容を超えた目標を設定するかは、個々の状況によって各マネジャーが判断することとなる。

　第２の条件は、職務内容とパフォーマンスを直接知る人がパフォーマンス測定・評価を行うということである。この条件を聞いて、当たり前だと思われる読者も多いと思う。しかし、２次評価者や、全社的な評価委員会、部門・本社レベルの人事部門などが人事評価の調整を行う日本企業ではこれが実現していないケースが多いのである。

　調整を行うということは、１次評価者がつけた評価結果を他の人が変更することを意味する。そして評価結果を変更した人たちは、対象者の職務内容やパフォーマンスを直接知っているとは限らないのである。これではパフォーマンス評価に対する公平感・納得感に問題が生じる危険性があることは、容易に想像がつくだろう。

●コンピテンシー面の個人パフォーマンス

個人パフォーマンスのもうひとつの側面はコンピテンシーである。コンピテンシーに対する関心が高まるにつれ、以前は結果だけをパフォーマンスの対象としていたパフォーマンス・マネジメントにコンピテンシーが含まれることとなってきている。

結果が「何を行ったか」を示すのに対して、コンピテンシーは「どのように結果を出したか」を示すもので、結果に至るプロセスを評価対象とするものだ。コンピテンシーをパフォーマンス・マネジメントで活用する理由には、①結果だけに着目すると短期的には結果として現れないが、組織にとっては重要なことが軽視されてしまう、②結果には本人のコントロールできない要素が影響を与える場合が多いため、結果だけを評価の対象とすると公平感や納得感が低下する危険性があるが、行動は個人のコントロールの度合いが強いため公平感・納得感を高めることができる、などがある。

なおコンピテンシーの内容は拡大する傾向にある。つまり行動だけでなく、コンピテンシーに各職種や職務で必要となる知識やスキルを含めている場合もあり、こういった場合には知識・スキルもコンピテンシーに含まれる。

コンピテンシーのパフォーマンス・マネジメントでの具体的な活用方法は、結果面の個人パフォーマンスと同様に期首にコンピテンシーに関して具体的な目標を設定する場合と具体的な目標設定を行わない場合の２つに分かれる。２つの方法のいずれをとるかについては、筆者の見るところ職種別・職務別コンピテンシーが設定されている場合には、特定の項目について目標設定を行う場合が多く、一般コンピテンシーのみが設定されている場合には目標設定を行わない場合が多いようだ。

3．日本におけるパフォーマンス・マネジメントの問題

●個人の職責や職務内容が不明確

以上、欧米におけるパフォーマンス・マネジメントについて見てきた。ここで日本と比較してみよう。日本では従来のＭＢＯの名称で実施されていることが多いため、欧米のパフォーマンス・マネジメントと日本のＭＢＯとの比較を行う。欧米のパフォーマンス・マネジメントと日本のＭＢＯとは明らかに違いがある。この違いは、日本の企業が抱える問題から発しており、さらにこの問題は、パフォーマンスの測定・評価の問題にそのままつながるものである。そこで、日本と欧米諸国の両方で調査を実施した体験から筆者が知った両者の違いを紹介すること

で、日本企業が抱えるパフォーマンス測定・評価の問題について、特に重要と思われる点に焦点をあてて指摘する。

これは、パフォーマンス・マネジメント・サイクルの出発点である目標設定に関する問題だ。目標は個人の職責や職務内容に基づいたものでなくてはならないが、日本企業では個人の職責や職務内容などが明確化されていない場合が多く、目標設定の前提条件を満たしていない場合が多い。これが日本におけるパフォーマンス測定・評価の最大の問題である。この問題は、特に個人側からの目標設定に関して深刻である。パフォーマンス・マネジメントは、組織全体の目標から部門、個人へと目標がカスケードしていき、これと個人側から出された目標を摺り合わせして設定する。この際、個人側からの目標設定は自身の職責や職務内容をベースに設定することとなる。ところが、職務記述書がないなど職務内容が明確化されていない多くの日本企業では、個人から出される目標の理由・根拠がなくなってしまうのである。そのため組織と個人の両者から出された目標を摺り合わせるといっても、社員の側からは自身の目標設定の理由を具体的・説得的に示すことが困難になり、結果として組織側の要求に応じるしかない、という状況が発生してしまう。これでは、社員の納得は得られず、公平感も確立できない。

こういった状況で損をして不公平感を抱くのは、パフォーマンスが高くて組織からの期待は高いため、組織からカスケードされてくる目標レベルは高いが、その割に社員等級や給与レベルが低い社員。つまり若手のハイパフォーマーである。彼らは企業にとって非常に重要な存在であることはいうまでもなく、彼らが不公平感を持つことは絶対避けるべきことである。これを防ぐためにまず取り組まなくてはならないのは、職責・職務内容の明確化と職務・パフォーマンスレベルと処遇レベル（社員等級や給与など）の一致である。

なぜ、日本では個人の職責や職務内容が曖昧になったのか。読者の皆様ご存じのとおり、職能資格等級・職能給といった人ベースの人材マネジメントが導入され、しかも年功的に運用されてきたためだ。さらに、１９９０年代以降成果主義人事の流れの中で、職能資格等級下でパフォーマンス・マネジメントを導入し、目標達成度合いに処遇を連動させてしまったためだ。職能資格等級の年功的運用下では、高い等級の社員が必ずしも重要で困難な職務を担当し、高いパフォーマンスをあげているわけではない。そういった状況で目標設定を行えば、ラインマネジャーたちは部門目標達成のためには、社員等級・給与レベルではなく、実際に仕事のできる部下に重要で困難な目標を設定することとなる。その結果、担当している職務レベル・達成しているパフォーマンスレベルと、社員等級・給与レベルが乖離していたという実態が明らかになり、若いハイパフォーマーの不満が高まった。これが成果主義人事の初期の失敗である。その結果、１９９０年代後半から、職務等級・職務給など職務ベースの人材マネジメントが普及してきたというわけだ（※12）。

この職務内容の明確化、職務・パフォーマンスレベルと給与レベルの一致、という２つの条件は、非正規社員のマネジメントにとっても非常に重要である。後述するように非正規社員のモチベーション向上には、短期的公平感の確立が重要であり、そのためにはこの２つの条件を満たすことが不可欠となる。

この変化に関連して指摘したい点がある。それは、従来は厳格な職務規定をしていた欧米諸国でも、近年は職務規定をより緩やかなものにしようという動きがあり、この変化が日本でも紹介されることがある。しかしここで注意しなくてはならないのは、これまで厳格な規定に基づく職務ベースの人材マネジメントに慣れてきた欧米人にとっては、職務規定が緩やかな方向に変化していると感じられるものでも、日本の職能資格等級など人ベースの人材マネジメントと比べればいまでも職務の定義は細かく規定されているということだ。その点で欧米企業の人材マネジメントが日本企業と似てきているという議論を聞くことがあるが、それでも日本と欧米の実態はかなり異なっていると、筆者は調査を通じて感じている。外国人に自国で起こっている変化を聞いた場合の答えは、彼らの国における過去と現在を比較して答えているのである。日本の状況は知らないわけだから、日本と比較して答えているわけではないことを忘れないようにしよう。

4．モチベーションを向上させるパフォーマンス・マネジメントとは

●モチベーション理論との関係

ここではモチベーションを向上させるパフォーマンス・マネジメントの実践方法を考えてみたい。まずは「ワークモチベーション」で取り上げたモチベーション理論との関係から見ていきたい。

モチベーション理論の中で、パフォーマンス・マネジメントと最も関連が強いのが、「特定で具体的な目標を設定したほうが、パフォーマンス向上の可能性が高い」と主張する「目標設定理論」であろう。組織全体の目標からカスケードして社員個人に対して特定の目標を設定して、パフォーマンス向上を目指すパフォーマンス・マネジメントは、目標設定理論を応用した組織マネジメント・ツールといえる。さらに目標達成に対する本人の合意や目標設定プロセスに本人の参画が、パフォーマンス向上につながるとする目標設定理論の主張も、個人側から出された目標とカスケードされてきた組織目標の間で、摺り合わせを図った上で、目標を設定するパフォーマンス・マネジメントの施策と合致する。

パフォーマンス・マネジメントに関連性の強い他のモチベーション理論としては、個人は比較他者と自身を比較して公平感を感じた時にモチベーションを向上させるという「公平理論」

が挙げられる。公平理論で本人と比較他者との間で比較対象となるのは、インプットとアウトプットの比率である。インプットは本人が仕事に投入する知識・スキル・経験・努力などであるため、これは設定した目標のレベルと捉えることができる。そしてアウトプットは目標達成の結果得られる昇進や昇給、ボーナスなどの金銭的報酬、他者からの賞賛など非金銭的報酬である。つまり、同レベルの目標を同レベルで達成した他の社員と比較して、会社での地位・ポジション（昇進度合を示す）や給与水準、ボーナス水準、組織内外での評判などが同程度であれば、人は公平感を感じて、モチベーションを向上させるというわけだ。

公平感の他の側面である手続きの公平感や関係の公平感もパフォーマンス・マネジメントに関連する重要な概念だ。前章の手続きの公平感、関係の公平感の項では、評価プロセスに焦点をあてたが、設定した目標や日々の仕事の中で、社員が公平感を感じれば、公平感とモチベーションが向上するため、目標設定や日常のコミュニケーションも含めてパフォーマンス・マネジメント・サイクル全体で重要となる。

●パフォーマンス・マネジメント：職場での実践

以上、2つのモチベーション理論とパフォーマンス・マネジメントの関係を見たが、ではパフォーマンス・マネジメントを職場でどのように実践すれば、社員のモチベーションが向上し、個人と組織の両方のパフォーマンスを向上させることができるのか。

まずは、目標設定理論が主張する特定で具体的な目標の設定である。これを実現することが、パフォーマンス・マネジメントの第1段階であり、かつ最も重要な条件であろう。よく目標設定の条件として挙げられるのが、ＳＭＡＲＴ目標の設定である。ＳＭＡＲＴとは、Specific（具体性）、Measurable（測定可能性）、Achievable（達成可能性）、Relevant（適切性）、Timed（達成期限の設定）目標という意味である（※13）。目標設定理論の主たる主張である具体性に加えて、測定可能性、達成可能性、適切性、達成期限、という条件が加えられている。このうち達成可能性は、目標設定理論が主張する「本人が達成可能であると感じている範囲で、困難な目標」である。達成が不可能と思えば、モチベーションは一気に下がってしまうだろう。測定可能性については、測定可能でなければパフォーマンス・マネジメントの意味はないし、達成時期については、時期が明示されなければ目標設定しないのと同じであり、いずれも重要な条件である。適切性については、組織全体からの目標と個人から出された目標の両面からの適切性である。この個人から出された目標の適切性のために必要なのが、職責・職務内容の明確化ということになる。

目標設定理論の本人の合意については、まずは上記のＳＭＡＲＴ目標という目標設定の条件が満たされることが、合意の条件となる。さらに合意には目標設定への参画が前提条件となってくる。その上で、マネジャーの皆様は形式的でなく本当に参画させているか、合意が得られるほど話し合っているか、などを自身に問いかけていただきたい。

まずその前提として「あなた自身は部下の仕事を権限や責任を含めて十分に把握しているか」を考えてほしい。加えて「部下が仕事上直面する課題、阻害要因は何か」「部下の職務遂行に必要な知識・スキル・経験は何か。部下はそれらを十分に持っているか。なければ何が必要なのか」など部下と仕事を取り巻く要因を自身が理解しているかを振り返っていただきたい。さらに重要なのは「部下は前回のパフォーマンス・レビューに納得・合意しているか」である。これらの条件を満たすことが、モチベーションとパフォーマンス向上の条件である。

目標設定理論の観点から、パフォーマンス・マネジメント・サイクルをみたのが図４－５である。図４－５で示した内容が達成されているかをぜひチェックしてみてほしい。

以上が目標設定理論の主張する条件からみた、パフォーマンス・マネジメントの職場での実践に対する提案である。次いで分配の公平感（公平理論）・手続きの公平感・関係の公平感の確立を加えてパフォーマンス・マネジメントの職場での実践方法を提案したのが、図４－６である。目標設定に関しては、ＳＭＡＲＴ目標を設定すると同時に、目標設定のプロセスにおいては、組織からの目標に関する十分な説明や、本人から自己目標設定について十分にその理由を聞き、納得の上で目標を設定していく。手続き・関係の公平感の確立である。目標を設定し

図４－５　パフォーマンス・マネジメント・サイクル

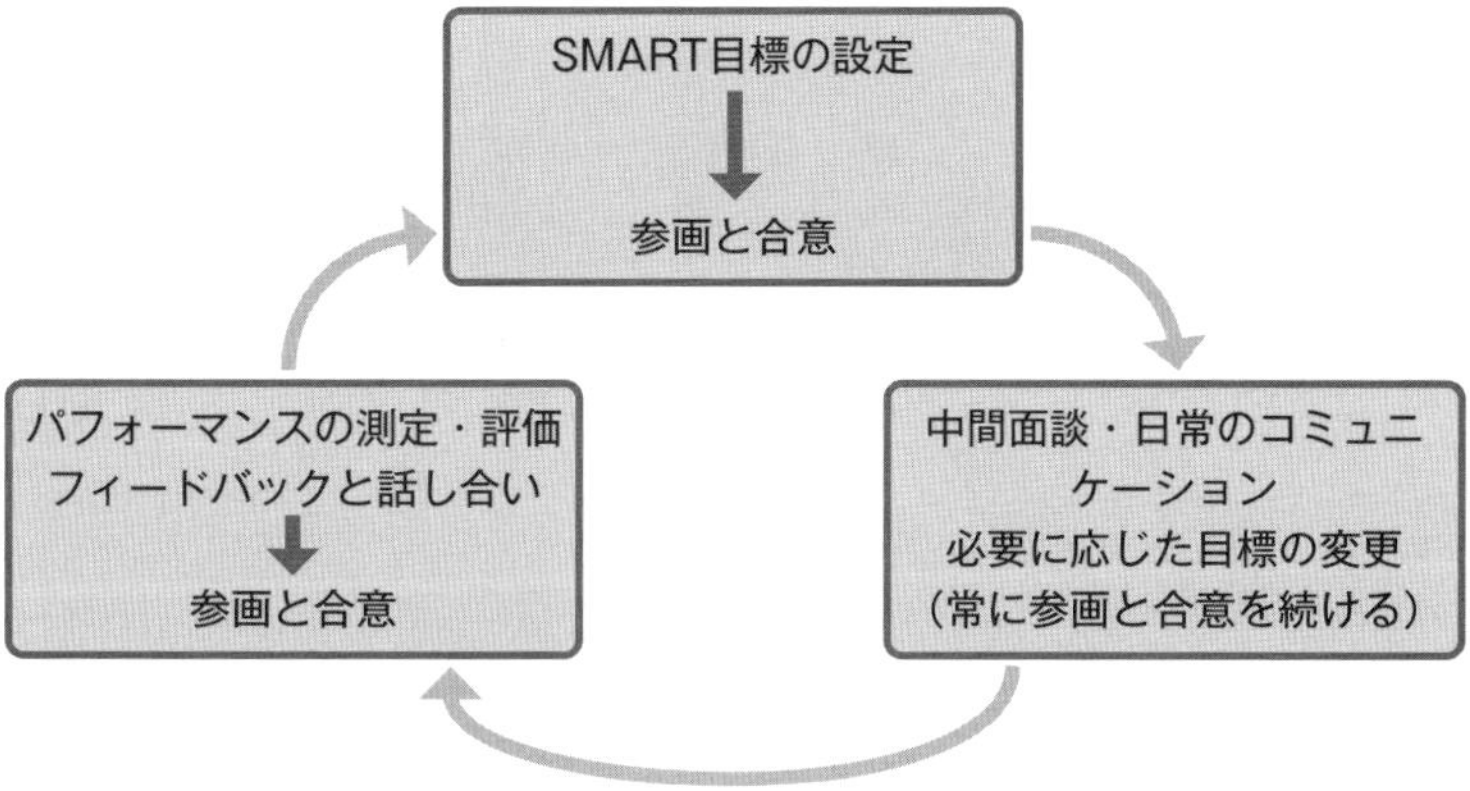

図４－６　パフォーマンス・マネジメント・サイクル＋分配・手続き・関係の公平感

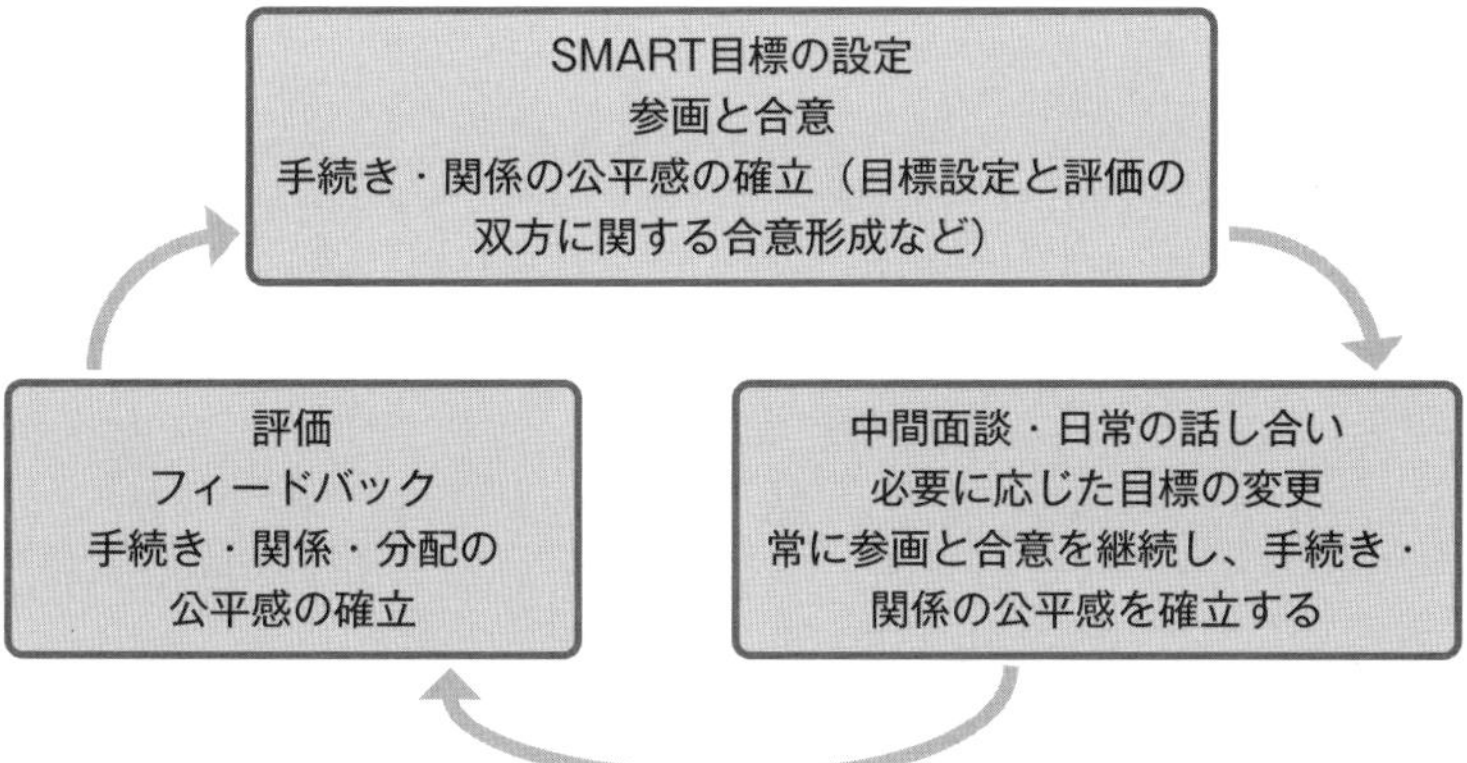

たら、公式の中間面談や日常のコミュニケーションを通じて、目標達成に対するサポートなどを行う。問題があった時に部下が話しやすい状況をつくることも心がけなければならない。常に関係の公平感を継続するのである。さらに必要に応じて目標の変更を行い、常に目標に対する参画と合意を継続して手続き・関係の公平感確立を目指す。そして期末のパフォーマンス・レビュー（パフォーマンスの測定・評価）においては、測定・評価プロセスに関する手続き・関係の公平感と測定・評価結果に対する分配の公平感の確立を目指していく。

●公平感確立のタイムスパン

以上のとおり、パフォーマンス・マネジメント・サイクルの中で、分配の公平感・手続きの公平感を常に確立していくことが重要である。ここで公平感のタイムスパンという概念について紹介したい。成果主義人事が普及するまで、日本企業ではパフォーマンス・マネジメントを本格的に実施することはなかった。それ以前は、正社員主体の職場の中で、年次管理・年功的処遇が行われており、パフォーマンスの測定や評価を厳密に行うことはなされなかった。では年次管理・年功的処遇の中で公平感は存在しなかったのであろうか。筆者は、長期雇用に基づき年功的処遇で若い時には損をするが、中高年になればある程度は出世でき、給与レベルもある程度は上がるという人材マネジメントの中で、長期的な公平感が確立していたと考える。つまり、「短期的には公平とは言えないが、長い目で見れば、そんなに不公平ではない」と多くの社員が思ったわけだ。そのため各時点での公平感がさほど問題にはならなかった。同時に日本では公平感＝平等感（同期社員が同じように昇進・昇給していくといった）という捉え方を多くの人が持つようになったと思われる。

それが１９９０年代に入って成果主義人事が普及し、各時点でのパフォーマンスと評価・処遇を一致させようとした。こうなると公平はもはや平等ではなく、貢献度に応じて得られるリワードが異なるという英語世界のfairnessと同じ意味を持つようになり（「ワークモチベーション」「コラム：公平とは何か」参照）、貢献度を示す尺度であるパフォーマンスを正確に測定・評価する必要が出てきたのだ。つまり公平感のタイムスパンが長期から短期へと変化したことが、パフォーマンスの測定・評価の必要性を増大させたわけだ。

同時に、非正規社員の増加も公平感のタイムスパンに影響を与えた。長期雇用を前提としない非正規社員にとって、長期的な公平感は意味を持たず、その瞬間、つまり短期的な公平感の確立が重要となるのである。このように成果主義人事という正社員の人材マネジメントの変化と、非正規社員の増大という2つの要因から、短期的な公平感がより重要となっており、それに伴いパフォーマンスの測定・評価の重要性が増してきたというわけだ。

この点で特に重要なのは、短期的公平感の確立はより難しいということだ。長期的公平感とは、要するに「長いワークキャリア全体を考えれば、悪いようにはしない」ということであり、その世界では、ある時点で切り分けてパフォーマンスを測定・評価する必要がないのである。マネジャーにとっては、以前に比べて人材マネジメントはより難しくなっているのである。

5．人材評価

これまでパフォーマンス・マネジメントについて見てきたが、人材マネジメント面でパフォーマンス・マネジメントと密接に結びついているのが、人材評価である（図４－４で示したパフォーマンス・マネジメント・サイクルの期末パフォーマンス・レビューにあたる）。人材評価は評価する人によって、上司が行う人事評価、一定の訓練を受けた専門家が行う人材アセスメント（管理職選抜などに実施されるアセスメント・センターなど）、上司・同僚・部下・顧客など複数の人から評価を受ける３６０度フィードバックなどがある。本書では、このうち上司が行う人事評価を対象とする（※14）。なお、３６０度フィードバック（※15）では、コンピテンシー項目・行動指標を基に質問が設定されることが多く行われており、この面では３６０度フィードバックはコンピテンシー活用の一側面と言える。

パフォーマンス・マネジメントにおいては欧米と日本の両者を対象としたが、人事評価については、日本における企業の人事評価のみを対象とし、欧米に関しては、日本との違いについて2点のみ言及することとする。

●業務遂行プロセスと評価要素・評価ツール

人事評価を行う際に重要なことは、何を評価対象とするかということだ。図表4－7に示したように職務遂行は、職務遂行のために社員が投入したインプット段階、職務遂行のプロセス段階、職務遂行のアウトプット段階の3つに大きく分かれる。人材評価においてはじめに決定しなければならないのは、どの段階をどの程度評価の対象とするかである。インプット段階には、社員が有する能力（知識・スキル・経験など）と職務を遂行する取組姿勢（態度・意欲など）が入り、職務遂行プロセス段階には職務遂行のために行った行動が、そしてアウトプット段階には職務遂行の結果（リザルト）が入る。

インプット、プロセス、アウトプットのそれぞれの段階に対応して、評価ツールが示されている（図4－7の中段）。インプットの能力（発揮能力＋潜在能力）に対応する評価ツールが従来型能力評価、取組姿勢に対応する評価ツールが情意評価、職務行動（発揮能力）に対応するのが職務行動評価、結果に対応するのが業績評価である。

日本の人材評価の特色として第1に挙げられるのが、インプットの能力面に発揮能力とともに潜在能力が入っている点である。1980年代までは個人の職務遂行能力の範囲は潜在能力も含めて捉えられることが一般的であり、潜在能力も含めて（発揮能力＋潜在能力）能力評価の対象となっていた。そこで図４－７では、従来型能力評価と表現した。だが発揮されていない能力を評価することは現実には不可能であり、結果として勤続年数に応じて潜在能力は向上していると仮定されての昇格が行われたのである。

例えば、以前は滞留年数が職能資格等級の昇格基準となることが多く行われていたが、この背後には、潜在能力も能力とするという考えがあったのである。行動に現れないため、有無を評価できない潜在能力も能力として捉えようとする思想が、職能資格等級の年功的昇格に根拠を与えるものとなっていた。だが現在は、１９９０年代以降の成果主義人事の普及の中で、人事評価において潜在能力も範囲とする企業は減少してきており（特にマネジャーにおいては）、評価対象は行動として発揮された能力となっている傾向がある。

潜在能力を能力評価の対象に含めていた時代に多くの企業で評価対象となっていたのが、取組姿勢を評価対象とする情意評価である。これが日本の人事評価の第2の特色である。たとえ高い能力を持っていても、それを職務において活用する態度・意欲がなければ、能力は発揮されない、との考え方に立って、取組姿勢を対象とする情意評価が行われていた。情意評価では、規律性、責任性、積極性、協調性、自己啓発性などが評価項目として挙げられることが多かった。潜在能力も含めて能力評価と捉えることが減少しているのと同様に、現在はこの情意評価

図４－７　業務遂行段階と評価要素・評価ツール

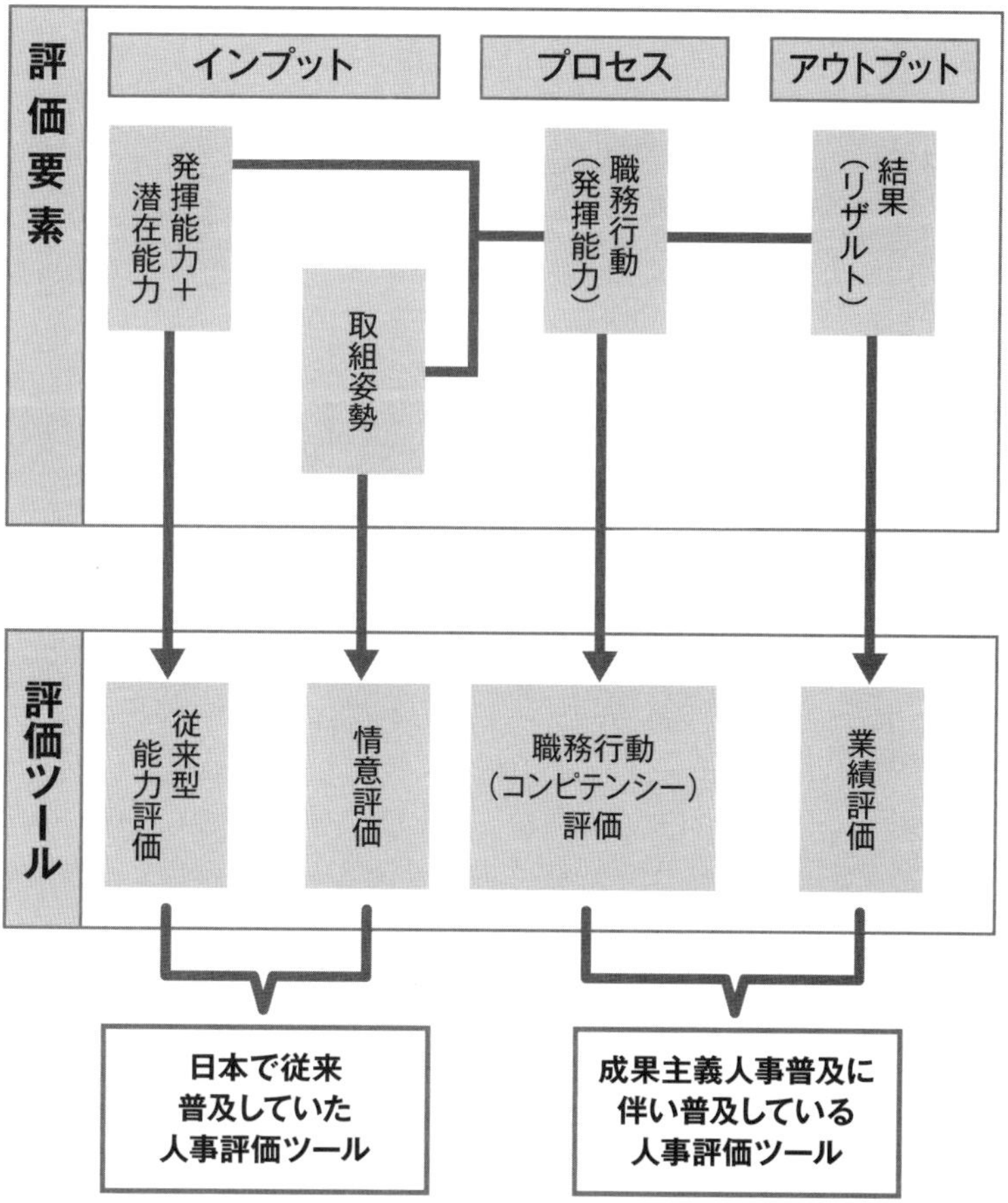

ビジネス・キャリア検定試験「人事・人材開発3級標準テキスト」に修正を加えて、筆者作成

も減少してきている。

なお情意評価で対象となっている規律性、責任性、積極性、協調性、自己啓発性などは個人のパーソナリティに関わる内容であり、欧米を中心とするこれまでの研究結果からパーソナリティ特性（トレーツ）を対象とするトレーツ評価は、妥当性（評価の正確度）が低いため、人事評価に用いるべきではないと結果がでており、問題のある評価が日本では行われていたこととなる。

次に職務遂行プロセスの発揮能力は、職務遂行における行動を対象とする。現在、普及している職務行動評価は、ハイパフォーマンスを安定的に生み出す職務行動（※16）を事前に抽出し、特定された行動をとっているかどうかを評価対象とするものである。職務行動評価あるいはコンピテンシー評価と呼ばれることが多い（発揮された能力と行動という意味で能力行動評価という場合もある）。現在は、潜在能力も含めた能力評価、情意評価に代わって、発揮能力を評価対象とする職務行動評価の導入企業が増えている。

そして最後がアウトプット、職務遂行の結果（リザルト）であり、これは業績評価によって評価される。パフォーマンス・マネジメントの項では、個人パフォーマンスの内容として結果とコンピテンシーの2つを取り上げた。パフォーマンス・レビューにおいてこの両者を対象とするのは、欧米の取り組みであり、日本ではプロセス（職務行動）とアウトプット（結果）の評価ツールは分けられており、結果は目標困難度や目標達成度を評価する業績評価が行われている（この違いについては後述）。

ところで、それぞれの評価要素にはいろいろな特色がある。特色の中から、ここでは評価の安定性と本人のコントロール度合いについて触れておきたい。この2つにおいては、アウトプット面を対象とする結果（リザルト）は最も不安定な要素である（図4－7の右側）。たとえ能力や取組姿勢、職務行動に変化がなくても、社員自身がコントロールできない組織内外の状況によって、結果は大きく影響を受けて変化してしまうからだ。社員本人がコントロールできない配置も結果に大きな影響を及ぼす。結果の出にくいビジネスを担当することとなったために結果が出ないケースは多く存在する。営業ならば担当商品に競争力がない、担当地域が自社の弱い地区である、といったことは多いし、逆に担当商品に競争力があったり、大手クライアントを担当させてもらえば、結果面はよくなる。このような結果に焦点を当てれば、公平感の観点から問題が生じるのは言うまでもない。

これに対して、図4－7の左側に行くに従い、評価の安定性と本人コントロールの度合いは高くなり、その意味における公平感の面では優れている。これらの面からインプット面を対象とする能力評価や情意評価が優れていそうである。

しかし問題は、図4－7左側のインプット要素と結果とは関連が弱いということだ。組織にとって最も重要なのは結果であり、結果との関連が弱いというのは非常に大きな問題である。特に従来型能力評価は、行動に現れない潜在能力まで含めており、これでは結果との関連はまずないと言っていいだろう。どんなに能力があり、行動が優れていても結果を出せない社員に高い評価を与えることは、公平感の面で問題があるし、特に行動に現れない潜在能力までを評価対象とするのは、大きな問題だ。

成果主義人事の普及の中で、アウトプットに近い側面に人事評価の対象は移ってきている。人事評価の対象としては、アウトプット（結果）とプロセス（職務行動）が中心となっており、評価ツールとしては業績評価と職務行動評価を重視する傾向となっている。これに対して、潜在能力も含めた従来型能力評価や情意評価は減少している。最大の理由は前述のとおり、これらの評価は結果との関係が遠くて、弱いためである。だが、結果だけでは、安定性・本人コントロール度合いなどの面で問題があり、プロセスを対象とする職務行動評価も行うという企業が増えている。これはパフォーマンス・マネジメントで個人パフォーマンスとして結果とコンピテンシーを対象とするという点と合致している。

全体として近年の傾向は、図4－7でいうと評価要素・評価ツールが右寄りにシフトしてきている（図4－7の下段）。

第４部のまとめ

第１章では、まずワークモチベーションに関する概要説明として、モチベーションには内的と外的の、モチベーション理論には内容理論と過程理論の、それぞれ２つのタイプがあることを紹介した。その上で、モチベーションの基本理論として、「マズローの欲求階層説」「達成モチベーション理論」「目標設定理論」「公平理論」「期待理論」の５つを紹介した。この５つの理論の中でも、職場における実践の中心となるのが、過程理論の「目標設定理論」「公平理論」「期待理論」の３つの理論である。内容理論に比べて、過程理論にはより実践性の高い理論が多く、中でも本章で取り上げた３つの理論は代表的な理論である。

「目標設定理論」は、第２章のテーマでもあり、多くの企業で導入されているパフォーマンス・マネジメント（あるいはＭＢＯ）の背景となっている理論であり、多くの読者の方にとって身近なものであろう。「公平理論」は、公平感に焦点をあててモチベーション向上施策を考える理論である。例えば公平理論を社員等級に応用すると、公平理論が提唱するインプットの基準を職務におけば職務等級となり、職能を基準とすれば職能等級となる。こう考えると、公平理論はまさに人事制度の根幹を形成している理論といえる。また成果主義人事の高まりとともに、手続きの公平感が重視されてきているが、これも公平理論の延長線上にある考え方である。「期待理論」は本書でも職場での実践方法を紹介しているように、仕事の多くの場面で応用できる理論であり、実践性の優れた理論といえる。以上のように、第１章で取り上げた３つの過程理論は、人事制度の理論的背景から職場での日々のモチベーション向上施策の提供まで、幅広い分野で活用することができる。読者の皆様にも大いに活用してほしい理論である。

　第１章が基本理論の紹介とすれば、第２章はパフォーマンス向上のためのより具体的な施策の紹介を行った。まず取り上げたのはパフォーマンス・マネジメントであり、これは社員個人のパフォーマンス向上を通じた組織パフォーマンス向上のための施策である。主な理論的背景は前述のとおり、目標設定理論であるが、目標設定理論が主張する個別具体的で達成可能な目標設定のための方法として、第２章ではＳＭＡＲＴ目標の設定を紹介している。同時にパフォーマンス・マネジメント・サイクルを通じて目標設定理論が主張する参画と同意を実現。さらに参画と同意によって手続きの公平感と分配の公平感（公平理論）を実現して、モチベーションとパフォーマンスの向上を目指す方法論を紹介している。以上のようにパフォーマンス・マネジメントはモチベーション理論の職場での実践施策といえる。

第2章ではまた、最後に人材評価を取り上げた。人材評価は、人材の有効活用という組織側の目的と同時に、社員のモチベーション向上に重要な働きをするものである。第2章では評価には多様な要素があることを紹介し、各評価要素がもつ強み・弱みを指摘することで、モチベーション向上に必要な人材評価の視点を提供している。

以上のように、基本的理論から職場での実践、組織全体としての人材評価の仕組みまで幅広く捉えて、モチベーションとパフォーマンスを向上する人材マネジメントのあり方を第4部では紹介した。

考えてみよう

モチベーション・マネジメントについて

□自社の社員のモチベーションは高いだろうか。高いとしたら、どういった社員のモチベーションが高いのか（職種・階層・部署・行動パターンなど）。

□自社の社員の中で、モチベーションに問題のある社員とはどんな社員だろうか（職種・階層・部署・行動パターンなど）。

□モチベーションに問題の生じている理由は何だろうか。

□リテンションの必要度合いの高い社員の中でモチベーションを低下させている社員は多いか。多かったとしたら、何が問題で、改善策として何が考えられるか。

パフォーマンス・マネジメントについて

□自社で掲げているパフォーマンス・マネジメントの目的は何か。目的は社員の間に浸透しているか。

□自社のパフォーマンス・マネジメントに問題はあるか。あるとしたらどんな点で、改善策としては何が考えられるか。

□自社の人材評価（制度と実践の双方）に問題はあるか。あるとしたらどんな点で、改善策としては何が考えられるか。

参考文献

ダニエル・ピンク（２０１０）『モチベーション３・０』大前研一訳、講談社

デイビット・C・マクレランド(２００５)『モチベーション：「達成・パワー・親和・回避」動機の理論と実際』梅津祐良・薗部明史・横山哲夫訳、生産性出版

ゲイリー・レイサム(２００９)『ワーク・モティベーション』金井壽宏監訳、ＮＴＴ出版

ヒューバート・ランパサッド（２００４）『トータル・パフォーマンス・スコアカード：組織の成長と個人の能力開発を実現する』井手重輔訳、生産性出版
金井壽宏（２００６）『働くみんなのモティベーション論』ＮＴＴ出版
Michael Armstrong and Angela Baron (1998) "Performance Management: The New Realities" Chartered Institute of Personnel and Development
Robert P. Vecchio (2007) "Organizational Behavior: Core Concept" (7th ed.) Thompson
高原暢恭（２００８）『人事評価の教科書：悩みを抱えるすべての評価者のために』労務行政
高橋潔（２０１０）『人事評価の総合科学：努力と能力と行動の評価』白桃書房
田尾雅夫（２００７）『顧客満足を実現するためのモチベーション・アップ法』ＰＨＰ研究所

次に読んで欲しい本

金井壽宏・高橋潔（２００４）『組織行動の考え方：ひとを活かし組織力を高める９つのキーコンセプト』東洋経済新報社
スティーブン・Ｐ・ロビンス（２００９）『組織行動のマネジメント：入門から実践へ』高木晴夫訳、ダイヤモンド社
須田敏子（２０１０）『戦略人事論：競争優位の人材マネジメント』日本経済新聞出版社

須田敏子（２００５）『ＨＲＭマスターコース：人事スペシャリスト養成講座』慶應義塾大学出版会

※１　Maslow. A. H.（1954）*Motivation and Personality, John Wiley and Sons.*（小口忠彦訳『人間性の心理学：モチベーションとパーソナリティ（改定新版）』産業能率大学出版部　１９８７）

※２　Vecchio, R, P.（2003）Organizational Behavior: Core Concepts（5th ed.）Thompson. Gibson, J, L., Ivancevich, J, M., Donnely, Jr., J, H. and Konopaske, R.（2003）*Organizaitons: Behavior, Structure, Processes*（9th ed.）, McGraw-Hill.

※３　McClelland, D, C.（1965）'Towards a Theory of Motive Acquisition', *American Psychologist*, 20.

※４　Locke, E, A. and Henne, D.（1986）'Work Motivation Theories', in C. L. Cooper and I. Robertson（eds.）*International Review of Industrial and Organizational Psychology*, Wiley.

※５　Stephen, P, Robbins（2005）*Essentials of Organizational Behavior (8th ed.)*, Pearson Education,（高木晴夫訳『新版組織行動のマネジメント』ダイヤモンド社　２００９）

※６　Adams, J, S.（1965）, Inequity in Social Exchange', in I. Berkowitz（ed.）*Advanced in Experimental Social Psychology*（Vol. ２）Academic Press.

※７　Folger, R. and Cropanzano, R.（1998）*Organizational Justice and Human Resource Management,* SAGE Publications.

※８　Brockner, J. and Wiesenfeld, B, M.（1996）'An Integrative Framework for Explaining Reactions to Decisions: Interactive Effects of Outcomes and Procedures' *Psychological Bulletin*, 120,2.

※９　Folger, R. and Cropanzano, R.（1998）*Organizational Justice and Human Resource Management,* SAGE Publications.

※10　Vroom, R, P.（1965）*Work and Motivation,* John Wiley and Sons.（坂下昭宣・榊原清則・小松陽一・城戸康彰訳『仕事とモティベーション』千倉書房　１９８２）

※11　欧米では、１９８０年代からパフォーマンス・マネジメントとの名称に次第に変化していった。詳しくは「須田敏

子（２００５）『ＨＲＭマスターコース：人事スペシャリスト養成講座』慶應義塾大学出版会」を参照していただきたい。

※12　厳密な職務分析・職務評価に基づく職務等級・職務給は、職務のフレキシビリティを低下させ、ローテーションなどにも悪い影響が出るとして、２０００年代以降は厳密な職務分析・職務評価に基づかない役割等級・役割給が普及してきている。

※13　企業によっては、AchievableをAttainable, RelevantをRelated, Reasonable, Result-basedとするなど、他の言葉で表現されている場合もある。

※14　人事考課という場合もあるが、本資料では人事評価と記載する。なお人事評価と人事考課の違いについては、「人材開発目的と処遇目的の両方を指すものとして人事評価、主に処遇目的を指すものを人事考課」あるいは「上司からの人事評価を人事考課、上司からの評価にアセスメント・センター、３６０度フィードバックなども含めたものを人事評価」などの主張もある。

※15　３６０度フィードバックは、本人の気付きなど開発目的に用いられることが多く、昇給・昇格など処遇に活用されることは少ない。だが選抜やサクセッションプランなどタレントマネジメントに用いる場合もある。

※16　コンピテンシー・アプローチが普及している現在、職務行動はコンピテンシー項目・行動指標を評価基準とすることが一般的となっている。

あとがき

本書『流通業のためのＭＢＡ入門』は、青山学院大学大学院国際マネジメント研究科（通称：青山ビジネススクール、ＡＢＳ）で必修科目を担当している４名の教員が執筆した。すなわち、第１部「経営戦略」は澤田直宏、第２部「マーケティング戦略」は宮副謙司（はじめにとあとがきを含む）、第３部「オペレーションズ・マネジメント」は細田高道（第３部第２章は、細田教授監修のもと、株式会社商業科学研究所の有定宏展氏・小島健治氏・佐々木幹夫氏が執筆）、第４部「人材マネジメント」は須田敏子である。いずれも実務経験を踏まえて学術領域の研究に当たり、各領域の理論を実務に活かすためＭＢＡ教育を熱心に実践しているメンバーである。

ＡＢＳは、１９９０年に国内私学初の夜間大学院として発足した夜間大学院国際ビジネス専攻を前身とし、文部科学省の「専門大学設置基準」の制定に伴い、２００１年に専門大学院国際マネジメント専攻として独立大学院となった。２００３年には「専門職大学院設置基準」制定により、専門職大学院国際マネジメント専攻に改組して現在に至っている。

これまでＡＢＳは、日本におけるビジネススクールの草分けとして、数多くのＭＢＡホルダーを世に送り出し、修了生は実業界のさまざまな分野で活躍している。またＡＢＳは、海外を含めたデザイナー・ファッションブランドや時代の先端を提案するライフスタイルショップをはじめとして、商社・アパレル・食品飲料メーカーなどの企業のオフィスや拠点が多く集積する青山に立地する。青山は日本のスーパーマーケットの先駆けとなった紀ノ国屋の創業地でもある。さらに流行の受発信地である渋谷・原宿・表参道に近く、日常的にそのような企業の動向やそれに反応する消費者をウォッチできる場所にある。まさに流通ビジネスを学ぶにふさわしい環境にあると言ってよいだろう。

本書が流通業に関わる多くのみなさんの参考となり、ＭＢＡという学位やビジネススクールでの学びについて興味、関心を深めるきっかけになれば本望である。

２０１３年８月

執筆者を代表して

宮副謙司

［執筆者紹介］

第２部、はじめに、あとがき

宮副謙司（みやぞえ・けんし）
青山学院大学大学院 国際マネジメント研究科 教授
九州大学法学部卒業、慶應義塾大学大学院経営管理研究科修士課程修了（MBA取得）。東京大学大学院経済学研究科博士課程修了（博士：経営学）。西武百貨店、PwCコンサルティング、アビームコンサルティング、東京大学大学院特任研究員、名古屋大学大学院講師などを経て2009年より現職。専門分野はマーケティング、流通論、小売業態論。担当科目は「マーケティング戦略」「流通チャネル」「地域活性化のマーケティング」など。主な著書として『小売業変革の戦略』『ソリューション・セリング』『コアテキスト流通論』（以上、単著）、『全国百貨店の店舗戦略2011』（共著）などがある。

第４部

須田敏子（すだ・としこ）
青山学院大学大学院　国際マネジメント研究科　教授
青山学院大学経営学部卒業。日本能率協会で月刊誌「人材教育」編集長等を歴任。イギリスのリーズ大学で修士号（MA in Human Resource Management）、バース大学で博士号（Ph.D.）取得。専門分野は組織論・人材マネジメント・国際経営比較など。「組織行動」「人材マネジメント」「リーダーシップ」などの科目を担当。International Journal of Human Resource Management 等に論文執筆。主な著書に『日本型賃金制度の行方：日英の比較で探る職務・人・市場』『ＨＲＭマスターコース：人事スペシャリスト養成講座』『戦略人事論：競争優位の人材マネジメント』（すべて単著）などがある。

第３部

細田高道（ほそだ・たかみち）
青山学院大学大学院 国際マネジメント研究科 教授
東京理科大学卒業。マサチューセッツ工科大学（MSc）および英国国立カーディフ大学（Ph.D.）修了。カーディフ・ビジネススクール教官を経て現職。英国Higher Education Academy 終身フェロー。米国Harvard Business Publishing審査員。専門分野は、オペレーションズ・マネジメント、サプライチェーン・マネジメントとマーケティング。International Journal of Production Economics等から論文を出版。多くの海外学術誌の審査員を務める。著書には『Supply Chain Management and Knowledge Management』（共著）がある。担当科目は「オペレーションズ・マネジメント基礎」「サプライチェーン・マネジメント」「研究方法論」など。

第１部

澤田直宏（さわだ・なおひろ）
青山学院大学大学院 国際マネジメント研究科 准教授
慶應義塾大学商学部卒業、同大学院経営管理研究科修士課程修了。一橋大学大学院商学研究科博士後期課程単位修得退学。博士（商学）。全国信用金庫連合会（現信金中央金庫）、A.T.カーニー日本オフィス、横浜市立大学准教授を経て、2011年より現職。専門は経営戦略論、経営組織論、イノベーション・マネジメント。R&D Management 等に論文執筆。担当科目は「経営戦略基礎」「イノベーションと組織戦略」など。

■ABSについての詳しい情報は

下記ホームページあるいはフェイスブックをご覧ください。

ABSホームページ：http://www.aoyamabs.jp/
ABSフェイスブック：https://www.facebook.com/AoyamaBS

流通業のためのMBA入門

2013年9月27日　第1刷発行
2016年6月7日　第3刷発行

著　者——宮副謙司／須田敏子／細田高道／澤田直宏
発　売——ダイヤモンド社
〒150-8409　東京都渋谷区神宮前6-12-17
http://www.diamond.co.jp/
販売　TEL03･5778･7240
発行所——ダイヤモンド・リテイルメディア
〒101-0051　東京都千代田区神田神保町1-6-1
http://www.diamond-rm.net/
編集　TEL03･5259･5940
装丁————荒井雅美
印刷・製本—ダイヤモンド・グラフィック社
編集協力——古井一匡
編集担当——石川純一

ISBN 978-4-478-09033-6

Printed in Japan